莱茵河畔的华人风采

夏青青 / 著

DIXIE W PUBLISHING CORPORATION U.S.A.

美国南方出版社

莱茵河畔的华人风采 / 夏青青 著

责任编辑：吴　蕾
版面设计：张龙道

Copyright © 2021 by Lijuan Tong-Song

Published by
Dixie W Publishing Corporation
Montgomery, Alabama, U.S.A.
http://www.dixiewpublishing.com

All rights reserved.
No part of this book may be reproduced in any form or by any
electronic or mechanical means including information storage and
retrieval systems, without permission in writing from the publisher.
The only exception is by a reviewer, who may quote short excerpts
in a review.

本书由美国南方出版社出版
▪ 版权所有　侵权必究 ▪
2021 年 6 月 DWPC 第一版

开本：229mm x 152mm
字数：187 千字

Library of Congress Control Number:　　2021938900
美国国会图书馆编目号码：　　2021938900

ISBN-13: 978-1-68372-348-6

作者简介

夏青青

　　本名：宋丽娟，女，1983年年底赴德，在德国接受中学教育，慕尼黑大学经济学硕士，德国注册税务咨询师，现在德国《南德日报》集团做内部咨询工作。

　　作品以散文为主，散见《欧华导报》《欧洲新报》《华商报》《欧华文学》《文综》《文苑》《香港作家》《华文月刊》《红杉林》等海内外报刊并入选多种文集，散文集《天涯芳草青青》2017年由中国文联出版社出版，参与出版多部合集，多次获奖。

目　录

聆听内心的召唤

青青子衿，悠悠我心。

我在国内读初中时初次接触《诗经》，不知为何独爱这两句。那时我并不知道其后没多久会出国，不知道当日对这诗句的理解多么肤浅，更不知道二十多年后我会在海外以"夏青青"做笔名开始用中文写作。

在海外有一个庞大的中文写作群体，我是其中之一，不过与其他作者成年后出国不同，我十多岁小小年纪就出国，可算一个异数。

我本名：宋丽娟。家中姐妹排行"丽"字，父亲从"但愿人长久，千里共婵娟"中取"娟"字，作为我的名字。我祖籍河北石家庄，1983 年出国，迄今整整三十五年了！因为家庭原因，我很早来到德国，学习德语，继续读中学，上大学，步入职场，成为母亲。时光倏忽，青葱少女转眼人到中年。每天为了工作和孩子奔忙，怎么还能有时间写作呢？听说我全职工作有两个孩子，很多在家庭忙碌的全职妈妈这样问，很多在职场奔忙的中年男女这样问。这么多年怎么没有变成"香蕉"，不但会说，而且还能写中文呢？知道我十多岁出国旅居海外三十年的人这样问。我通常微微一笑，回答说：不过是喜欢罢了。

是的，喜欢，刻骨铭心的喜欢。我自幼喜爱文学，父亲是语文老师，小学时就时常命题让我写日记，给当时只身旅居德国的祖父写信，父亲亲自点评。童年家境贫寒，可是父亲从不吝惜买书订杂志的钱，鼓励我和他的其他学生们广泛阅读。成为我的语文老师后，更是课上课下耳提面命，他的悉心指点在我心中播下对文字的爱好。

我的祖父同样热爱中华文化。他在六十年代踏足欧洲，六七十年代欧洲华人数量有限，人人为生活和学业奔忙无暇他顾。祖父只身漂泊海外，面对文化荒漠深感痛心，他投入时间、精力、财力，台前幕后为传播中华文化奔走数十年。祖父藏书丰富，初到德国的那几年，我没有努力学习德语积极融入，反而一心沉浸书海，废寝忘食地阅读中文书籍，古典和现代，经典和通俗，中国和外国，繁体和简体，来者不拒，徜徉书海，手舞足蹈。我家文化气氛浓厚，父母双亲深具孝心，每逢传统节日或者长辈生日，父亲总会组织家庭晚会。客厅红烛高烧鲜花盛放，布置得喜气洋洋，祖父端坐，听儿孙们一一献艺。父亲多才多艺，每次贡献不同节目。他擅长古体诗词，总会写诗填词。他勤于书法，总会亲笔书写诗词作品。父亲还会拉二胡，吹奏笛箫，晚会献艺乐声悠扬。全家其他人也不甘落后，虔诚的母亲献唱圣诗，喜欢戏剧的大姐咿咿呀呀甩动衣袖，嗓音极佳的二姐放声高歌，我会朗诵自己或者父亲的诗词。小小客厅内，烛光盈盈，温馨无限。

我在德国读中学的时候，跟国内的老同学们书信来往频繁，每年写下数万字的书信体散文，书写海外生活，倾诉内心种种，同时尝试古体和现代诗歌。可惜少女时代稚嫩却真诚的文字大多散失了，不曾保留下来。

步入大学，一度学业受挫，后专注学习，一门心思埋头读书，毕业后立志在职场站稳脚跟，足有十几年不曾用中文写下片言只语。直到 2008 年，十年前冥冥之中上天指引，寂寂暗夜中我听到内心的召唤。

2008 年，我工作稳定，家庭安定，现世安稳岁月静好，不免思忖难道生活从此风平浪静再无挑战了吗？2008 年，我旅居德国二十五周年，祖父去世即将十周年，心潮起伏，萌生写点什么的愿望。就在此时，在某个秋天的周末，我到商场闲逛，目光无意中被一本小说的封面吸引，随手拿了起来，当时全然不知道，我随手拿起的不是一本书，而是少女时代的梦想。

那本小说名为《但丁别墅》，是一本从英文翻译过来的小说。小说主要讲述四五位不同年龄不同经历不同身份的主人公，徘徊人生岔路口，聆听内心回归自我重新选择的故事。这故事深深触动了我，我也像书中的主人公一样审视内心，再一次看到未竟的梦想，那被茫茫红尘中的柴米油盐模糊了的梦想。我没有多想便坐了下来，拿出纸笔，在停顿将近二十年后开始写中文。2009 年，我断断续续手写五大本，翻译了这部小说。从最初的磕磕绊绊，到后来的日渐流畅，我逐步拾起了中文，在工作之余开始写作。

在相隔几乎二十年后重新提笔，内心澎湃想要诉诸笔端，首选题材来源自己的生活。我一向认为，写文应该以真实生活为基础，不要无病呻吟，不要空中楼阁，当然文章也不仅仅是真实生活的重复，而要经过加工提炼艺术性地再现生活，因此我选择散文作为主攻方向，抒情散文是我写作的重点。作品题材有对童年生活的回忆，处女作《故乡的冬天》描写童年度过的冬天，那美丽、寒冷又温暖的日子，归乡后的感慨则化为《毛毛草和太阳花》《绿》《故乡的路》三篇倾诉《故园之恋》，一首《牧羊曲》引出一篇青春之歌《黄花正年少》；有对亲人的感恩和怀念，《五月槐花香》《母亲的砧板》《橘柚》《昙花》《蝴蝶》等，或感恩，或追忆，或哀悼；有在欧洲生活的点滴，在文字中《寻》找青春的足迹，《梦回康桥》品味青春，在《棕榈树之梦》中回顾奋斗历程；有漫步欧洲风光的感悟，大西洋畔一天之内徜徉四季（《大西洋，一天的四季》），《那天》行走高山之巅追蝴蝶看花儿（《当我来看此花时》）；也有日常琐碎平常生活，《一度夕阳红》遍西天，一度《夏日香气》迷醉。通过这些作品，我大量练笔提高文字功底，为了练习文字能力，甚至有意写了几篇押韵散文，或者说散文诗，《明月光》和《涛声依旧，月落风霜》是其中两篇比较有代表性的文字。其一诗意地抒写我对文学的追求和挚爱，其二通过一首歌曲回忆出国前夜，串起和童年挚友三十年的友谊。

　　重新提笔，最初"偷偷摸摸"，感觉不好意思，没有告诉家人和朋友，自己偷偷写。渴望交流，可是并不欲走到人前，身边也不认识可以交流的朋友，因而选择了网上交流。出国日久，对国内的网络平台非常陌生，偶然在德国报刊看到一篇文章写百度，众里寻他千百度，便选择了百度。2009 年夏天我在百度注册网名"天涯芳草青青"，于 2010 年元旦在百度开辟博客，百度称为"百度空间"，一度我的百度空间在新人空间排行榜高列榜首。通过空间的朋友，来到百度文学类贴吧，开始在贴吧活动，并在 2011 年成为百度文学类贴吧"天涯芳草吧"的吧主。在这里我借助网络广泛交友，结识了一批文学爱好者，大家一起组织诗会或其他文学活动，点评交流唱和互动，激起并促进大家的写作热情。2011 年我在天涯芳草吧组织"白玉兰诗会"，吸引了众多爱好者参与，收到各类作品一百余首，礼请评委点评，在百度贴吧中一时掀起一股白玉兰热。作为发起人我没有参赛，但是写了一篇古体散文《白玉兰诗会序》，记录网络盛会。通过贴吧，我在山东庆云结交到一批文学好友。在2012年秋天，趁回乡之便造访不远的庆云，网络朋友在现实中见面，文友们纷纷提笔纪念，我收到一批诗歌、书法、绘画、散文等沉甸甸的礼物，深感网络虚幻友谊真实。后来选择部分纪念作品，在《欧华导报》整版刊登，其中包括后来收入文集作为代序的《天涯芳草赋》。这篇辞赋的作者"悠扬琴风"（本名：信书勇）文采出众，是我经常交流探讨写作的文友之一。我跟其他文友的互动也有部分收入文集。四五年前百度关闭博客，微信兴起后，当年的朋友们纷纷转到微信，百度贴吧式微，我也被朋友们拽到微信，转换场地和交流方式，继续我的文学追求。

据说人体细胞每天不停更新，每过七年身上所有细胞全部更新一次，这意味着每过七年我们每个人都将成为全新的自己。从2008年秋天偶遇《但丁别墅》，2009年手写翻译这部小说重新提笔开始，七八年过去了，我迎来生命中的一个转折点。

2016年春天，我敬爱的父亲和老师去世了！哀伤之余，为告慰父亲在天之灵，我筛检过去数年作品，联系出版社，个人文集《天涯芳草青青》于2017年春由中国文联出版社出版。

父亲去世，感觉自己应该继承祖父和父亲的遗风有所担当。文集出版是我写作生涯的里程碑，之后自己应该有所改变，走出小我面向社会了。走出家门走向社会的第一步是走出网络步入现实，我开始结交在德国生活的文友，寻找组织，先后加入欧华作协以及中欧跨文化作家协会，出席作协年会，参加文友联谊活动，结识了在文字中神交已久的文友们，收获满满。大家相互鼓励，写作更有动力。

为了开阔视野拓展题材，我的目光落到在德国生活的华人身上。在德国生活三十多年，因祖父生前交游广阔，我得以亲眼目睹旅德华人的生活变迁。三十年间，华人从六七十年代少数台湾留学生，从八十年代第一批屈指可数的大陆留学生，到新世纪的新新人类小留学生，数量大爆炸，学历大幅度提高，在德国有限制地开放就业市场后，华人从事的行业、职业更是五花八门，白领数不胜数，佼佼者不在少数。旅德华人，每个人有每个人的故事，每个人身上既有时代的烙印，也有个人独特的风采。经过三十年，我认为应该有人系统地采访报道，写一写华人自己的故事了。一两个人，甚至一二十个人也不具有代表性，至少要写几十位，甚至一百位或者更多。于是我从2016年年底开始了名为"莱茵河畔的华人"的系列采访，计划花七八年的时间，走访一百位在德国生活的华人，真实客观地记录他们的人生轨迹，为旅德华人群体画像，让时代记住他们的风采。

系列采访之初，遇到一些困难。首先是人选问题，出于不同原因，不少人不愿走到人前，担心自己不是合适人选。其实他们误会了，这个系列目标并不放在那些世俗注目的所谓"成功人物"身上，一个社会是由形形色色不同类型不同年龄不同职业不同经历的人组成的，每一个堂堂正正生活工作的人都值得尊敬，都值得被书写。其次，这种题材与我过去熟悉的抒情散文不同。虽然都是**非虚构写作**，但是这个系列应该属于**传记文学**的范畴，应该是有**可读性的文学新闻**，与其他散文有相同处，也有很多不同处。从2017年2月开始，这个系列在《欧洲新报》连载，每月一篇，迄今已经公开发表三十余篇。通过摸索，我逐渐掌握散文式传记这种体裁。通过报刊、微信等不同渠道，已经有越来越多的人了解并关注这个系列采访。两年后，我深觉自己选择的这个题材没有错，很有意义，值得继续写下去。

在进行系列采访的同时，我也尝试用德语写作。今年年初第一次用德语创作，写了一篇短篇《握手》，被朱文辉老师青目推荐，收入瑞士普隆出版社的《古今新旧孝亲文集》。有时我想，应该尝试把"莱茵河畔的华人"系列用德语重写，把华人的故事介绍给德国人和德国社会。或许现在，因为时间和精力有限，时机还不成熟，但是未来应该做这方面的考虑。

在关心旅德华人的同时，我也关注在德国生活的其他民族，陆续写了几篇他们的故事。未来我会继续写。

从 2008 年秋天，偶遇《但丁别墅》，暗夜中听到内心的召唤开始，十年过去了！回首过去的十年，我可以说自己没有虚度。虽然写文无法维生，虽然采访让我本已忙碌的步履更加急促，但是我不后悔，不后悔聆听内心的召唤而做出的选择，在写作的道路上我会继续走下去，努力走得更远。

（注：这是作者 2019 年 5 月在德国法兰克福召开的第一届欧洲华文文学研讨会上的发言。）

"文化混血儿"的心路历程

"这是某某女士，敢于挑战德国税务法的中国人。"在工作场合我时常听到别人这样介绍自己。

"这是某某，在德国生活，现在回来探亲休假。"回到国内时，我时常听到别人这样介绍我。

他们说得都没错，德国人眼里的我根源在中国，中国人看到的我生活在德国。中国，我出生的国家，德国，我成长的地方，我的第一故乡和第二故乡，两个国家的人们下意识地看到我跟他们的不同，或多或少地把我看作"另类"，不带贬义的另类。

那么我是谁？我到底属于哪里？人到中年，做了母亲后，我更经常地考虑这个问题，反来复去得出的结论是我是"文化混血儿"。"文化混血儿"不同于"香蕉"，扎根于两种文化，身上同时流淌两种文化的血液，左心房内原生文化澎湃不息，右心房里异乡文明跳动不止。

我在"文革"中出生于中国大陆，成长于华北平原的一个小乡村。因为祖父多年漂泊海外，家中备受牵连。当改革开放的春风吹来，祖父跟父母决定全家移居海外团聚，如今我们全家已在德国生活三十几年了。三十年间，我从一个稚龄少女成长为一名都市白领，经历对德国文化从观望到融入，对中华文化从割舍不下到回顾与反思的过程。

我在 1983 年年底来到德国，学习德语半年后，在 1984 年秋天插班到德国的文理中学读书。在德国读中学的那五年时光，两国文化的不同时时冲击我的感官，震荡我的心灵。第一次在课堂上，当在我眼里穿着已经过于随便的老师一屁股坐到课桌上时，我惊讶得张大了嘴巴，眼睛瞪得溜圆。第一次经历课堂讨论，为了讨论如何安排郊游日的活动，到哪里去，是否野餐，大家纷纷发言，提出不同意见，居然讨论了整整一堂课！为了在国内就是老师一句话的事情，"浪费"一整节课的时间，我十分不解，强烈地不以为然。高中毕业考试一年前，州教育部把我们那届毕业考试的时间提前两个礼拜，引起多少学校的学生联合起来走上街头抗议，让我实在惊诧莫名。直到很多年后，我才明白德国学校为什么会有这样的制度，明白"民主"、"自由"、"独立思考"等等词条不是空话。

　　中学时代我基本上在旁观，在观察德国的学校、家庭、社会，到了大学时代，我开始积极融入，主动接触和接纳德国种种，步入职场后更要求我自己忘记自己是中国人。是的，没错，忘记自己是中国人，学习德国人的严谨、规矩，任何事情公事公办，要求自己不能因为自己出生于另外一个国家而对工作造成负面影响。三十年间耳濡目染，在学习知识和技能之外，我努力做一个具有独立思考能力，保持独立人格，不依附于人的现代女性，一个撕下了传统女性"柔顺"标签的现代女性。

　　孩子的出生标志着我人生中崭新的一个阶段。作为母亲，我丝毫没有犹豫首先要教孩子哪种语言，当然是中文！这一点毫无疑问。可是在孩子走进幼儿园后，又不能不学习德语，上学以后更是如此。于是我和先生便只能在周末陪伴孩子学习中文，十年如一日。

或许是陪伴孩子成长让我比之前更多地回忆起故乡，教育孩子让我更经常地对比两种文化的异同，又或许是人到中年开始喜欢怀旧，几十年沉淀心中的许多话急于一吐为快，我在大约十年前重新提笔，开始用中文写作。

　　提笔写作，题材离不开故乡、故土、故人，在文字中《穿越时空，遇见自己》。《故乡的冬天》回忆童年，《桃花开了》回忆故友，《黄花正年少》抒写青春之歌。《毛毛草和太阳花》，回乡感慨何止万千！故园的一片《绿》色，是心中永远的伊甸。《五月槐花香》怀念祖母，《母亲的砧板》感念亲恩。《白玉兰诗会序》，这篇二十一世纪一个在海外生活三十年的华人写下的古体散文，更是我对中文爱的宣言。

　　提笔写作，题材离不开欧洲，欧洲生活，欧洲风光，欧洲文化。《最美的插图》描绘我在德国亲身经历的教育方式，《圣马丁节》描摹德国的传统节日。《寻》找《棕榈树之梦》，回望青春，回首来时路。行走欧洲，大西洋畔我看到《大西洋，一天的四季》，高山之巅追踪蝴蝶，体会《当我来看此花时》。《梦回康桥》，我感慨，康桥，这座本来不见得比其他文化之都更出色更美丽的城市，因为一首诗歌成为多少国人心目中的欧洲。

　　2016年我面对人生中另外一次重大变故，我敬爱的父亲，我挚爱的语文老师去世了！当我终于走出悲伤，我感觉自己应该走出小我，走向社会面对大众了。之后我为自己选择了另外一个命题，走访一百位生活在德国的华人，写一写他们的心路历程，他们的人生故事，他们如何经历文化冲突，如何走出文化差异，如何游走于两种文化之间。

　　两年来，我采访了约三十多位位旅德华人，他们有的在德国生活已经三四十年或更久，有的到德国才三四年时光，有作家、画家、设计师，有医生、老师、建筑师，有销售总监、集团董事、陪读夫人，有博士教授、专家学者。他们多姿多彩的人生丰富了我的文字，开拓了我的视野。

截止到 2019 年 5 月，这个系列的文章已经公开发稿三十余篇。未来我会继续写，继续写自己旅居欧洲的生活感悟，写众多文化混血儿的心路历程。

（注：这是作者 2019 年 5 月底在法国里昂召开的欧华作协年会上的发言。）

"莱茵河畔的华人风采"系列
采访人物简介

1. **史济焱**：巴登阿巴赫的女中医，

   中国德国双料医学博士，中医，到德国留学自
   己创业

2. **解文**：陪读夫人，她在丛中笑

   前大学讲师，园艺师，到德国作陪读夫人，现
   为全职主妇

3. **蒋申彤**：文科女生职场"过关斩将"

   文科女大学生，留学德国，现为德国银行高管

4. **徐治东**：激情燃烧话当年

   留学生，九十年代的慕尼黑留学生组织主席

5. **杨维健**：文科生在德国华丽转身

   学德语出身的文科生，现为德国国际集团的亚
   洲部销售总监

6. **张洪滨**：地区形象大使

   园艺博士，园艺师，自己创业，荣膺居住地区
   的形象大使

7. **夏青青**：追梦，从《但丁别墅》开始

   少年旅德，德国注册税务咨询师，作家

8. **画家周玫**：六月，玫瑰飘香

    旅德画家

9. **康曦神父**：灵修路上的启示

    哲学博士，天主教神父

10. **钱君**：走出象牙塔的科学家

    材料物理学家，德累斯顿第一位华人外国人自治委员会委员

11. **陈乐玫**：从眷村走来的大家闺秀

    前台湾海军高官之女，留学德国，慕尼黑工大讲师

12. **石玉兰**：海外中文教育的喜与忧

    华东师范大学中文系毕业，有二十多年教龄的海外中文老师

13. **姚安莉**：从研究员到义工

    七十年代的女博士，中央研究院研究员，现为德国博物馆义工

14. **岳玲**：人生，流动的风景线

    80后，国内工科学士，公务员，国家二级心理咨询师，柏林自由大学在读博士生

15. **吴垠**：爱好写作的中文老师

    国内的高中语文老师，现在德国执教中文，华文作家

16. **黄鹤升**：天鹅湖边的隐者

    哲学家，作家，曾经的中餐厅老板，欧华作协会员

17. **张慧娟**：紫竹，风中摇曳

原本学医的服装设计师，爱好园艺

18. **车慧文**：滚滚人海一滴水

台湾前军官之女，德国大学汉学讲师，欧华作协会员，翻译家

19. **高关中**：大风起兮走四方

学习数学出身的史地作家，传记作家，欧华作协会员

20. **叶莹**：画日子的诗人

国际金融硕士，儿童文学作家，画家

21. **穆挚**：楼梯间里伎乐飞天

六十年代冶金部歌舞团成员，旅居德国后创立"伎乐天"弹拨乐团

22. **徐屏**：伊萨河畔茉莉花

武汉音乐学院毕业，奥地利音乐硕士

23. **杜宇**：女博士的火箭人生

清华航天专业硕士，德国航空专业博士，麦肯锡咨询师，现自主创业开咖啡店卖中国瓷器

24. **马泉**："德国小木匠"，期盼天边的家园

建筑系硕士，毕业后选择做学徒，学习德国传统建筑木匠

25. **徐维东**：突破"天花板"的巾帼传奇

化工专业硕士，曾任德国公司总经理，跨国集团董事，现自主创业

26. **冯定香**：丁香花开的喜悦

   医学博士，外企高管，曾在国内长期主持大型
   公益项目，现在德国继续公益项目

27. **刘岭**：翻山越岭，走向光明

   中德双料法学硕士，律师，国际律师慕尼黑分
   所中国部主管

28. **马小娟**：女教授图解人生

   经济学硕士，心理学博士，大学教授，企业高
   管培训师

29. **枭帆**：雷根斯堡的中国"大侠"

   资深媒体人，畅销书作者，画家，著名在线绘
   画教程创立人

30. **陈一恺**：游弋中德的弄潮儿

   八十年代的留学生，经济学博士，投融资专家，
   德企高管，企业家

31. **丁恩丽**：水血交融一家亲

   77级大学生，曾经的中学老师，九十年代留学
   德国，作家，欧华作协会员，收养越南裔养女

32. **杨悦**：漫步人生，阅读德国

   川外毕业的德语专业翻译，大学老师，留学德
   国后自主创业，作家，欧华作协会员

33. **朱校廷**：手托夕阳的老三届

   老三届，工农兵大学生，南外德语系教师，波
   鸿汉语中心老师，在德创业，诗人，中欧跨文
   化作家协会会员

34. **蓝镜**：从"蓝精灵"到"照妖镜"

   70后，著名华人女画家

35. **刘瑛**：书籍铺设人生路

   60后，知名海外女作家，中欧跨文化作家协会
   创会会长

36. **李红**：风雨后的彩"红"

   70后，亚洲艺术博物馆经理

37. **彦杰**：捡拾的艺术

   80后，清华毕业，喜爱摄影，经过专业培训后
   成为专业摄影师

38. **陈恒思**：八十年代的新一辈

   80后，新世纪的留学生，博士，德国新能源协
   会会长

39. **叶心**：高山上的水晶

   70后，本来从事科研工作，后经营舞校，酷爱
   野外冒险

40. **龙成海**：三张高中毕业证书背后的故事

   50后，越南华裔，在越南侨校就读，先后取得
   台湾和越南的高中毕业文凭，六十年代末留学
   德国，再考取相当于德国的高中毕业文凭。一
   生漂泊，经历具有代表性。

"莱茵河畔的华人风采" 系列
采访正文

史济焱：巴登阿巴赫的女中医

笔者近年来业余拾笔写作，题材多是个人生活，今年父亲去世后决意筛选整理所书所写，从二百余篇文字中选出六十八篇，连同文友所写的数篇评论文章，编辑成册，定名为《天涯芳草青青》，不日出版。在筹备出版文集的同时，决意走向社会扩大视野，开始新的篇章。笔者在少年时代即来到德国投奔祖父，在这里生活三十多年了。祖父在六十年代来到德国，生前交游广阔，通过祖父我认识了很多资深旅德华人，每每为他们和她们的生活奋斗史打动、感动，有意为德国华人画像久矣。今年下定决心付诸行动，要采访一百位德国华人，写一写他们和她们千姿百态的人生之路。

在考虑最初采访人选的时候，我把目光投向雷根斯堡，德国南方的一座美丽小城，一道修建于十二世纪的多拱石桥横跨多瑙河，曾经为两岸交通经济发展做出了巨大贡献。小城在2006年被联合国教科文组织列为世界文化遗产，每天吸引众多游客慕名而来。

而在离雷根斯堡不到二十分钟车程的地方，多瑙河流经一个小镇巴登阿巴赫，在那里有一个中医诊所，十六年来有一位女中医在那里致力于修建另外一道桥梁，一道跨越中德文化鸿沟的桥梁，一道传播古老中医的桥梁。开业十六年来，越来越多的中国人开始知道并记住一个名字：史济焱医生，越来多的德国人知道有个中国医生叫 Frau Dr. Shi（史医生夫人）.

我和济焱相识于学生时代，至今二十多年了，想到济焱在二十三年前独身来到德国留学深造，随后在德国这样一个对中医极度不了解极度怀疑的大环境中创业立足，敬意油然而生。

我和济焱认识之初只是朋友关系，后来也成为她的病人。交往二十多年，逐渐我的家人也成为她忠实的病人，特别是我的母亲，对济焱医术心服口服，每次见到济焱，让她把把脉，谈天说两句，立马如沐春风神清气爽。今年遭逢大变，母亲身体在多方面做出反应，多次向济焱寻求帮助。十二月的一天，我特地抽出半天时间陪同母亲赶往巴登阿巴赫再次请教济焱。

我们一早出发，开出慕尼黑市区，开上高速公路后一路飞驰。冬天的早上，雾气发散，和熙的阳光照耀，汽车内暖洋洋的。我一边注视窗外飞速后退的田野里的白霜，一边在头脑里梳理对济焱了解的点点滴滴。

史济焱是医学博士，1986 年毕业于上海中医学院医疗系，毕业后留校工作七年，除了每天的临床工作主要任务是搞科研，身为助理研究员及主治医生的她出国前还不到 30 岁已经在国内杂志上发表专业论文十几篇，与同事合作出版了七部专业著作，是行业中小有名气的青年才俊。

济焱最早心仪的深造国家是美国，早早考过托福，后来因为怀孕生产出国留学的计划被搁置。在此期间她的父亲，一位高级工程师，在 80 年代两次因公出差到德国，回国后对德国社会的严谨精神赞誉有加，促使济焱萌生了改到德国留学深造的愿望。当时 DAAD（德意志学术交流中心）到上海招收留学生，济焱报名参加考试，立刻得到奖学金名额，于 1993 年春天来到德国留学。

她在德国的第一站是不来梅的歌德学院，在那里集中学习德语，历时半年，通过德国大学对外国留学生的语言考试后，来到慕尼黑工大深造。最初计划从事中西医结合研究，来到慕尼黑大学后了解到，当时即使在慕尼黑这样的大都市，除了汉学系几位汉学家在翻译中医古籍及现代国内出版的临床中医中药杂志外，小到普通老百姓，大到德国医学界，对中医的认识还是一张白纸。在 DAAD 的支持下她放弃了原来的计划，完全进入西医界，在肿瘤免疫学教授瑞特米勒和瓦格纳教授的指导下，用了三年半的时间完成课题研究，通过毕业考试，并以优异的成绩通过博士论文答辩，获得医学博士学位。

在等待博士论文答辩期间，她接到德国研究及技术部部长的任务，于 1996 年秋天来到南德古老的多瑙河城市雷根斯堡进行研究工作。在这里的大学医院麻醉科的疼痛门诊，用西医的诊断方法和中医的针灸疗法，在四年内完成两个研究课题，分别是针灸对腰痛以及头痛的临床治疗，先后在医学杂志上发表论文，其中一篇被母校上海中医药大学举办的"97 上海国际中医学研讨会"选入大会交流论文。

由此按部就班，济焱本应成为科研精英，可是进入新世纪新千年后，济焱的生活发生了意想不到的急转弯。当她还在雷根斯堡大学医院做研究时，认识了医院肿瘤中心处主任兼病理科教授。教授和另外的医生一起在筹建一所中西医结合的肿瘤医院，希望能与济焱合作。济焱听说这个计划，想到终于可以施展最初的抱负了，非常兴奋，立刻答应下来，积极投入紧张琐碎的准备工作。筹备一年，开业在即，命运跟她开了一个大大的玩笑。这个项目的总策划兼投资人因患心肌梗死猝然去世，其后几年德国经济每况愈下，项目找不到后续投资人，几名医生只好自谋出路，济焱也从此走上了独立开业的道路。

开业之初，资金短缺，诊所只有一间诊疗室，没有候诊室，病人只好坐在走廊等候。幸好中医不用什么复杂昂贵的仪器，济焱在医院工作的几年已经赢得所接触的患者的信任，他们成为济焱最初的和最忠实的支持者。开业第一年，不仅在诊所行医望闻切问，遇到行动不便的病人，济焱也经常出诊上门服务。诊所下面有一间备有中草药的药房，为济焱行医提供了便利条件，病人拿到药方后马上可以抓药十分方便。对于不懂煎熬中药的德国人，济焱一点点讲解如何熬药煎服。通过切身体会，病人明白了良药苦口。通过口口相传，济焱的中医诊所声誉扩大，一年后已经忙碌到没有时间上门出诊了。

经过十六年，诊所的病人不单来自雷根斯堡、凯尔海姆、阿本斯伯格等附近的小城，也有病人和我母亲一样，不辞劳苦从更远处的大城市慕尼黑和纽伦堡前来就医。十六年间诊所规模不断扩大，今年夏天再次扩张整修一新。这次会见到什么样的诊所呢，路上我不无好奇。

行程极为顺利，九点半我们已经来到诊所楼下。按铃上楼走进诊所，身穿白大褂的济焱走上前来亲切问候。稍等片刻，我们在一间诊室坐下来，济焱和平常一样跟母亲拉开家常，听老人诉说症状，询问最近服用何种西药，查看舌苔，把脉，量血压，然后走出去开药方。

药方开好，即刻发给楼下药房，让他们抓药。济焱这才回来带领我们参观装修一新的诊所。一间又一间诊室，到处素洁整齐。墙上悬挂典雅的国画，静静地宣示主人和中国文化的渊源，显示主人的审美品位。

最后济焱带领我们来到一间更大的房间。那是诊所最大的房间，一整面墙完全是落地玻璃窗，光线明亮，中间一张大大的书桌，旁立一副标明各个穴位的骨骼，靠墙一排书橱尚基本空置。济焱兴致勃勃地对我们讲起她的最新计划。

巴登阿巴赫有一份历史悠久的月刊，今年九、十两个月济焱连续发表文章，宣传中医，介绍如何四季养生，得到读者青睐。记者为中医开了一个专栏，约稿定期刊登关于中医的文章。因此济焱想到开设讲座专门授课，讲解中医基本原理养生知识，通过新的渠道传播中医。这里可以安放几排座位，那里可以用电脑投影。阳光下，济焱微笑着伸手比划。

告别济焱回程路上，脑海里还在想济焱说的话。德国人对中医的认识有一个近二十年的过程，在此期间经过中国和德国医生的共同努力，德国的国家医疗保险公司将某些疼痛病，如膝关节疼痛、腰痛，列入保险范围。私人保险公司，包括公务员补助金机构，甚至将中药列入保险范围。

具体到济焱自己的行医经验，病人中疗效最好的要数疼痛病人和肿瘤病人。有位今年77岁的女士，十六年前患腰椎间盘突出症，疼痛难忍，步履艰难，前来求医。当时济焱用针灸疗法，一周两次，三个礼拜就解除了她的疼痛。前几天她因为心血管疾病再来就诊时说，十六年间再没有疼痛过。一位现年65岁的男士，三年前右肩关节疼痛，各处求医不见效果。济焱在给他针灸的同时开了补气活血的药，经六个星期的治疗疼痛完全消失。今年夏天他的左肩关节疼痛，这次只针灸一次就疼痛消失。一位今年71岁的肿瘤病人，六年前被诊断出左肾细胞和肾盂癌。肿瘤经手术切除后，未用西医其他方法，只用中医中药配合针灸，至今未复发转移。

十六年的开业事实证明，中药和针灸在德国病人身上取得了非常明显的效果。德国人从对中医的将信将疑，发展到现在的信任甚至喜爱。不少病人家庭最早只有爷爷、奶奶是济焱的病人，后来女儿、儿子，现在孙子、孙女，三代都来诊所看病，和济焱结下深厚的私人友谊。

我曾问她，如果留在国内，她现在早是教授级别了，可会后悔吗？她丝毫没有犹豫笑着说，她最初最大的愿望是帮助病人解脱病痛，现在求仁而得仁，怎么会后悔呢？值得骄傲的是，她还是慕尼黑德国医生学会中医分会 SMS 唯一的中国会员。

想到此，眼前浮现那个阳光下自信微笑的女子，略微卷曲的长发，一双秀气的眼睛透过无框眼镜恳切地望着对方，唇角含笑。她，就是巴登阿巴赫的女中医，一个致力于跨越文化鸿沟的人，史济焱。

2017 年元旦

解文：陪读夫人，她在丛中笑

"我的梅花长花骨朵了，估计春节前后开花，有时间过来赏花吗？"腊月的一天晚上，陪孩子学习时，手机突然弹出一条微信消息。

梅花？那是酷爱花卉的解文阿姨发来的消息。除了植物园，在德国她的梅花应当是独一份呀。解文阿姨年龄并不比我大很多，只是因为叔叔和母亲是平辈老乡，所以只好安心做年龄没大多少的"阿姨"了。

梅花又长花骨朵了？是呀，又是腊月，一年已经过去了。一年前解文阿姨发来盛开的梅花图片，第一次听说有人在德国栽培梅花，而且栽培成功，大为惊讶，欣羡不已。可是一年前父亲病重，周末照顾父亲，没有时间没有心情赏花，仅仅看着照片写了一篇《明月梅花一梦》。如今，父亲去世了，春节将至，母亲情绪低落，正好拉她出门去赏花。母亲固执，因为父亲新亡，不愿在正月节日期间拜访亲友，商量后决定不管是否开花，我们都在春节前那个周末过去。

到了星期六，冒着浓雾到市中心和母亲会合，两人一起搭乘火车到叔叔和阿姨居住的 M 小镇。小镇离慕尼黑几十公里，坐在火车上一路和母亲闲谈，自然谈起叔叔和阿姨。

张洪滨叔叔和解文阿姨，两个人都是恢复高考后最初两三年的大学生，七十年代末一起在河北农大攻读园艺。毕业后，叔叔凭自己成绩考上硕士研究生，当时是凤毛麟角。随后一鼓作气考上博士研究生，被公派出国留学，1986年来到慕尼黑附近的小城弗赖辛深造。阿姨出国前在山东农大园艺系任教，是大学讲师，在1989年放弃公职来到德国陪伴叔叔，成为"陪读夫人"。1991年，他们因为年幼留在国内的大儿子来德团聚，两年后小儿子在德国出生，四口之间在德国安定下来。

作为陪读夫人，阿姨在德国寻找生活第二次落点。她迅速学习并掌握德语，在半职继续专业工作的同时，生活重心更多地放到家庭上，是现代相夫教子的典范。

在此不能不提阿姨教子有方，在以难度闻名的巴伐利亚州高中，两个孩子先后以令德国人咋舌的优异成绩毕业，小儿子平均成绩更是高达1,0分，是可能取得的最高成绩。当年那所中学有三名毕业生取得这样的"满分"成绩，一时名声大噪，被当地报纸采访报道。凭借1,0分的最好成绩，三名毕业生获得参加巴伐利亚州马克思韦伯奖学金的考试资格，可是最终只有张亮获得韦伯奖学金，现在在攻读医科。

如此骄人的成绩，真是令人羡慕。这两年我自己也面对孩子的教育问题，时常忆起多年前阿姨谈到她的教育经验时说过的一句话：表扬，鼓励！对孩子要多表扬，多鼓励。从中慢慢体会到阿姨在教育方面的智慧，现在当我遇到问题想发火时，想起阿姨的成功经验，就克制自己努力和孩子沟通，期待他们有一天也能成为社会上的有用之才。

我们两家认识二十多年了，常相往来，经常见面。可是十几年前叔叔自己创业，在他们搬离弗赖辛，搬到更远的M小镇后，已经多年没到他们家做客了。上次做客时，他们搬到那里时间不长，正在自己动手大兴土木，不知道他们现在又对房子做了怎样的改建和扩建。

闲谈中火车穿过浓雾，离开繁华闹市，雾气散开，高楼稀少，更多的是在欧洲常见的两三层高的小楼，屋顶上积雪边缘红瓦的影子隐约可见。我和母亲坐在双层火车的上层，放眼窗外，两边是皑皑白雪覆盖的农田，夜里下过霜，农田里零星的树木，轨道旁一排排的树木，不约而同披上银装，整个世界银白静谧，安宁祥和，阳光下恍似童话世界。

　　眺望间，远处一组房屋的影子显现出来，越来越清晰，M小镇到了。

　　下了火车，叔叔开车来接。十几分钟后，来到他们居住的独家小楼。楼房地上三层，第一层是车库和车间以及办公室，地下室是他们的公司展室。这一切我们没有细看，径直上到二楼，他们居住的一层。还没进门，听到声音，阿姨围着围裙走出来迎接。

　　见到我们，阿姨立刻指给我们看放在楼梯间的梅花，好大的花盆里一棵半米多高的梅花，密密麻麻地缀满粉红的花骨朵，把铁灰色的枝干衬得生机勃勃娇媚动人。遗憾我们来早了，花还没开。

　　这是我第一次真正见到梅花，细细端详。梅花比去年的照片上更高了，枝条增加不少。中德气候条件不同，要在万里之遥的他乡，栽培故乡的树木花卉殊不容易。记得他们送我一棵自己培植的香椿树苗，不耐德国寒冬，几次被冻死，然后重新发芽。这棵梅花不知道花费阿姨多少心血呢。

　　阿姨知道我和她一样爱花成癖，进入室内，马上领我们看她这几年培植的花卉。前厅的落地玻璃窗前，一个偌大的水缸里莲藕已经扎根，一个小小的花盆里是正在培植的另外一棵小小的梅花。客厅一面玻璃墙，窗台上花盆一字排开，好几个不同品种的君子兰，一片片舒展的绿叶和一颗颗橘红的种子相映成趣。窗外是空中花园，观赏榛子枝干弯曲造型独特，一棵故乡的花椒树在积雪里舒展筋骨。楼梯间，转角处一盆盆绿色盆栽枝叶繁茂，窗台上蟹爪兰开得正好，一朵朵紫红的花朵垂挂。阿姨家里真是抬头见绿色，低头有花开。

随后参观他们改建后的家，重点在新建的右边顶楼。沿着楼梯上去，打开大门，进入独立的顶楼。十几年前，这里除了四围墙壁空空如也。现在这里已经是一套完整的两居室公寓，客厅窗明几净，一组沙发茶几电视邀人落座，卧室床铺衣柜整整齐齐，不小的厨房，宽敞的浴室，独立的洗手间，应有尽有。顶楼充分利用面积空间，格局非常合理。这一套独立的顶楼公寓，从设计间隔、电路水管、地板瓷砖、开通窗户等等，完全都是他们自己动手建造的。看完敬佩地转身，竖起拇指说：你们真了不起，这么能干！

参观一遍，我们在厨房里的餐桌旁坐下来。厨房很宽敞，餐桌足够七八个人落座而毫不局促。我们边喝茶边聊天，回忆过往，谈到搬到这里改建房子的艰辛。两个没摸过锤头没碰过钉子的读书人，硬是通过自己摸索向人求教，一点一点积累经验，一天一天学习成长，现在室内建筑的一整套活计，电工、木工、水暖、粉刷，样样拿得起放得下。最让人难以置信的是，这一切普通人难以胜任的工作，不是叔叔一个人孤军奋战完成的，而是阿姨和叔叔并肩动手做到的。记得上次来访，一位朋友听说阿姨事事亲力亲为，和叔叔一起动手改建房子，惊叹说：还有这样的太太啊！

闲谈一会儿，开始包饺子准备午饭。阿姨准备了两种饺子馅，在我们到达之前她已经包好肉馅饺子，于是我们一起动手包素饺子。素饺子是阿姨特地为叔叔准备的，他因为健康原因不宜肉食。叔叔爱吃煎饺子，阿姨一边煮肉饺子，一边用平底煎锅把这些素饺子直接煎熟。我们坐在桌旁，看阿姨在炉头前忙活，煮饺子的锅里水咕嘟咕嘟开了，煎饺子的锅里刺啦刺啦响着，以阿姨朴素的背影为中心，热气氤氲蒸腾散发，香味顺风四散飘溢。

没过多久，圆桌上摆满一盘盘的菜肴，除了肉饺子、素饺子外，还有红烧肉、蒸鱼、蒸蛋、素炒等等，其中两道菜色彩鲜艳，特别引人注目。一道是糯米丸子，雪白的糯米米粒正中一粒红色的枸杞子，一团白雪捧起一点大红。一道是一种我从没见过的年糕，把极大的红枣剖开，取出枣核，中间塞入糯米粉和面做成的"枣核"，一件红衣包裹一颗白心。两道菜红白相映，煞是好看。我没有客气，伸筷品尝，不得不赞一声：色香味俱佳！

赞叹于阿姨的厨艺和匠心，不免询问她是否在国内就这么擅长烹饪。她笑笑说，哪儿呀，都是在国外吃不到家乡风味，这才自己尝试。母亲在一旁说，你们整天说忙，没时间下厨做，随便一点吧。你阿姨可是经常下厨，不但包饺子、蒸包子，还炸油条、蒸年糕，变着花样给你叔叔做家乡风味，一点也不将就。叔叔边吃煎饺子，边频频点头。

边吃边谈，闲谈中了解到他们这两年开辟一片苗圃，尝试大面积栽培香椿、枸杞和花椒，期待可以缓解更多同胞的思乡之情。

吃饭，喝茶，聊天，刹那一天过去。归途中，翻看手机里的相片，一盆盆花卉，一盘盘菜肴，阿姨的一张张笑脸隐现其中。不由回想起认识阿姨二十多年来的情景：阿姨抱着襁褓中的小儿子到我家来庆祝平安夜，阿姨笑着说"对孩子多夸奖鼓励！"，阿姨在炉台前煎饺子的背影……

最后翻到临走时我们在梅花前的合影。在寒冷的冬天，并不适合植物生发的季节，梅花凌寒而开，怒放迎春。这是怎样的情怀呢？凝视照片，并不甚起眼的枝干上缀满密密麻麻的粉色花苞，阿姨站在花盆后面自然微笑。

道别时，阿姨约我们花开了再来赏花。我说，好的，一定来。眼前浮现，梅花盛开，阿姨微笑的画面。那正是：她在丛中笑。

2017.02.

蒋申彤：文科女生在职场"过关斩将"

在国外求职难，文科毕业生求职更难，文科毕业的女生求职更是难上加难。这是常住海外曾经在当地大公司求职的外国人的共识。有没有例外冲过重重难关的文科女生呢？有，蒋申彤就是这样一位文科毕业的女生，在职场"过关斩将"，不但成功进入裕宝联合银行，更脱颖而出成为这家国际大银行的高级管理人员。

蒋申彤，上海人，出身上外德语系，在慕尼黑生活多年了。我们某年在某次活动中偶遇，攀谈中得知她和我家先生不但是同乡，还是先后期的校友，倍感亲切，因此对她生活轨迹略知一二。近日为了"莱茵河畔的华人"系列，在周末亲自登门造访，请她把在职场闯关的经历与大家分享。

蒋申彤和她先生徐治东的家位于慕尼黑非常幽静的住宅区，他们住在底层宽敞明亮带花园的公寓内。他们的儿子和我的小儿子同年，是中文学校的同班同学，进门后三个孩子很快跑开去，到属于他们的空间闭门玩闹去了。我们四个大人在客厅里的餐桌旁坐下来，蒋氏夫妇端来木制茶盘，泡上一壶来自福建的铁观音，我们边品茶边听蒋申彤娓娓道来。

进入职场的第一关当然是语言关，不少人在此受阻，而蒋申彤在这方面有极强优势。在她小学毕业那年，上外附中破例招收一个德语班，小申彤非常顺利地考入附中德语班，开始住校学习，学习语言，也学习离开父母庇荫独立生活。上外附中的教学条件极其优越，从国内名牌大学聘请老师教授语法，从国外聘请外教教授口语，设有专门的口语训练室，拥有当时先进的教学器材，一系列强化训练措施给附中学生打下坚实的语言基础。经过六年扎实学习，这批学生顺理成章地考入上外德语系。

这批毕业于上外附中德语班的学生，水平远远超过其他从头开始学习的新生，所以上外为他们单独成立"附中班"，"附中班"的学生在大一已经和大四的学长们同堂上大课，大二时被急需大批德语翻译的宝钢借去，作为实习生实际担任给外国专家做翻译的工作。这一时期的工作经历，不但进一步提高了她的口语水平，也锻炼了她待人接物的能力，开阔了她的视野，萌生了出国留学见识外面的大世界的念头。

1990年2月，她从上外辍学来到维尔茨堡自费留学，半年后转到慕尼黑。初来乍到，她首先要解决所有留学生都会面临的问题，找房子，找工作。这两点都不容易，幸而在上外认识的外教帮忙联系解决了第一个落脚点，凭借良好的德语能力她也顺利地找到工作，解决生活问题。

接下来是第二关，完成学业。安定下来后，她面对的问题是继续学习完成未竟的学业。因为在国内大学没有正式毕业，所以她在德国必须先读一年的预科。德国非常看重本国的高中毕业文凭 Abitur，对既没有德国 Abitur 也没有本国大学毕业文凭的外国留学生，专门设立"预科"作为过渡。我的一个姐姐就曾在预科学习，深知从预科毕业绝对不是那么轻松的事情。预科，和普通大学不同，全天上课，课程开设介于中学和大学之间，涉及学科非常广。申彤在这里就学习了另外一门古老的语言：拉丁文。或许是有语言天才吧，不过我更相信这是她个人努力，她学习这门从来没有碰过的语言也取得了一分的好成绩，现在还可以陪儿子一起学习拉丁文。

从预科毕业正式进入大学，鉴于她在上外学习的专业是语言，所以在德国无法重新选择，只能继续学习德语，专业是：对外德语。德国大学的特点是：学制长，进来容易毕业难。多少本国和外国学生最终没能毕业，空手而返。申彤从开始就头脑清醒，给自己定下非常明确的目标，不但要拿到文凭，而且争取尽早毕业。

在埋头学习的同时，她开始为进入职场探路，利用在假期打工的机会，积累工作经验。那时没有网络，每到大学放假之前，大批勤工俭学的学生涌入为学生介绍假期工作的中心排队。中心分设两个种类的窗口，一种介绍蓝领工作，职位比较多，排满长队，一种介绍白领工作，机会较少，等候者寥寥。通常外国学生自忖语言能力不足，一般避开这个窗口。可是申彤选择假期工作的目光非常长远，她没有随大流在蓝领窗口前排队，而是积极寻找坐办公室的白领工作。当时计算机还不普及，她在工作挣钱的同时，熟练掌握了一系列现在通用的软件，并学到了对后来很有帮助的会计等专业知识，进一步历练在职场如何融入主流，如何和形形色色的人们打交道。

然后是最关键的第三关，就业。1997年她取得慕尼黑大学文科硕士学位，正式面临就业问题。当时德国失业人口高达数百万，即使本国毕业生也一职难求，何况一位来自外国文科毕业的女生呢。申彤审时度势做出先实习的决定，通过实习做跳板，进入一家公司，赢得展示自己学识才华的机会。实践证明，这个决定非常正确。她在裕宝银行人事部实习一年，学到了很多专业知识，比较全面地了解了银行各个机构部门如何运转操作，得到许多内部信息渠道，赢得了银行同事和上级的信任赞赏。1998 年实习期结束，时值裕宝银行和联合银行合并，大量裁减员工，就在如此前景黯淡的时候，申彤从两千个候选人中脱颖而出，被选中参加为期两天的人才选拔。

人才选拔中心是西方近二十年的新产品，由于全球化市场和经济发展对高级人才的需求量日益增长，各大企业为了加强自身后备力量，把招揽高级人才作为另外一种形式的大战，由此都设立了选拔中心，根据自身企业的特点和优势，选拔最适合的领导型和专家型人才。人才选拔的对象基本上是各大高校的高材生，选拔标准并非只看专业学科和毕业成绩，更主要的是看处理各种问题以及与各色人等打交道的能力。因为一个优秀的高校毕业生如果不会与人打交道，那对现代企业来说就不是一个好人才。

裕宝银行的人才选拔中心设立在美丽的湖滨别墅，每次邀请十二位候选人，由考官们全面考核。考试安排在周末两天，分小组讨论、书面问答、顾客谈判、现场演讲、提问、采访等多个环节。申彤作为那次选拔候选人中唯一的文科硕士生，从专业、国籍和性别来看，胜出的机会不大，但是通过之前长达一年的在人事部门的实习，她对这些流程相当熟悉，沉着应对，在书面问答、顾客谈判、现场演讲等环节，充分发挥语言优势，表现可圈可点。第一天晚上考试完毕后，考官和候选人共进晚餐，餐后闲聊。看似放松随意的交谈，其实也是考试的一部分。申彤没有怯场，没有躲到一边自成一统，而是主动和人交流，寻找话题多方面展示自己，显示过人的交际能力。经过两天的考核，申彤作为唯一的外国人顺利胜出，成为裕宝对外贸易部的职员。

随后几年，虽然公司多次改组多次内部调整，但是申彤凭借中文语言优势，凭借出色的工作表现一路顺风，如今稳坐裕宝银行企业银行国际化中心高级专家之位。

　　整个下午，我们边品茶边聊天，谈话随意自在。暮色降临时，才告辞出门。路上整理思绪，回想她的成长之路：从上外到慕尼黑大学，从假期打工到毕业后的实习，一路"过关斩将"，直到今天成为专业要求非常高的企业高管，给文科女生闯出一条路来。

　　沉思中注视前方，在车灯明亮的光环里，仿佛再看到那个圆脸短发透着自信和干练的笑脸，在心中默念她的名字：蒋申彤。

2017.03.

徐治东：激情燃烧话当年

早春二月，在一个天淡云轻阳光柔软的午后，我们一家来到徐治东蒋申彤夫妇家做客。我们两家住得并不远，可是平常各忙各的，难得坐到一起，今天是初次登门。

他们几年前搬来的新家坐落在一个非常幽静的住宅区内，看起来都是三四户人家合住的小楼，徐蒋夫妇和他们的儿子住在一楼带花园的公寓内。徐蒋夫妇的儿子和我家孩子是中文学校的同学，进门打过招呼，三个孩子迫不及待地跑到地下室自顾自玩去了。

第一次到这里做客，不免四处打量，宽阔的住宅里，东西井井有条，处处窗明几净。走廊的国画无声地诉说主人的审美情趣，隔离客厅的四扇屏风上的书法无意中透露主人的故乡。热情的女主人走入厨房为我们泡茶，特制的木制茶盘、精致的茶壶、小巧的茶杯、熟练的动作，这一切告诉我主人热爱茶道。

端着茶我们在客厅的餐桌旁坐下来，拉开话匣子。徐蒋夫妇也是早期留学生，蒋申彤在 1990 年 2 月来到德国，徐治东早一年，在 1989 年 2 月来到德国。他和我一样是北方人，老家在山东潍坊。他父亲是当年北外少数学习德语的人之一，大学毕业后在中粮工作。山东潍坊市和弗赖辛市结为友好城市，就是他在汉堡工作期间和他的朋友巴伐利亚州主任兽医斯泰恩布莱歇一手促成的。徐治东和母亲在七十年代后期他小学毕业那年调到北京，他的中学和大学时期都是在北京度过的。大学毕业后分配到义利食品公司，工作两年后出国留学，在外地学习一段时间德语，然后来到慕尼黑。

我们四个人先后在八十年代来到德国留学，基本上一直在慕尼黑，谈话共同话题很多。八十年代青春年少意气风发的留学生，如今步入中年，成家立业，生活安定，追忆往昔，说起那段青春年少激情燃烧的岁月，人人面露微笑心驰神往。

最先聊起的话题是打工。八十年代的留学生，人员远远没有现在多，大多数人是在国内名校毕业后出国深造。八十年代，国内改革开放，经济刚刚起飞，根本没有大款，甚至还没有"大款"这个名词呢。留学生不可能靠家里父母资助，只能自主解决生活问题。公费留学生还好一些，奖学金虽然不多，但是总有固定的经济来源，不用担心生活没有着落，省吃俭用，还能够在回国时给家里带回一两件免税的大件电器。更多的自费留学生，只能靠自己勤工俭学赚取生活费，来到德国人人首先要解决经济问题。那时德国大学假期长，春假两个月，暑假三个月，每年五个月的假期，按照规定允许学生在假期打工。绝大多数留学生都充分利用假期，绝不浪费一天时间，从第一天工作到最后一天，赚足生活费，学期开始才能专心学习。我们每个人都说起自己的打工经历，有的在餐馆端过盘子，有的送过报纸，有的做过家教，有的做过导游、翻译、文秘、实习生，等等不一而足。

其次引起共鸣的话题是吃饭问题。大多数留学生在出国前生活单纯，在家有妈妈，学校和工作单位有食堂，很少自己下厨房，全不知柴米油盐，到了国外吃饱吃好成了大问题。德国学生自幼习惯一天早晚两顿面包，中午在大学食堂吃一顿热的，已经很满足。中国留学生从小被妈妈宠坏的胃怎么都不能习惯一天两顿面包，于是只好从"如何煮熟一锅米饭""如何选择食材"开始，一点点自己摸索。八十年代，中国人，乃至亚洲人，人数远没有现在多。即使在慕尼黑这样的大都市，亚洲超市也是绝无仅有，要购买国内商品十分不易，而且在生活清贫的留学生眼里价格昂贵到令人咋舌的地步，留学生们大多买不起。那时的留学生经济情况基本相似，人人过日子要精打细算，一块钱掰成两半花，大家互相交流哪里可以买到什么便宜东西，为了省钱不惜花好多时间跑老远的路。大家也互相交流烹饪经验，经常有相熟的朋友一起聚会，花不多的钱好好吃上一顿。记得我先生有位四川籍的同学短期来德培训，六七位老同学聚会，那位女同学好能干，花了二十几马克，就做出了一顿丰盛的火锅大餐，让大家大快朵颐，一边被辣得哈气吐舌满头大汗，一边向她讨教。

回忆留学生涯，不能不提到学生会。初来乍到，人人都有飘零异乡的不踏实感，极力联络故乡同胞，聊慰思乡之情，学生会便成了极好的联系纽带，过年过节组织聚会，每每欢声笑语人头攒动，放眼是黑头发黄皮肤，入耳是天南地北的乡音，主席台上能歌善舞的同学们载歌载舞，刹那似乎跨越万水千山回到故乡。这时排队拿一盘众多志愿者提前准备的热炒、凉拌、点心、甜食，坐下来痛痛快快吃一顿家乡饭，痛痛快快说一会儿家乡话，真是枯燥刻板的留学生活中的美好花絮美妙音符。

闲谈中说起徐治东曾在九十年代初担任慕尼黑学生会主席。学生会是在德国按照法律程序正式注册的协会e.V.，有资格向管理学生的机构申请补助，为了丰富留学生的业余生活，那几年徐治东没少跑管理机构，申请补助，组织聚会，组织旅游。那时的留学生普遍手头拮据，住在小小十平方米左右的学生宿舍内，开学就在学校和宿舍之间奔走，放假立刻打工挣钱，自己根本没能力出门观光旅游，学生会组织的有补助的旅游是学生们眼里的奢侈假期。即使是短途郊游一天来回，也是十分难得的。蒋申彤回忆起她就是在那段时间第一次去了巴伐利亚州举世闻名的新天鹅宫，在约定地点坐上大巴，一路有人组织讲解，有人唱歌，气氛非常轻松活跃。到了地点，下来参观，中午有安排好的午饭，下午返回。这样的短途观光通常在周末，一点不妨碍学习或打工，非常受学生们欢迎。

　　闲谈中徐治东说起一件事情，当时很多机构号召为"希望工程"捐款，广大留学生虽然平常生活极其节约，但是大家不忘祖国，非常乐意为故乡失学儿童稍尽绵薄之力，经学生会出面组织，把一次活动的门票收入作为捐款，并在活动上倡议更多捐款。活动结束后，检点共有上百位学生参与善举，每人捐款或五马克或十马克，共收到数百马克。事后学生会几次讨论，慎重考虑通过什么途径把捐款交给哪里更合适。后来一位名叫马志宇的学生说，他认识陕西米脂杨家沟乡小学，那里小学生因为贫困退学的事情屡屡发生，建议直接把捐款交给那里的小学。他拍胸脯保证一定把捐款百分之百用来资助贫困的小学生，不会中途流失一分钱。学生会研究后，采纳他的意见，把收到的捐款兑换成两千块人民币，托马志宇直接交给杨家沟小学。两千块，现在在国内一线城市没人看在眼里，但是二十多年前，在偏僻落后的陕西，这笔钱帮助十一位失学的小学生重返校园。

　　说到这里，徐治东站起来说，你们稍等。他转身到屋内，几分钟后拿出几份文件给我们看。第一张是一份电脑打印的捐款名单。当时电脑还不普及，能够打出中文的电脑少之又少，这份名单是学生会为了郑重其事，请一位热心的留学生用公司电脑打出来的。学生会正式公布捐款名单，以示捐款活动公开透明，在上面我看到不少熟悉的名字。第二份是手写文件，是米脂杨家沟乡小学校长亲自签名盖章的收款证明。第三份文件是一封信，是接受援助的十一位失学儿童写给捐款的叔叔阿姨们的答谢信。这封信字迹异常工整，一笔一画不无稚气，显然出自一位小学生之手，下面是十一位小学生的签名。信中，他们说本来已经退学，现在得到援助，学杂费解决了，他们重新回到学校，并报告说其中一位学生取得了优秀成绩。

手捧信件，陡然感觉沉甸甸的。那不是薄薄的一张纸，而是十一位孩子真诚的童心，透过字里行间，似乎看到孩子的笑脸，看到他们端端正正坐在教室里的样子。我急着追问，那后来还有联系吗，那些孩子后来怎样了？徐治东不无遗憾地说，可惜后来那位牵线的留学生马志宇搬到外地失去联系，终究不知道孩子们后来如何了。

谈话间，徐治东甚至搬来他的笔记本电脑，上网查找米脂杨家沟，搜索下来，检测到有：米脂县杨家沟小学，米脂县杨家沟豫章小学，米脂县杨家沟镇何岔小学，难以确定当初捐赠的是哪家小学。我们几个人一起推算，1993年上小学，现在过去24年，当时十来岁，现在该是三十多岁的成年人了，应该结婚生子，或许孩子也上学了，希望他们的孩子不会再因为贫困失学。

采访归来，有意写文报道，徐治东一再对我说，"我的经历很平凡，没什么好写的。若你想写，那就写一写当年慕尼黑的留学生对祖国失学儿童的关爱吧。也代我问一声，杨家沟乡的孩子们，你们还好吗？"

其言真诚，其意拳拳。在此我也问一声：杨家沟乡的孩子们，你们还好吗？

2017.03.

杨维健：文科生在德国华丽转身

世间道路千千万，有山路，有水路，有大道，有小道，有的纵横开阔彰显大刀阔斧，有的蜿蜒秀丽写满诗情画意。千千万万条道路，形貌不同，起点不同，目的地不同，但是有一点相同，那就是几乎没有一条道路是从头到尾笔直向前的，要走到一个目的地少不得要转弯，转弯的地方或许是九十度直角，或许是舒缓优美的圆弧。

人生道路千万条，从出生到终老，起点相同，终点相同，中间的人生道路却不尽相同。天下世人千千万，五官四肢形体相似，音容笑貌却各不相同。同理，芸芸众生的人生道路也和世间的道路一样，纵横交错，千变万化，但是也有一点相同。在漫长的人生之路上，每个人都会面临抉择，不止一次或自主或被迫地改变方向，一次次修正，一次次转身，留下一个个背影，其中也有华丽转身的背影。

杨维健是第一位我因为采访认识的旅德华人，第一次看到他的简介：1994 年南京大学德语系毕业，在德国改修国民经济系，经过六个半学期，以破纪录的速度从海德堡大学硕士毕业，现任跨国集团 MAN Diesel 公司的亚洲销售总监，同时是国际标准化组织船舶国际专家组的德国代表，德国机械制造行业公会中国组成员，德国法兰克福中小企业协会理事。

这简短的介绍，有三点让我十分惊讶好奇。第一，在国内毕业的大学生，来到德国留学，通常只能继续学习本来专业，要转系，而且是完全不同的科系，那是非常困难几乎不可能的。第二，德国学制漫长，本硕连读，通常硕士毕业要六七年或更长的时间，仅仅用一半时间，六个半学期即毕业，这样惊人的速度让人惊讶不已。第三，从大学毕业，到步入职场，到成为一方面专家，这又意味着不寻常的经历。透过短短的几行字，我分明看到他在人生路上一次次转身的影子，对转身背后的故事不无好奇。

三月中旬，在一个星期六上午，送孩子到中文学校上课后，我来到学校对面的咖啡店和杨维健先生会面，边喝咖啡，边听他讲述自己的人生故事。

杨维健先生，南京溧水人。父亲从事文化工作，离任时担任当地文化局局长，但是在"文革"中颇受冲击。母亲是幼儿教师，"文革"中很长一段时间，独力抚养教育三个儿子。不知是从事幼教的母亲教子有方，还是父亲的文化气质潜移默化，三个孩子都很争气，在恢复高考后，他大哥和二哥相继考上大学，杨维健自己高中毕业也考入南京大学德语系，在当地一时传为美谈。

人生的道路虽然漫长，但紧要处常常只有几步，特别是当人年轻的时候。著名作家柳青的名言，在杨维健这里又一次得到印证。进入全国一流重点大学学习，成绩出众，一帆风顺的人生在毕业时突然意外转折。大学即将毕业时，杨维健最初听从老师建议报考外交部高级翻译官。到北京参加专业考试后，主考老师非常明确地表示秋天见，可是到了秋天他意外落榜，后来得知原因在于非专业方面的考试成绩。如此出乎意料的结果，促使他考虑出国留学，自己联系多家德国大学，很快只身一人携带一只箱子四千马克，于 1994 年 9 月来到曼海姆大学日耳曼文学系报到。

和大多数当时的自费留学生一样，来到德国后，最迫切的问题是解决生计问题。杨维健虽然是文科生，但是动手能力很强。开始时通过大学打工，后来陪同来德访问的中国官方考察团做翻译兼导游，为在德国的学习生活先打下了经济基础。

那为什么转系，又如何达到转系目的呢？我迫不及待地提问。

来到德国，步入德国社会，杨维健意识到语言只是一种工具，除非做专业翻译，否则单纯学习语言，就业选择会非常少，因此他决定转系，改修其他专业。如前所说，德国不承认中国学历，即使在国内名牌大学毕业，也只承认国内毕业生具有学习这门专业的资格，转系，特别是毫不相关的科系，非常之困难。在曼海姆大学毫无转圜余地地拒绝后，杨维健把目光投向其他城市，特别是临近的著名大学城海德堡。海德堡大学历史悠久，风气自由开放，同意他转系，但是前提是必须在大学预科学习一年，考试毕业才能转系。杨维健来到海德堡，为了节约时间再次交涉，要求不经过一年的学习，而是直接参加预科考试。大学管理人员半信半疑，姑且让他参加考试，没想到他一举通过，随后顺利转系开始学习国民经济。

我自己也是学习经济出身，深知学习经济，BWL 或者 VWL，都需要一定的数学知识。杨先生在国内是文科毕业，争取转系时难道对此毫无顾虑吗？杨维健微微一笑，说自己中学时理科成绩不算出众，但是不偏科，成绩平均，在预科的数学考试也让他相信自己能够胜任。

那么是什么动力让他如此勤奋努力，用了比别人少一半的时间拿到硕士学位呢？我再次发问，并讲到自己经历。我最初在慕尼黑工大修数学，之后转到慕尼黑大学读经济，为了追回学习数学"浪费"的时间，也是铆足了劲努力，同样在非常短的时间内硕士毕业，在最后一门考试的第二天就开始上班工作。

杨维健坦然说自己努力争取尽早毕业，是因为年龄和生存双方面的压力。他在国内大学毕业后才出国，在德国有一段时间主要打工，真正开始好好学习时，发现周围同学大多刚刚高中毕业，年龄比自己小不少，感觉时不我待。另外在德国留学，当然有生存及就业前途的压力，越早毕业越好。在海德堡学习期间，他妥善分配学习和打工的时间，通常利用暑假全力工作三个月，主要为国内各种政府代表团的公务活动做口译和陪同，报酬不错。其余时间一门心思学习，别人一学期考三个学分，他一学期考六个，这样才破纪录地在六个半学期后毕业。

在德国成功转系并如此之快地毕业，这是杨维健完全凭借个人努力在人生路上的漂亮转身。可是毕业后进入职场，面对的问题就不完全是凭一己之力能够解决的了。按照当时的德国法律，外国留学生毕业后原则上返回自己国家，一般得不到工作许可，难以留在德国就业。（注：现在法律规定已经放宽）杨维健希望毕业后能够先深入德国企业真正积累在欧洲的工作经验，再定行止。他在毕业前后也得到多家德国公司青睐，可是因为工作许可问题最终无果，有几家甚至在签约后只能无奈取消合约。

几次因为工作许可问题就业受挫，心情如何呢？我没有问，只是静静听他继续讲下去。杨维健后来接受奥格斯堡的机器人自动化公司 KUKA 邀请面试。面试再一次非常成功，公司表示愿意聘请杨担任项目经理。这时，他坦然提到工作许可的问题。KUKA 是当地的大型国际公司，公司人事部门承诺会跟劳工局沟通解决。可是开始时沟通并不顺利，虽然公司提出足够充分的理由，说明杨是适合这个工作位置的最佳人选，劳工局还是没有同意。后来公司提出折中方案，杨维健签下为期两年的"实习合同"，以实习生身份进入公司开始工作，待遇福利和正式员工一样。工作一年后，一天杨维健突然得到公司人事部门通知，要他改签普通员工合约。原来经过公司直接跟巴伐利亚州政府内政部长联系，他破例得到工作许可，终于再一次华丽转身。

之后在职场发展，从新人到专家，那是优美的弧形转身。杨维健在做项目经理主要负责销售的同时，好学不倦，加强学习和公司产品有关的专业知识，经过一段时间了解公司产品强项，掌握项目关键，在中德合作中，凭借谙熟东西方企业文化，并坚持自己的理念和特色，总能最终赢得各方的信任，项目成绩非常漂亮，在业内获得很好声誉，甚至远在汉堡的著名造船行业的公司前几年也通过猎头找到他提供副总职位，因为种种原因最终他没有接受汉堡的聘请。

在 KUKA 做了五年的国际项目经理后，他跳槽 MAN 成为亚洲市场总监，近年来工作重点是亚洲地区销售远洋船的发动系统，不仅在商业船舶领域，而且与中国海军、海监以及负责卫星监视测量船的国家机构合作，为提升中国发动系统技术水平做出贡献。

杨先生十分健谈，采访非常愉快。交谈中特别聊到面试心得，他曾经接受奥格斯堡当地的中国学生学者联合会的邀请，做过如何在德国就业和面试的专题报告会，热心给求职的中国同胞传授在德国的求职和工作经验。他的体会是首先要有自信，当然有如此超速毕业的骄人成绩，杨的自信很有底气，也很有说服力。其次，要深入了解德国文化，积极主动掌握话语权，寻找破冰话题，尽可能自主自在地平等对话交流，而不是被动地一问一答。

采访愉快结束，我们一起走出咖啡馆的大门。握手道别后，杨维健先生转身离去，我站在门口遥望他远去的背影，快速梳理他在人生路上一次次的华丽转身。片刻后，我自己也转身，迈步走向我的目的地。

2017.04.

张洪滨：地区形象大使

张洪滨博士，和我一家认识来往二十多年了。他的故乡是河北赵县，那里有历史悠久的赵州桥享誉世界，那里有甘甜多汁的雪花梨驰名中外，不过对于我更重要的是，古老的赵州桥曾留下母亲蹒跚的足迹，清澈的洨河水曾映照母亲稚气的笑脸，洁白的梨花曾点亮母亲清澈的双眸，甘甜的梨汁曾浇灌母亲纯洁的心田。

对，张洪滨博士和我母亲是老乡，两个人曾先后在相隔不到半里的村里生活。张洪滨博士，我称他"张叔叔"，他的父亲早年参加工作，是抗日干部，"文革"中受到冲击，张叔叔童年回到爷爷奶奶身边在村里长大。那时我母亲已经出嫁离开，不在那里了，所以他们在国内并不相识。后来张叔叔回到石家庄市父母身边读中学，随后到郊区农村插队扎根学习。在恢复高考的第二年，他抱着更好地为农村服务的朴素愿望，考入河北农大修读园艺。1982年大学毕业，考入山东农大修读硕士。1985年硕士毕业后考上博士研究生，1986年年底公派出国，来到慕尼黑附近的小城弗赖辛留学。

人生的遇合就是那么奇妙，母亲和张叔叔在偌大的中国曾经在紧邻的村子里生活，可是擦肩而过无缘相识，在万里之外的德国反而奇妙地相逢。因为河北不是侨乡，所以张叔叔在国内就听说我们一家在慕尼黑，到慕尼黑后多方打听而不得。偶然，在一个偶然到不能再偶然的情况下，在一次华人聚会上，一句乡音在万里之外让两位老乡的手握到了一起，真是有缘万里来相会。从此两家密切往还，二十多年了，我们亲眼看着他们的大儿子来到德国团聚，小儿子在德国出生，两个孩子一天天长大，以优异成绩从高中毕业步入大学。张叔叔也看着我读书、成家、立业、生子，青春少女步入中年。

彼此太过熟悉了，反而不知从何写起。写什么呢？写张叔叔每次见面都会问我的学习、工作、家庭，写张叔叔在我们的新家挥锄刨坑亲手栽下他自己培植的香椿树苗，还是写他在我父亲的追悼会上深情致悼词催人泪下？不，这些是私谊，我要写的不是我私交的"张叔叔"，而是张洪滨博士。思考中，我陷入沉吟，沉吟中时光流逝。

五月的一个周末，再一次坐在顶楼的沙发上，沉吟着翻弄手里的一本册子。这本册子是慕尼黑北部机场大区（注：慕尼黑机场所在地并不属于慕尼黑县、市），弗赖辛和埃尔丁两县两市的政府机构在 2006 年公开发行的"地区形象大使"（Gesichter der Region）介绍。入选的 25 位代表机场大区的形象大使，既有地方政界人士，如前任巴州经济部长、教育部长，也有学术精英，如慕尼黑工大校长，既有商界达人，如知名的埃尔丁啤酒公司的经理，也有体育健儿影视明星。在众多高鼻深目的欧洲面孔中，赫然有一位黄皮肤黑头发，那就是张洪滨博士！他是唯一入选的亚洲人士。

那是那个地区唯一一次的形象大使推选。什么样的人才能入选，成为这个地区的形象大使呢？册子里记载说明，这些形象大使是常住此地的居民，在民众推举的基础上，从数百位初选者中，经过一个由十二位知名人士组成的评委会评选出来的。张洪滨博士在八十年代中来到弗赖辛，在那里生活了十几年，后搬到邻城，仍然属于同一个地区，三十年来他一直在这个地区学习、工作、生活，因此具备入选的基本条件。

张博士是个热心肠，整天笑眯眯的，认识这么多年我一次也没看到过他板起脸来。他在河北成长，在山东读研，在弗赖辛读博，先后在三个地方留下足迹，广结善缘。他来到德国学习，很快和老师、同学、邻里打成一片，和众多德国朋友结下友谊。进而响应山东人徐松山先生的倡议，积极奔走，搭桥连线，多方联系，促成弗赖辛和山东的潍坊市建立友好城市关系，为两市的文化交流、民间沟通和经济合作创造条件。

2017年，山东省和巴伐利亚州结成友好省份三十周年，弗赖辛市和潍坊市也结成友好城市三十周年了。三十年来在双方的努力下，两市政府频繁友好来访，通过互访两地的企业开始认识，加深了解，最终携手合作，为两个城市的经济繁荣做出了贡献。

八十年代，在建立友好关系之初，国内通晓德语的人屈指可数，在德国掌握中文的德国人更是寥若晨星，每次访问前的准备工作联系沟通，每次访问之后的善后工作如何落实，访问期间全程陪同，天天笑脸相迎，给德国人讲中国历史，讲山东文化，讲潍坊特色，给中国人讲德国的严谨刻板，讲巴州的经济强项，讲弗赖辛的地域便利，加强沟通，促进了解，最后达成双方在经济、文化、体育等多方面的合作。

跨入新世纪，张博士自己创业成立公司，更加频繁地在两地飞来飞去，做红娘为两地公司牵红线，做园丁呵护已经建立的合作关系开花结果。在德国公司眼里他是活生生的中国，在中国公司口里他是德国热情好客的化身。不惧辛苦，不畏跑腿，既有德国人的严谨规范，又有中国人的热情周到，公司业务自然蒸蒸日上。

公司口碑良好，为他在商界赢得声誉。在日常生活中，他是民间大使，和邻里礼尚往来一团和气，利用下午茶时间或者在生日派对上，趁机介绍中国文化，包括饮食、家具、书画、园艺等等，他家在当地被人称为"小中国"。三十年来他一方面保留中国传统乡土本色，同时入乡随俗积极融入德国社会，和许多本地人结下深厚友谊，特别是他和他的博士导师一家，三十年的友谊值得大书一笔。

张博士在1986年来到弗赖辛，拜弗里茨教授为师攻读博士。弗里茨教授曾经担任国际园艺协会主席，是享有国际声望的园艺专家，曾经在海峡两岸讲学，留下良好印象。张博士初到德国，孤身一人，举目无亲，语言还不流畅，教授夫妇时常邀请他到家中做客。圣诞节到了，按照德国传统这是全家团聚的日子，一般是不会在圣诞节邀请外人到家中做客的，可是弗里茨教授夫妇盛情邀请新来的中国学生到他们家中做客，品尝德国圣诞大餐，体会德国家庭的圣诞气氛。三年后解文阿姨也来到德国，再过圣诞节张叔叔不再是孤身一人了，教授夫妇完全可以不必再邀请他到自己家中过节，可是他们依然邀请了，邀请张叔叔夫妇一起到他们家中做客过节。其后，他们的大儿子来到身边，小儿子出生，每年圣诞节教授夫妇都盛情邀请。两家的圣诞聚会成为传统，每一次的聚会，两家人都在圣诞树前合影，留下一张张珍贵的照片。直到今天，三十年后，教授退休了，当年年轻的留学生已经稳健步入中年，曾经的小婴儿长成了英俊青年。

三十年了！三十年来，两个没有血缘关系文化背景也毫不相同的家庭，年年在一起庆祝圣诞节，年年在圣诞树前留影。

五年前，当两家的圣诞聚会迈入二十五周年之际，这个感人暖心的故事登上当地报纸弗赖辛日报，一时传为邻里美谈。至今记得我手捧报纸阅读报道翻看照片时的感动，这是跨越国界的"时间去哪儿喽"。时间变迁，容貌变化，不变的是那份友谊。语言不同，文化不同，相同的是活泼泼的人心。

长居海外，要在融入当地社会生活和保留自己文化中间保持平衡殊不容易，可是张洪滨博士他做到了。张博士，他的学业没能让他扬名国际，他的事业也没能让他身家千万，但是他这个人，他积极融入本地的事迹，他为两国在文化经济两方面的交流所做的努力，打动了评委，一个黑头发黄皮肤的中国人，跻身金发碧眼的欧洲人中，成为代表一个日耳曼地区的形象大使。他和教授三十年的友谊，更是深深感动了我。

对，不要多想了，不需要精心构思，简单地平铺直叙，写一个真实的平凡的人，和他不凡的真实人生就好。

打定主意，面露微笑，恰巧走过来找我学习中文的孩子见了，不禁问，妈咪，你笑什么？同时探过头来看我拿在手里的册子。

"你看，你认识他吧？"，我指着照片问孩子，"妈咪要写一篇文章，写一写他的故事，他不是德国人，却被德国城市选为那个地区的形象大使。"

"真的吗？"孩子惊讶，"他是怎么做到的呢？"

"你好好学习中文，以后自己看妈妈的文章，现在让我们做中文作业吧。"

孩子不大情愿地坐下来，翻开作业本。

再看一眼张博士腼腆微笑的照片，放下册子，我开始陪孩子学习中文。

2017.05.

夏青青：追梦，从《但丁别墅》开始

我一直深信在漫长的人生路上，总有为数不多的几个路口，某个人出现了，某件事情发生了，因此一个人自主或者不由自主地做出一个决定，人生道路从此岔开，走往另外一个方向。那，也许就是冥冥之中的天意，命运之神悄悄敲门。那敲门声可能非常之低，低到只有一个人能够听见，甚至低到在事件发生许多年后再次回望时才能清晰地听见。

正如 2008 年夏天，我第一次漫不经心地拿起这部小说《但丁别墅》的时候，一点也没听到什么敲门声，也没有任何迹象显示这部小说会给我带来任何改变。我只是随手拿起一本小说，仅此而已。

2008 年，那一年我来到德国将满二十五年！二十五年，漫长的四分之一世纪倏忽而逝。二十五年，步步紧凑，从初履异乡的阵痛到初步掌握语言，从高中毕业到硕士文凭，从甜蜜恋爱到步入婚姻，从校园到职场，从青葱少女到二子之母，学习、工作、生活一直高速运转，直到 2006 年。

那年秋天我生了一场病，不得不放慢脚步重新思考人生。恢复期间发生一些事情，促使我在 2008 年年初辞职。在正式提交辞职书，辞职消息传遍公司后，出乎所有人的意料公司诚恳地挽留，我终究没有离开。

到 2008 年夏天，健康恢复，无后顾之忧，工作步入常规，不再具有挑战性，生活按部就班，孩子一天天长大，日出日落间猛然醒悟自己正一步步走近中年，心中惶恐，惶惑。真的已经走近中年，人生再没有挑战，再没有惊喜，剩下的人生道路是一马平川，一眼可以望到尽头，是吗？

怀着这样的心情，某一天去逛商场。是的，是在商场，而不是在书店。目光无意中落到一本书上。那本书封面是一座靠近海边的房子，透过走廊可以看到无边无际蔚蓝的大海，看拱廊的建筑风格以及廊前茂盛的夹竹桃，直觉那里是南方。书名是《Villa Dante》，《但丁别墅》，哦，那应当是意大利了，我想。那本书封面宁静安详，我随手拿起来，心想随便翻翻打发时间也好，已经好久没有认真地看一本小说了呢。

从识字开始我一直酷爱读书，沉迷书中天地流连忘返，至今留下很多读书故事，是每次同学聚会必不可少的"美谈"。在国内上学最爱语文，在身为语文老师的父亲的熏陶下，从阅读和作文中获得极大的快乐和满足。那时天真地以为将来一定会学中文，从事和文学有关的工作，哪想到命运跟我开了一个大大的玩笑，突然出国后不得不学习自己并不喜欢的外语，张口闭口是叽里咕噜的外文。

在德国上中学的那几年，讨厌德语，上午上课，下午放学后总要找点中文书看一会儿才觉得心理平衡。那时写下大量书信，或者说书信体散文，轰炸同学，也曾比葫芦画瓢尝试古体诗词，偶尔拿出一两首在家庭聚会上朗读。这种情形一直持续到大学初期。

高中毕业进入大学，选择科系等于选择职业，迫于现实放弃文学，做出更实际的选择。大学毕业，步入职场，更加忙忙碌碌。及长，斗米难求，辗转兮奔走；白居不易，蹇蹇兮风尘。职场熙熙，终弃旧梦；柴米碌碌，愧对前盟。后来我在《白玉兰诗会序》中如此回顾。

记得高中毕业那年的冬天最后一次填了一首《满江红》，从此搁笔，再没有使用中文写任何东西了。毕业工作后，休假时还是会翻看中文小说，可是纯属消遣了。偶尔也不免惆怅，少女时代的梦想从此杳如黄鹤一去不返了吗？

2008年夏天，我随手拿起这本书。恰是周末，回家就翻开来看，一看就停不下来。那个周末一口气看完，掩卷沉思，心底第一次开始有了一点点活动，一点点而已。

故事写的是二战后的欧洲，时代背景是1957年，四个人，一个年轻貌美的歌剧界新秀，一个人到中年江郎才尽的侦探女作家，一个精神恍惚的物理学家，一个事业有成的年轻银行家，前三个人在英国生活，后者是美国人，他们同时接到律师函。律师受一位刚刚去世的意大利老太太委托，邀请他们到老太太生前的家中，一个名叫"但丁别墅"的地方，接受老太太遗赠。

四个人，出身、年龄、职业、身份毫不相同，唯一的相同点是他们都在人生的十字路口徘徊。女歌剧演员，出身良好，自幼酷爱音乐，几经努力才挣脱家庭束缚成为职业演员，作为新人崭露头角，可是数月来她被肺病折磨咳嗽不止，无法排练，无法登台，前途陷入迷茫。出身贫寒的女作家自学成才，曾是辉煌一时的侦探之后，可是已经五年写不出新作，经济拮据，生活困窘。年长的物理学家，曾经享有国际声誉，曾经深信科学能够解释一切，可是在他参与研制的原子弹成功爆炸后，他的世界也被炸得粉碎，深陷职业危机。年轻有为的银行家，他即将奔赴伦敦接掌家族企业并和社交名媛结婚，可是这个从头到脚自带阳光的人，为什么畏惧意大利的阳光呢？

这样毫无关联互不相识的四个人，他们中没有一个人认识在世时的老太太，没有一个人知道为什么陌生的老太太会邀请他们到但丁别墅，律师也坚决拒绝透露丁点内情。他们糊里糊涂地来到那里，谜底不但没有揭晓，他们反而坠入更大的迷雾中。老太太遗嘱要求他们四个人在但丁别墅共同生活三十三天，并在这段时间内找到她的遗嘱，然后才能接受不知为何物的遗赠，中间不得有任何人放弃退出。这件事情非常蹊跷，四个人大惑不解。可是生病的女演员需要在热带养病，潦倒的女作家乐得免费休假，困惑的物理学家喜欢那里的安宁，春风得意的银行家好奇心盛，最终四个人一起留了下来。

故事发生的地方，但丁别墅是一幢古老的建筑，曾经衣香鬓影盛极一时，可是现在无人照料荒芜颓败了。在但丁别墅的三十三天，四个原本相互没有好感的人，不得不一起生活，多方搜寻也没找到遗嘱，后来他们一起努力清理别墅花园，在此过程中学着接受彼此。随着故事展开，他们每个人一生中不堪回首的梦魇也逐渐被揭开，女演员走不出的无望恋情，女作家挥不去的畸形情伤，银行家阳光生命中最黑暗的时刻，物理家不为人知的出身。这一切的一切，去世的老太太显然了如指掌。可是——她是如何得知的呢？他们百思不得其解。

出于某种他们不知道的原因，老太太扮演命运之神叩响门扉，邀请他们到但丁别墅来。在但丁别墅，银行家发现并肯定了自己对女演员的爱，重新发现多年来被自我放逐的艺术梦，决定放弃优厚的银行工作，重新踏上艺术追求之旅。女演员找到了自己的病根，考虑开始全新的职业生涯。女作家再一次坐下来滴滴答答打字，笃信科学的物理学家在神学中找到了心灵安慰。几经波折，他们成为彼此理解的朋友，整修好了别墅的花园，也整修好了自己的心灵花园。

在那里，他们一点点发现了他们每个人和老太太之间极其隐秘的联系。那是让他们目瞪口呆瞠目结舌的联系，既有隐秘血缘，也有陈年情爱，既有知恩图报，也有超自然呼唤。故事情节曲折迷离，结局出乎意料却又在情理之中。

他们在迷惘中来到但丁别墅，和我当时接触这本书的心境不无相似之处。他们在这里回归初心，决定重新出发，开始新的人生。我呢，我能吗？我没有多想，可是一直不能忘记这个故事。

几个月后，2009年春天的一个晚上，下班后照常打理家务照顾孩子，然后一个人坐在顶楼的茶几旁，拿出一个大本子，写下"但丁别墅"四个字，我开始翻译这部小说，压根儿没有思考这有什么意义，能否翻译完，更丝毫不曾考虑能否出版。我只是坐下来，在停笔二十年后再次开始写中文。最初写得磕磕绊绊，不少字需要考虑一下才能准确无误地写出。其后半年时光，有空就坐下来翻译一段，断断续续写了五大本，完全是手写，字迹潦草，仅为自己个人阅读。

在翻译小说的同时我开始写文，写下旅德二十五周年纪念，写下祖父逝世十周年纪念。2009年夏天在百度注册网名"天涯芳草青青"，2010年元旦第一次在网上发帖，正式开始在网上结交文友切磋交流。

2010年冬天，有感写下《故乡的冬天》。次年一月，第一次尝试投稿，参加《欧洲新报》的有奖征文，文章在2011年2月号刊登，第一次看到自己的文章变成铅字，被众多读者阅读，内心喜悦。没想到这篇处女作后来竟然获得征文活动的三等奖。

此后勤于写作，文章频繁见报。押韵散文《涛声依旧，月落风霜》在 2014 年的中外诗歌散文邀请赛中获得散文组一等奖。去年春天父亲不幸去世，为了纪念父亲，从历年写下的两百余篇散文随笔中，筛选出 68 篇，连同数位文友的评论文章，结集出版，定名为：《天涯芳草青青》。

　　文集出版后，很多人惊讶于少年出国的我还能够使用中文写作，并且在停笔二十年后再次提起笔来。微笑回首，我再次看到 2008 年的夏天，某个周末我在商场伸出手去，漫不经心地拿起一本书来。

　　《但丁别墅》，这部小说，很多人看过，或许并没有触动，但是我看了，我被打动了，我隐隐听到了命运之神的叩门声，轻轻的，悄悄的，若有若无。我打开大门，拥抱她，欢迎她，她也就改变了我的人生轨迹。2013 年，我把当初的五大本翻译手稿输入电脑，整理打字。2014 年，再一次花了几个月时间修改润色，进一步完善。若有合适的出版社，非常愿意把这本小说介绍给更多的中文读者，期待更多在人生路上彷徨徘徊的人能够听到命运之神的叩门声，能够找回初心，再次扬帆起航。若你，我亲爱的读者诸君，也有念念不忘尚未完成的梦想心愿，那么还等什么呢，听从内心的呼唤，赶快行动起来吧！

2017.07.

画家周玫：六月，玫瑰飘香

六月，是德国玫瑰开得最好的季节，门前的玫瑰开了，红的艳丽，黄的高贵，白的纯洁，粉的浪漫。看在眼里，喜在心里，笑在心头。

六月，在玫瑰飘香的季节，我参观了一个画展，认识了原籍上海的女画家周玫，一棵别样芬芳的玫瑰，扎根中国，香飘欧洲。

那是六月中，凯撒旅游联合慕尼黑孔子学院以及巴伐利亚州立图书馆联合举办中国电影节，电影节的开幕盛典就是中国女画家周玫在慕尼黑 Gasteig 文化中心举办的画展，Duft der Farbe。主办方翻译为：色彩的味道，我以为"色彩的芬芳"或"芬芳的色彩"更合适。

那天我略早下班，提前来到文化中心，没有端杯饮料在熟人中周旋，而是直奔画展。画展尚未正式揭幕，只有少数几个人在那里静静观赏。画展正中高高悬挂四幅同样大小风格色彩相近的画，每一幅画上是一大朵红色的花儿，一瓣瓣宽大红色的花瓣在白色的画布上舒展开来，格外醒目。我在这四幅画前站立良久，红色的花瓣，鲜艳，美丽，热烈，奔放，强烈的生命力给我极大的震撼。红色花朵左右分别是蓝色和绿色的花卉，相似的花朵换个颜色基调立刻改变，显得宁静深邃。观看良久，暗想这位画家不知道有什么样非同一般的人生阅历，能够驾驭如此不同的色彩基调。

转身我环顾展出的画作，选择从左边开始欣赏。左边展出的画作中国风格一望可知。第一幅画是繁复的工笔荷花，然后是临摹的古画名作，接下来是淡墨山水，苏杭风光桂林山水婉约秀丽。接近画展正中的几幅，描绘的风景变成欧洲风光，用中国笔法展现的欧洲风光。

再次看过正中的花卉，我走到右边参观。右边是油画，画面描绘欧洲风光，慢慢走下去，最后几幅展品显然是我熟悉的巴伐利亚风光，画面风格在我这个外行眼里看来是彩色山水画，直觉风骨是中国的淡墨山水加上一点颜色。

回过头来再看一遍，从左到右，从淡墨山水到艳丽花卉复归淡雅山水，我仿佛看到一个在中国成长起来的画家，来到欧洲，学习油画，吸收西方艺术元素，最后和东方风格融为一体。从中国到欧洲，东方艺术元素结合西方绘画创意，这样一位画家会有怎样的经历呢？我不禁非常好奇。

七点，画展揭幕，在大批涌来的人群中，凭直觉我一眼认出周玫女士。周玫女士身材苗条，一点也没有浓妆艳抹刻意打扮，仅仅一袭黑色连衣裙，简约大方，不经意间展现端庄优雅。

主持人弗莱塔格女士宣布画展开幕，介绍周玫女士。周玫女士简单致辞，随后是大家自由参观。我刻意走远一些，从远处观望周玫女士和粉丝谈话，立在人群中温柔微笑。也暗暗打量来参观画展的人，当然有中国人，包括不少熟识的面孔，但是半数以上是地地道道的老外。不知道他们是不是初次欣赏中国画，我看到他们在中国风格为主的左面停留时间更长，上前退后，从左到右，从各个角度欣赏中国画。能够借助画展，具体形象地把中国文化介绍给西方普通民众，增进双方了解沟通，真是非常有意义的活动。

我在画展留了很久，等参观者稀疏下来，才走近和周玫女士握手。后来我们约定在时间充裕的时候坐下来好好谈谈。

　　七月上旬，终于找到双方合适的一天。在一个星期六我来到周玫女士在慕尼黑的公寓，听她娓娓讲述自己的艺术之路。

　　周玫女士的家在慕尼黑东部的一个小城，慕尼黑的公寓是她平时教画晚了或者有事情时落脚的地方。公寓虽然不是经常居住，可是仍然收拾得整齐干净，家具简约大方，尽显主人品位。

　　上午十点不到，周玫女士细心地准备了早餐。透明的玻璃桌子，深蓝色的底垫，嫩黄色的盘子，餐桌构成一幅色彩优美的画面。我们人手一杯咖啡，边吃早饭边聊天。

　　周玫女士原籍上海，从外貌真看不出周玫女士是 50 后。她母亲出身医生世家，本人也是医生。父亲是银行高级职员，专职外贸，精通英语。女儿在美丽浪漫的五月出生，取名字时父亲想到"May"，英语"五月"，由英语谐音为她取名："玫"。古人云"名者命也"，从英语的"May"到中文的"玫"，或许在取名字时已经注定这个女孩会从东方来到西方，一棵东方玫瑰在西方盛开。

　　既然家庭中无人从事艺术工作，没有绘画渊源，那你怎么会开始画画呢？我好奇地问。周玫女士端起杯子，呷了一口咖啡说：可能是天性，我从小喜欢美丽美好的事物，喜欢大自然，热爱大自然的一草一花一木。大自然不会因为你身份不好，没有漂亮衣服或者类似原因，而对你展现另外一副面孔。有一次几岁的小周玫被妈妈派去买菜，结果她喜欢上菜市场的花儿，没买菜，买了花儿回来，让妈妈哭笑不得。小学时她爱上画画，常常独自一个人画上半天不动。后来她对艺术的爱好被老师发现，安排她和老师一起出墙报。

中学毕业后，因为是独生子女，不用上山下乡，周玫被分配到上海工艺美术部门。她在那里师从国画大师蔡天雄先生，从基础学起，长时间临摹，大量仿古，海量练习写意山水，苦练基本功，经常通宵作画。刻苦努力，一点点渐入佳境，"文革"后成为上海朵云轩书画社最年轻的画家。1981年她联合另外11位女画家第一次举办女画家画展，崭露头角引人注目。

"文革"后百废待兴，饭店宾馆急需大批画作装潢，周玫擅长的山水画热销海内外，可是她更希望拓展自己的艺术视野，毅然放弃国内安稳优厚的工作，出国来到荷兰深造。在荷兰两年，她初步接触西方艺术，后在1985年来到杜塞道夫艺术学院学习，成为该艺术学院历史上第一位中国学生。

初到德国，首先面对经济和语言两个难关。为了能够安心学习，周玫努力申请奖学金。教授把她推荐给弗里德里希－瑙曼基金会。那是一家著名的基金会，申请程序非常严格，书面递交资料申请，经过筛选，再邀请面试。面试时，周玫面对三位考官侃侃而谈，提出三点申请理由：女性的自由，艺术的自由，东西方艺术交流沟通，并用英语就此三点阐述发挥，随后拿出自己的绘画作品，请面试的教授鉴定。周玫提出的三点理由已经让主考官耳目一新，等看到周玫作品，竖起拇指说：这是最好的推荐信。1986年，周玫从基本不发放奖学金给艺术学生的基金会顺利拿到奖学金。

初到德国，有一天周玫在莱茵河边写生。路人见她用毛笔作画，好奇地停下脚步，后来攀谈，并愿出高价买下她的画。留学初期，周玫女士勤于作画，频繁举办画展。第一次大型个人画展经德中友协牵线，在杜塞道夫的州立图书馆举行，德国《商报》和《莱茵邮报》大篇幅报道，图文并茂，引起广泛注意。

在画展上，她一支笔一张纸一点墨，当场挥毫作画，在围观的德国群众眼里简直是魔法，陌生，神秘，却又美丽优雅，完全满足了普通德国人对东方的好奇，她的画作被一抢而空。此后，她联系多家公司机构，经常举办个人画展，关于她画展的报道时常见诸各个地方报刊，通过她的一支笔把中国传统文化介绍给西方的普通大众，让更多人有机会直接接触东方艺术。

在这一时期周玫女士也努力学习西方的绘画技巧，师从著名艺术家格劳布纳教授，吸取西方营养，拓宽自己的艺术视野，在1989年从杜塞道夫艺术学院毕业。不过，周玫女士谦虚地说，我不是一个好学生，没有继续走教授光影结合的风格。我绘画时不考虑流派风格，自由发挥，自然发挥。大自然是最好的老师，教给我们真、善和美，我希望我的画能像大自然一样传播爱和美，给人带去阳光和欢乐。

在杜塞道夫周玫还收获了属于自己的甜美爱情。有一天，一位德国粉丝手拿一份关于中国女画家周玫画展报道的报纸找到她，两人开始认识交往，坠入情网，喜结连理。数年后，先生因为工作来到慕尼黑，周玫女士相随来到巴伐利亚州，在这里有段时间主要相夫教女，随后重新拿起笔来回归艺术。在巴伐利亚州的蓝天白云下，周玫女士徜徉青山绿水间，以自然为师，画布作弓，画笔为弦，拉响一曲心灵之歌。

周玫女士说她有个梦想，希望把东方艺术带给欧洲，也把西方审美介绍到古老的东方。现在周玫女士在孔子学院任教，教中国国画。她说，在工作一天后，很多学生一身烦躁来到画室学习，拿起毛笔静静描摹，身心随之安静下来。通过作品，通过画展，通过教学，她已经成功在欧洲传播东方传统艺术文化，梦想已经实现了一半，余生她希望融合东西方艺术创作出更多佳作，通过自己的画作让更多国内同胞认识了解西方艺术。

　　听周玫女士娓娓而谈，我再次看到画展上一袭黑裙的周女士。黑色，庄重典雅，综合沉淀了五颜六色，最后呈现出黑色。打量对面微笑的周玫女士，我仿佛看到一棵植根东方融汇五彩的黑色玫瑰在阳光下绽放，静静吐露芬芳。

2017.08.

康曦神父：灵修路上的启示

　　这个世界上真的有神吗？科学研究和宗教信仰是不是互相冲突的？对此人们历来见仁见智，每个人只能就自己的经历、见识、感受、体会，做出属于个人的回答。笔者生长于一个天主教世家，幼年学习教义似懂非懂，直到少年时期面对困顿彷徨，才真正感受到冥冥之中有一个无形的手在指引我前进。他，就是"神"吧。

　　认识康曦神父后，聊天时自然谈到宗教信仰，谈起灵修之路，也谈起他在灵修路上看到的启示引导，谈到他在德国生活的种种。

　　康曦神父是一位天主教神父，和他相识于一年前。一年前的春天，缠绵病榻多年的父亲去世，需要一位神父主持葬礼。电话联系父母住宅所属的德国本堂神父，希望具体商讨葬礼事宜，一直联系不上。后来得知慕尼黑华人天主教社团本来外出的神父已经回到慕尼黑，在葬礼前一天贸然打电话过去询问，神父不顾旅途劳顿时间仓促慨然应允，并说如果德国神父有空，他甚至愿意做助手协助主持。后来德国本堂神父敷衍的态度让我非常失望，于是决定葬礼由康神父单独主持。

　　追悼会当天，我们去接神父，第一次见到比我想象中要年轻的康曦神父。在去墓地的路上简单介绍父亲生平，神父专注聆听偶尔发问。在墓园追悼会礼堂的休息室内，神父取出自己带来的祭衣，在没有助手帮助的情况下自己换上祭衣，手持礼仪手册步入追悼会大厅，主持简单庄重的葬礼，致辞结合我家具体情况非常得体。事后很多朋友，特别是德国朋友，对中西合璧的葬礼仪式称赞不已，对神父因陋就简自己更衣并圆满主持葬礼，非常赞赏。我们全家在悲痛中对神父心怀感激。

葬礼过后，曾抽时间邀请神父来家中小坐。一年后为了德国华人系列我和康神父再次坐到了一起。

那是七月底的一个周末，星期五傍晚康神父应邀来到我家。正是夏日温热的傍晚，我们坐到花园露台上拉开话题，听神父讲他的神修之路。他在路上如何用眼寻找，用耳聆听，用心追寻，Gottes Spur，上主的标志，或者说启示。

康曦神父的故乡是古都咸阳，他在那里的农村出生成长，父母都是老实巴交的农民。他的奶奶出身天主教世家，因此子女及孙辈都信奉天主教。他儿时接受洗礼，少年时代虽然遵从父母之命参加宗教活动，可是对宗教持怀疑态度，心中一直有疑惑疑问，宗教和科学时时在心中打架。

高三那年，教会内部的神学院招生，本堂神父推荐好学爱问的康神父到神学院深造。康神父抱着疑问来到周至教区神学院学习。为了解开心中的迷惑，他在两年间和同学们、老师们讨论辩论，以致于同学反问他既然如此怀疑又何必来到神学院呢？康神父回答，正是出于这个原因才来到神学院。神学院如果不能解开心中宗教和科学的矛盾，那他终究还是会离开的。在神学院的第二年，康神父遇到从天津来修院讲课的一位王老师，王老师是哲学教授，授课吸引了所有的学生。这个爱思考爱疑问的学生马上预感到，解除他多年心中疑惑的机会来了！下午课后，他特地约王老师私人谈话。在那个难忘的夏日，他们坐在教室门前的台阶上，从下午谈到傍晚，从傍晚谈到深夜。

王老师用浅显易懂的语言，用哲学的论证思辨，以及众多科学家因为科学反而笃信宗教的事迹，最终解开了康神父盘绕心头多年的疑问，让他茅塞顿开恍然大悟。至此，他才成为坚定的信仰者。

1996年从神学院毕业后，康神父被分配到扶风县北塬服务，担任牧灵工作。一个堂区，几十个村庄，两三千教友的大事小情都要过问，从孩子出生领洗到老人临终去世，从少年的求学困惑到青年的婚恋迷宫，从夫妻相处到善待老人，从教堂盖围墙修缮到成立幼儿园招收管理，各式各样的现实生活中的问题都要过问处理。在堂区担任本堂神父的六年，康神父从开口就脸红不知道如何着手处理一项事务的青年学生，成长为一位经验丰富的基层牧灵工作者。

这段时间天天奔忙日夜操劳，国内的神父是没有节假日和休息时间的，他的身体健康因而大大受损。这时在德国的舅舅为他联系圣奥古斯丁的天主教内部的中国中心，拿到奖学金可以出国留学，一来继续进修深造，二来可以休息调理身体。他征得主教同意，一边开始到西安外国语学院学习德语，一边周末回堂区服务。两年后，在2003年出国来到圣奥古斯丁进修。

在圣奥古斯丁与世俗社会隔离的神学院内，神父经历生平一段黑暗时期。神父自己谦称没有语言天才，初到德国语言成为不可逾越的大山。上课时听不懂，难以参与发言，和我在德国的中学时期一样内心异常苦闷，怀疑。每次上课心蹦蹦跳，唯恐自己被叫起来提问。同来学习的人，有的承受不住压力患上抑郁症，需要治疗。神父也有好长一段时间天天祈祷，求天主指示该咬牙留下来，还是该放弃回去。这样过了两年，有一天课上教授提出一个问题，要求学生一个个挨次回答。先是德国学生，操本国语言侃侃而谈。教授的评语是：不对。然后是波兰同学起立回答，语言也是不错的，驾轻就熟，长篇大论。教授的评语仍然是：不对。最后叫到神父，神父语言磕磕巴巴，"一个词一个词地往外蹦"，好不容易回答完，没想到教授说：很对！神父吃了一惊，心下暗想：这就是上天的启示吧，告诉我可以学习，能够学习，也应该留下来学习。神父从此开始有信心，安下心来立志学习。既然口头表达能力差，那就书面写，选择课题慢慢查资料，慢慢写。后来这位教授成为他的导师。康神父 2009 年取得 Lizenziat 学位。Lizenziat 是教会内的一个特别的学位，高于硕士，拥有者有资格在大学教授神学。

随后神父在教友举荐下得到明斯特教区的奖学金，2009年秋到明斯特大学攻读系统神学博士。那段时间是神父在德国最快乐的几年。语言关早已经不是问题，学习成为乐趣而不再是负担。同时生活条件各方面都非常满意。那时他住在市中心的修院内，步行三五分钟即可到达大学、图书馆、剧院、公园等处，非常方便。修院是封闭的环境，闹中取静。修院内的食堂每天提供丰富多样的食品，不用自己动手。宽敞的单人房间，居住条件非常好。再加上明斯特市的中国人不多，大家都认识，比较抱团，来往很多。神父每周组织慕道班活动学习，几十个人踊跃参加，业余生活丰富多彩。谈及此，神父满怀感恩地说：少年时曾有愿望，希望有生能够读大学。现在不但上了大学，而且还出国留学。不但读了 Lizenziat，而且还念博士，并且是在这么好的条件下，在这么好的大学里，在这么有名的导师门下读博士，真是意想不到的天主恩典。

2014 年神父毕业在即，再一次面临选择。这时也有同来深造的年轻神父选择放弃神职，回到"凡俗"生活。神父再次感到迷惘，求上主给他启示。他常常去修院的小教堂祈祷，有一天他在圣体台前默想，从祈祷中抬起头来时，恰巧一缕金色的阳光映照祭坛前的复活节蜡烛，阳光下蜡烛金光闪烁。寂静中好像有个声音问他："难道你也要离开我吗？"他犹豫片刻后，心中冒出一个坚定的答案："主，唯有你是永生，除你之外我还去投奔谁呢？"那一刻灵台清明，焦虑消退，烛光照亮他心灵黑暗的角落。

毕业前夕，圣奥古斯丁的中国中心主任魏灵神父再次找到神父。那时慕尼黑华人团体的堂区神父即将退休，需要一位中国神父来接手中国留学生的信仰辅导工作。神父在内心和上主交流，慢慢地意识清晰起来，感到这就是上天给他的指示，要他到慕尼黑来担任牧灵工作。

2015 年 10 月，神父来到慕尼黑走马上任，很快发现在这里面临另外的挑战。慕尼黑华人团体在八十年代曾经非常兴旺，活动动辄数百上千人。现在团体式微，每个月的弥撒不过十几个人参加。神父心中不无失落，但是他相信这是上天给他的另外的考验，他在寻求更好的道路接触更多华人。2016 年圣诞至 2017 年元旦，康神父成功组织了跨年团契联欢活动。大家聚集在阿尔卑斯山上的小木屋内，探讨生命的真理和意义，分享生活和信仰，讨论宗教哲学，并到萨尔茨堡的圣诞市场游览，大家动手包饺子等等，活动非常精彩。每周组织慕道班活动，走出去，到生活中发现上天的 Spur（足迹），发现心中的神。春天大家一起采野生韭菜快快乐乐地包饺子，夏天大家聚在一起烧烤庆祝暑假，冬天圣诞、元旦、春节更是欢声笑语欢聚一堂。

谈到最后神父用一位名人的话总结自己的灵修之路：Wer die Wahrheit sucht, der findet Gott. 谁寻求真理，谁就找到上帝。

只要你愿意寻找，愿意用眼、耳、心感受体会，你就能感受到神是切实存在的，而且离我们并不远，就在我们的日常生活里，一朵花，一棵树，一缕阳光，都可能是神给你的启示。

　　谈话中我也跟神父讲起自己相似的经历，特别是我如何开始重新提笔写作的缘由。出于自身经验，我对神父观点非常赞同，并非常感谢上天指引他来到德国，来到慕尼黑，感谢我们有缘相识。

2017.08

钱君：走出象牙塔的科学家

钱君博士不是我认识的第一位博士，却是我认识的第一位从事科学研究搞发明创造的科学家。他小女儿和我儿子是中文学校的同学，八月休假归来邀请他们夫妇来我家小坐。在一个美好的夏日午后，他们如约来到，我们一起在花园的露台上落座，面对满园葱翠品茗闲聊。

之前见过他妻子张女士，和钱君博士是初次见面。在认识他之前，想象中的科学家形象是：头顶发亮的"地中海"，眼前厚厚的"酒瓶底"，身体弱不禁风，世事一窍不通。等见到钱博士，看他 T 恤长裤一身普通的休闲打扮，古铜色的皮肤，健康的体魄，头发浓密，不戴眼镜，单看外表已经和我想象中的科学家大不一样。坐下来闲谈了解，越发感觉他是一位不一样的学者，一位走出学术象牙塔的科学家。

钱君博士是四川成都人，他少年时代的成长史会让任何家里有调皮男孩的父母看到希望，感到安慰。据说他小时候是一个调皮捣蛋的学生，很会让人头疼，学习成绩平平。"文革"结束时，钱博士初中毕业，迎来了他人生的第一个重大转机。他出身工薪家庭，双亲不是高级知识分子，但是非常重视教育。恰逢恢复高考，他父亲找他进行了一次长谈，鼓励他奋发努力，通过教育改换门庭。十多岁的男孩日渐成人，看到父母的艰辛，意识到自己不能再继续浑浑噩噩度日了。那年暑假，很有远见的父亲把他送到云南，到在大学任教的亲戚那里住了两个月。在那段时间叔叔、婶婶、姨父几个人抽空指导他学习，他埋头读书从头开始补习初中课程。暑假结束，进入高中，学校面貌和全国形势一样日新月异，学习气氛越来越浓，老师们倾尽心血用心教，学生们争先恐后认真学。经过一个暑假的苦读，他的成绩突飞猛进，自信心随之相应提高，两者相辅相成，从此他次次考试争第一求满分，而且真的达到次次第一。

1979 年，恢复高考的第三年，他参加高考并取得全校第一的骄人成绩。论成绩完全可以上清华，可是他选择留在成都，留在父母身边，进入成都电讯工程学院光电工程系，学习热门高端的专业技术。大学期间，成绩保持出类拔萃。毕业后攻读硕士，1986 年硕士毕业留校任教。在 1993 年通过考试，被国家定为"访问学者"，将被派到德国深造。出国之前安排到上海外国语学院，用一年时间学习德语。1995 年他来到德国伍珀塔尔大学，进行为期一年的学习访问。

访问学者有国家提供的生活津贴，虽然不多，可是生活没有后顾之忧。在国内学过德语，科研工作基本用英语，所以语言也没有太大困难。经济和语言，这两项留学生通常要面对的问题，没有特别困扰他。

访问学习期间，他出色的专业表现引起教授注意，半年后教授明确邀请他留下来深造。一年访问期结束后，他在教授帮助下转换身份攻读博士。理科博士生要进行科研工作，有单位赞助，所以有工资可拿，不用四处打工为生活奔忙。

读博士期间，他承担德国科学基金会资助的研究项目"原子粒显微镜在材料科学中的应用"。德国科学基金会是德国一家独立的全国性科学资助机构，负责资助德国高等院校和公共性研究机构的科学研究，每年为各个科学领域的研究项目提供经费，并促进科学家之间的合作，是欧洲最大的科研促进机构。没有后顾之忧，钱博士潜心研究，每个阶段的研究成果随时发表在国际专业杂志上，引起广泛关注。四年半后，研究成果在论文答辩会上接受十一位业内专家教授的检验，其中九位为他打出最高分一分，两位打出仅次的二分。这项科技成果被不止一家公司青睐，一家国内科研单位愿出七位数欧元的价格买下专利。

在伍珀塔尔攻读博士的那几年，是他隐居象牙塔潜心钻研学术的一段时间。几年时光，每天钻到图书馆博览群书拓展思路，再到实验室不断试错，在荒漠里跋涉开拓。回忆起这段读博时光，1998年来德团聚的张女士说起一个小故事。那时他们住在学生宿舍的夫妻双人房里，小小的两个房间，一间是卧室，一间作客厅兼书房，并破例在房间内有自己的私人电话，跟普通学生宿舍的单人间相比条件较好。钱博士废寝忘食做科研，心心念念不忘研究工作，半夜里突然有灵感冲动，会即刻起身到不远处的实验室做研究。好多次张女士夜里醒来发现身边人不见了，打电话到实验室找到他，才放下心来回去继续休息。

做访问学者，读博士，他在伍珀塔尔度过六年时光。取得博士学位后，在2001年接受弗劳恩霍夫研究所的聘请来到德累斯顿做博士后，继续从事高端光学设备研究。在德累斯顿期间，他表现出不一样的另一面，走出学术象牙塔，关注民生。

在德国的外籍人士不是德国公民，自然没有选举权和被选举权，不能通过选举来参与德国的社会生活。可是很多外国人长期在德国生活，当然对德国的社会现状会有思考，会有参与发言的愿望。因此德国城镇设有外国人自治委员会，按照人口有不同数目的自治委员。这些自治委员需要通过自由选举民主产生，他们是居住在当地城镇的外籍人士的法定代言人，主要职责是把外籍人士的各种需求传达给相关机构，为外籍人士争取正当权益，谋取福利。

德累斯顿是前东德的大都市，德国统一后是少数欣欣向荣发展极佳的城市，高科技公司和各种研究机构云集，吸引了众多的外国人，其中包括华人。这里集聚不少从事高科技工作的华人，几乎人人是博士，都在大公司、大科研单位从事研究工作。有鉴于此，本地政府邀请华人参与外国人自治会的选举。这也是一种形式的参政，华人对参政一向比较谨慎保守，一时无人报名出来竞选。钱君博士最初的想法和其他人一样，不愿"出风头"，认为这样的工作不适合做科学研究的人。这时一位朋友找到他游说，他妻子也支持他代表华人接受挑战，打破群龙无首的局面。钱君博士终于被说动，下决心挺身而出，走出象牙塔参与竞选。虽然不是一般意义上的大选，但是也需要走向街头，走向民众，发表自己的意见见解，争取更多选民支持。在此不得不说，竞选期间德累斯顿华人表现得非常齐心，他的竞选活动得到了众多华人学生学者的广泛支持，学生会设立专门网页宣传，多人走访学生宿舍，多方面发动更多人参与投票。据统计，是次选举投票率比往届高出百分之二十。钱博士第一次竞选就高票当选，票数高居第二位，仅次于长年担任自治会主席的那个人。

当选之后，要有所作为。询问之下，钱博士很低调，他妻子张女士具体说到一件事。进入新世纪，很多华人第二代在海外成长起来。他们的父母不忘故土，通常希望子女学习中文，几乎各大城市都有中文学校。中文学校在周六上课，一般租用本地学校的教室，聘请有经验的中文老师任课。这样的中文学校基本上都不是营利机构，学生要缴纳学费供学校开支，老师拿到很少的"薪水"，在时间上的付出和收入不成比例。可是德累斯顿不一样，中文学校的学生免费上课学习中文。租用教室和聘请老师的费用，由当地教育厅负担。这是钱君在任内努力奔走争取的结果。我听后竖起大拇指，这可是实实在在造福华人后代的好事。

作为第一个华人外国人自治委员，钱博士备受关注，多个地方媒体登门采访。对此钱博士的态度是：如果是参观华人的传统文化活动，报道华人群体，传播中华文化，那非常欢迎。若是采访他个人，那就婉言谢绝。他更愿意在幕后为华人办实事，解决生活中的实际困难，例如租房子，延长签证，找工作等等。在此特别说明，应"钱"博士要求本文使用化名，但是相信在德累斯顿生活过的华人不难知道"钱"博士的本来面目。

在德累斯顿弗劳恩霍夫研究所做博士后研究，圆满结束后转到国际知名公司英飞凌做研究开发工作。数年后，公司有意派他到美国或者慕尼黑工作。他听从妻子意见在 2007 年来到慕尼黑。

在慕尼黑这十年，钱博士的私人生活发生了极大的改变，从另外一个层次上走出象牙塔。来到慕尼黑时，他身材较胖，检查发现血糖偏高，为此他彻底改变作息规律，坚持运动健身。很难相信一个习惯于深夜爬起来做研究的成年人，会在晚上九点左右上床休息，早上四五点起床晨跑一段，然后回家沐浴，早饭，七点钟神采奕奕地出门上班。下班回来，晚上还有一段晚跑步。这样一天两次跑步健身，坚持十年了！体重保持在六十多公斤，以他的身高是相当标准的体重，血糖也不再成为问题。这样的毅力，和他的研究成果一样，让我油然而生敬意。

我们下午在花园喝茶闲谈，傍晚在客厅便饭。吃饭时，谈论烹饪厨艺，钱博士也说得头头是道，显然是厨艺高手。饭后钱博士要求出去走走。我想，是为了弥补他今天傍晚到我家来没能跑步吧。我们四个人出门，沿着我家附近的农场小路闲步。

　　八月下旬，出门时天色仍亮，夕阳斜照，草色青青。绕一圈回来，已经暮色朦胧，门前花影模糊。时间不到九点吧，他坚持要回去休息了。我们站在门口，挥手目送他们夫妇开车离开。

　　钱君是我认识的第一位真正搞科研的科学家，可是他是一位多么不一样的科学家呀。转身回家时，我这样想。如此自律如此健康地生活，亲身参与社会活动的科学家真不多见。

2017.09.

陈乐玫：从眷村走来的大家闺秀

　　大家闺秀的标准或许并不容易确定统一，但是我想所谓大家闺秀，必然在外貌、学识、风度、家世上不输于人。或许有人问当世还有大家闺秀吗？有，说到大家闺秀，我立刻会想起陈乐玫女士，一位从高雄眷村走来的大家闺秀。

　　陈乐玫女士，我刚到德国就认识了。她先生是德国人，说一口流利的中文，还有一个音译的中文名字"贝满"，因此我一直称陈乐玫女士为"贝妈妈"。贝妈妈出身名门，父亲是海军军官，母亲学贯中西，是知名画家。贝妈妈自己先后在台湾和德国接受高等教育，曾经在德国大公司担任高级职员，并在慕尼黑工大任教多年。

　　贝妈妈是位美人。初识贝妈妈时，她三十出头风华正茂，身材高挑修长，皮肤白皙细腻，黛眉弯弯，秀目流转，是令人过目难忘的美女。贝妈妈是家务能手，她的家既有中国的书香氤氲，又有西方的整洁，是融汇东西方文化的典范。走进她的客厅，目光立刻被墙上悬挂的多幅中国字画吸引，特别是一幅国画老鹰，画中的老鹰目光犀利，直视观者内心。我后来知道那是她母亲的名作，原作被美军驻台协防司令纳尔森将军收藏了，挂在她客厅的是作者后来重画的复制品，据说原作更加动人心魄。多次做客，在餐厅的圆桌旁落座后，一边欣赏桌子上一套套精美的餐具，一边看贝妈妈在餐厅和厨房间穿梭，一道道色香味足以媲美大厨手笔的美食端上桌来。

饭后在客厅闲谈或者到花园小坐。其时她的一双儿女还小，一对粉妆玉琢的欧亚混血儿，在她身前身后跑来跑去。记得她女儿养了一只可爱的小白兔，夏天把笼子提到花园的草地上，我那时刚上幼儿园的妹妹和她女儿一起蹲在笼子前给小白兔喂食。妹妹穿一条粉红的公主纱裙，她女儿穿蓝色的牛仔裙。蓝天下，绿草上，两个小女孩儿身上洒满阳光。

如今三十年倏然而逝，一双儿女长大成人，贝妈妈荣升祖母，已然退休。今年夏天我和全家再一次做客贝府，造访如今只剩二老的宅院。

贝府花园极大，贝妈妈芳名"乐玫"，花园里遍植玫瑰，整个夏天满园姹紫嫣红。走近贝府，花园矮门后是一道开满蔷薇的圆拱花架，走过去左边一排玫瑰盛开，右边是大片草地，中间弯弯的石砌甬道通向住宅大门。正值盛夏，住宅的整面墙上，露台前的花圃里，各色玫瑰盛开。我们来过多次了，熟不拘礼，被花园里的花儿吸引，不走正门，直接踏上草地，走近五颜六色的花卉，一边欣赏，一边咔嚓咔嚓拍照。看过争奇斗妍的花儿，走到角落看汩汩流水的喷泉，再走到菜园里看青葱蔬菜，最后走到露台上坐下来。

喝过咖啡后，我和贝妈妈坐到客厅，听她讲生平经历。夏日午后，阳光强烈，客厅的百叶窗放了下来，光线幽幽暗暗。我抬头专注地听讲，目光透过贝妈妈，在她背后的虚空中中国近代史上的一幕幕徐徐上演。

贝妈妈父亲祖籍南阳，在那个炮火连天的时代，为了保全下一代，为国为家保存后起的希望，父母把他和弟弟托付给撤退经过南阳的山东国立六中，随校辗转迁徙到后方，在炮火中求学。几年后终因战事跟家庭失去联络，失去经济资助，作为兄长他放弃了热爱的医学，响应"十万青年十万军"的号召，投效海军，用自己的津贴资助弟弟继续深造。他在军校成绩出众，被保送到美国学习，是最早到美国留学深造的士官之一。战后随舰来到青岛，巧遇复员回青岛的同学，抗战时期他们在大后方曾一同就读山东国立六中和齐鲁大学，经该同学介绍他认识了青岛望族张家。

张家世代在青岛经商，商铺遍及青岛与天津。青岛是港口城市，多跟外界贸易，眼界开阔，接受西方文化。张家大小姐当时在北京就读北大西语系，她自幼喜欢绘画，从中学时代开始学习，在北大更是拜名师学艺，打下深厚基础。战后在北大求学的大小姐亭亭玉立，张家家长看中年轻英俊的海军军官，为二人订婚。一年后，大小姐从北大毕业，随即完婚。郎才女貌，一对璧人，一时传为佳话。婚后生活无忧，大小姐时常往来于青岛和上海。次年，长女出生，喝过洋墨水的父母最先为她取英文名字：Tiny，之后为了避免俗气的"凤"啊、"香"啊、"丽"啊等常用的女孩名字，再为她取中文名字：乐玫。

有了可爱的女儿，一家三口其乐融融，谁想风云变幻，一天大小姐被告知要随军到台湾。她还以为是度假游玩，带了两辆英国飞利浦自行车计划骑车出游，想到台湾颇多山地，还带上一辆吉普车，轮船在上海停靠时，再买了一套沙发带上。那时哪知道这一去不是一年半载的游玩，而是从此在台湾安家生活，襁褓中的贝妈妈被抱到台湾。到了台湾，海军眷属在高雄附近安下家，带去的吉普车，带去的沙发，属于稀缺物资，最后统统上缴给上级公家办公待客使用，唯有自行车留下来，成了男主人上下班的代步工具。

回忆起在高雄的童年岁月，贝妈妈说自己很幸运，没有吃过什么苦。父亲是高级军官，经常不在家，母亲拿出带来的细软贴补家用，聘请本地人帮忙打理家务，维持一家人良好的生活环境。在她的记忆里，母亲待帮佣如家人，大家一直互相尊重和睦相处。母亲后来在海军子弟学校担任英文老师，也有一份相当于上校位阶的薪水。虽然三个妹妹相继出生，但是在母亲的嫁妆用完后两份薪水仍能维持不错的生活水平。

父母受西方思想熏陶，贝妈妈一直在宽松的家庭氛围中长大，可是和每一位少男少女一样希望离开父母身边，从高雄第一女中毕业后刻意报考不在高雄的院校，来到台中学习。她在高中时学习英语，在大学选择第二门外语时，没有选日语，而是选择德语。放弃日语，是因为经过五十年的日据时代，不少本地同学对日语不陌生。德语却不一样，大家站在同一条起跑线上，都是从零开始。如今回忆起来，她也说不清是什么原因促使她努力学习德语，德语成绩始终名列前茅。还没毕业时德国教会办的慈善组织普爱会找到她，希望她能到教会任职，负责跟各方面联络组织安排，并愿意资助她工作两年后到德国深造。

命运有其必然，谁也无法跳出巨大的历史洪流，例如她的父母。人生也有其偶然，当年她多少是小孩子兴致上来选择学习德语，人生轨迹就此走向德国，她在 1973 年来到德国明斯特留学。

回忆起在德国最初的几年，轶事一箩筐。那个年代的德国，没有亚洲商店，买不到任何家乡的特色食品。为了满足被宠坏的中国肠胃，她和其他留学生一样做了多方面尝试。到德国的保健食品商店买来黄豆，——那时黄豆不是随随便便就能买到的——，泡过，磨碎，尝试自己做豆腐，以失败告终。买来碎肉，加上调味料，调制成馅，到德国肉店买来几十米肠衣，自己在家灌制特色高雄香肠。吊起来风干，制作成功，美美地大快朵颐。听到爱女在外"受苦"，她母亲从高雄用海空联合投递的方式每个月寄来一个包裹，包裹里有高雄香肠，有牛肉干，有生力面等。生力面，就是方便面。现在满大街的廉价食物，在那时是慈母空运寄来，每个包裹里有四包。贝妈妈爱若珍宝，严格按计划分配，每个星期吃一次，一次一包，绝不多吃。要过完一个月，在下个月的包裹里才能补充呢。一天，她刚收到包裹，还没来得及收好，突然有友人夫妇来访，友人妻子是越南华人，初次见面，无意间走入厨房见到包裹里的生力面。她知道这东西来之不易，不好意思开口，婉转请自己的丈夫向主人要求能否让出一包生力面给她吃。于是在那个寒冬的夜晚，在自家的厨房里，贝妈妈和两位男士一起吃她烧的一桌菜，努力不去看友人妻子面前的那碗面，努力忽略生力面飘过来的香味。说到此贝妈妈也忍俊不禁。当时的生活条件就是如此，买不到家乡食品，也不可能经常回国，才会有这样的故事留在记忆里，这让我想起三毛在撒哈拉沙漠开饭店的故事。

在德国贝妈妈收获学业，也收获爱情。她在 1975 年来到慕尼黑，在风景秀丽的近郊安家，一双儿女相继出世，为了更好地抚育孩子，她有几年专心在家带孩子，等孩子上学后才去上班，逐步升迁，成为独当一面的职员。

机缘巧合，她在八十年代来到慕尼黑工大担任中文讲师，一教三十几年。现在已经从本职工作退休了，还在继续任课教授中文。三十年，在慕尼黑中文学校教授华人子女学习中文，在慕尼黑工大教授德国人学习汉语，广为传播中华文化。三十年桃李满天下，走在街头路上，时常有人叫老师。她不好意思地笑笑，学生太多了，经常叫不上名字来，只好请偶遇的学生自报家门。

数十年辛勤耕耘，儿女长大成人搬出去了，自己也快退休的时候，贝妈妈向母亲学习，提起画笔开始学画。即使清楚晚年学画，不可能达到母亲的高度，但是重在过程乐在其中。不知道是母亲的基因遗传，还是从少年时代一直看着母亲作画耳濡目染，她学画入门极快。五年时间，国画山水已有相当根基。谈话间我们起身观看她的作品，有的已经装裱好，有的还是毛边，有的尚未完成。看着那厚厚一沓练习作品，打从心底佩服她的勤奋。

在作画之余，她更多时间用来填写古体诗词，写写散文随笔。一位大家闺秀，从高雄到慕尼黑，晚年诗画自娱，不亦乐乎？

2017.10.

石玉兰：海外中文教育的喜与忧

在海外生活三十年，亲眼看着家族的下一代在他乡出生成长，从他们牙牙学语开始，就不能不考虑海外华人子女学习中文的问题，等自己做了母亲后，愈发感觉到肩上不可推卸的责任。

我的两个孩子，在正式上学前就被送到慕尼黑中文学校学前班学习，至今已经是第十个年头了。中文学校的进度很快，一周上课一次，时间有限，只能布置大量作业。最初几年，我们安排每周六到中文学校上课，周日我们夫妇雷打不动分别陪伴一个孩子学习中文做作业。近几年，随着德国学校功课的压力增加，周末是作为双职工的我们唯一能够相对从容地陪伴孩子学习的时候，经常不得不陪他们准备德国学校的功课，学习中文的时间被挤压到周五晚上，匆匆忙忙地赶写第二天要交的作业，或者心急火燎地准备第二天的听写、考试。有时候想，——真有这样的时候——，要不要放弃中文呢？可是身为炎黄子孙，儿女不会中文，又心有不甘，不免心中矛盾。

学习中文是额外的功课，为了在精神上支持孩子，即使在他们完全有能力自己坐公交上学后，我们还是尽量陪伴他们上课。我工作忙碌，夜里写作，通常晚睡，先生体贴，让我周末睡懒觉，一般他陪孩子上学。

九月开学，小儿子升到七年级，换了石玉兰老师。先生几次说到这个老师真有办法，有想法。我听过，没在意。后来小儿子也说他们现在上课和过去不一样，老师在上课下课时要求全体起立，互致问候，学生要分组值日，擦黑板等。我听了，开始想跟石老师谈一谈。

十月中，我特地赶到中文学校，下课后坐在教室里，听石玉兰老师畅谈海外中文教育的种种。

经了解得知石玉兰老师是安徽人，生长在山明水秀的滁州，毕业于华东师范大学中文系，在德国是慕尼黑大学教育系硕士，是正宗科班出身的中文老师。从1997年开始，石老师教授中文已经整整二十年了！亲身经历慕尼黑中文学校这些年来的发展。

慕尼黑中文学校，全称：巴伐利亚中文中心学校。初创时期只有几个孩子，借用老师家一隅上课。二十年前，石老师为了陪伴女儿学习中文加入教师队伍时，学校已有几十名学生。如今，慕尼黑中文学校拥有在校学生五百多名，从学前班到十年级毕业，开设十一个年级的课程，有的年级开几个班，有的只有一个班，租用一家德国学校的教学楼，周六上课。

我们很自然地谈到石老师新接手的七年级，我询问小儿子在课堂的表现，石老师安抚我说孩子在课堂还算安静，但是整个班级的纪律不是很好。六年级本来有两个班，现在合并成一个班，不少学生只跟熟悉的同学玩，整个班级还没有融合成为一个集体。为此石老师引进一条新规定，在每次上课前由值日的学生喊"起立"，带领大家一起向老师问好，老师回答学生们的问候，宣布一堂课开始。这样有一种仪式感，给学生一个明确的信号，上课时间到了，要进入学习状态，不能再东倒西歪找东找西了。下课前同样全体起立，培养孩子的秩序感。

石老师安排学生分组值日，值日的学生负责擦黑板并检查桌椅的摆放情况。石老师说，第一次学生擦黑板，擦好了。她走上前重新擦一遍，让学生看到差别，告诉他们说，用这样干干净净的黑板写字教课我会感觉愉快，你们学习也会感觉愉快。

还有听写格式，石老师要求每次听写注明课文题目、日期，听写的生词标明序数，整齐排列成两行。石老师的经验是，像擦黑板、听写格式这样的事情，只要明明白白地提出一个标准，学生们马上就会做得很好！她希望借此告诉学生，老师是有要求的，请你们配合！请你们养成做事认真的习惯！听后我想，所谓言传身教就是如此吧。

讨论起学生们学习中文的热情，石老师说，大多数学生的父母双方是华人，少数学生是混血儿，父母中一方是华人，迫切希望子女能够亲近中华文化，把他们送到中文学校来学习。和德国同学相比，学习中文是额外增加的功课，有的学生可能不太理解，想不通为什么要学中文，是在家长的要求或者"威逼利诱"下来上课的。当然，在中文学校时间长了，孩子们有自己要好的朋友，一个星期能够跟朋友见次面，一起在走廊里跑一跑，闹一闹，说一说，笑一笑，也是不少学生来上课的动力之一。

学校每周授课一次，按照年龄上一到三个课时的中文课，这么短的时间远远不足以掌握授课内容，所以需要家长配合，在课外辅导孩子做作业学习。石老师指一指讲台上的一摞作业本说，为中文学校备课时间特别长，仅仅是批改这些作业已经需要大约两个小时。批改作业时，可以非常明显地看出哪些学生的作业是家长陪着做完检查过的，哪些是没有家长辅导做的作业。

海外华人子女的中文教育，对孩子，对老师，对家长都是极大的考验，考验毅力，考验耐心。每个家庭的情况不同，有的父母工作繁忙，经常出差，顾不上陪孩子学中文。在这样的情况下，家长用各种方式坚持让孩子来上中文学校，非常难能可贵，可是一旦离开学校，没有中文语言环境，没有家长的鼓励陪伴，可能很快就忘记费九牛二虎之力学习的中文字词。对这一点石玉兰老师不无忧虑，可是也苦无良策，只能建议家长尽可能在家跟孩子说中文，挤时间陪孩子学习，或者带孩子回国度假，让孩子参加各种夏令营活动，努力给孩子创造中文语言环境，真正认识到学中文不仅仅是为了应付家长，应付学校和老师，而是切实有用的知识，激发孩子本身的学习热情。

除了在中文学校教授华人子女以外，石老师也在德国中学开设选修课。德国中学的中文选修课和中文学校的教学目的不同，侧重点也会不同。德国中学的中文选修课由州教育部出资，面对全市文理中学招生，要有一定比例的外校学生。德国学生来上中文课，首要目的不是掌握多少中文词汇，更主要的是希望了解中国文化，授课内容和形式要求多式多样。德国中学学制改为八年后，很多中学生下午在德国学校有课，要找到一个适合所有学生的时间比较困难，讲课更要调动学生们学习的兴趣和热情，他们才会坚持报名学习。

在 2014 年以前，中文学校的孩子十年级毕业后，专注于德国学校的功课，不再继续上中文课，用了十年时间努力学习积累的中文知识有很快被遗忘的危险。从 2014 年秋天开始，在中文学校多年努力多方奔走后，在慕尼黑领馆的大力支持下，巴伐利亚州文教部特许中文学校的毕业生可以到特设的 Abi 班级继续学中文，不但巩固学到的知识，而且可以用中文参加高中毕业考试，进一步提高了学生们学习中文的动力。

在此为不太了解德国中学学制的读者朋友们补充介绍一

下：德国中学也有"高考"，那就是高中毕业考试 Abitur。德国高考和国内高考最大的不同之处在于，在德国不是一考定终身，在德国中学最后两年平时考试的成绩带入高中毕业总成绩，比例占三分之二。Abitur 有相当难度，可是不是门门必考，在一定范围内允许选择考试科目。多年来，多种热门的欧洲语言，例如西班牙语、意大利语，一直是可以选考的科目，中文在几年前才被列为晚开外语科目之一。 晚开外语科目通常需要学习三年，经过磋商巴伐利亚州文教部破例同意，为母语是中文的学生特设 Abi 班级，只要学习两年就可以，这样在一定程度上减轻了孩子们的学习压力。

石玉兰老师在中国和德国主修教育，有在德国中学教授中文的经验，参加过巴州文教部主办的为期两年的教师培训班，通过考试获得了中文作为中学毕业口试科目的考官资格。2014年，当特设中文 Abi 班级成立时，石玉兰老师是唯一符合条件的老师，被选为第一届班级老师，在 2016 年陪伴第一批毕业生参加毕业考试。说起这班学生，石老师目光闪亮，自豪地说：他们可说是巴伐利亚州中文教学的"黄埔一期"学生呀。她在课堂上也如此告诉学生，鼓励学生们努力学习，考出好成绩。学生没听懂"黄埔一期"是什么意思，于是石老师回顾中国当代史为他们讲解补课，学生们听得挺起胸脯频频点头。这班学生高考的中文成绩非常出色，去年秋天，在毕业几个月开始读大学后，他们回到母校中文学校和老师、理事们畅谈，衷心感谢老师们多年来的培育。

开设中文 Abi 班，让十年级后从中文学校毕业的学生有机会继续学习中文。经过十年学习，这些学生的水平远高于普通德国学生，中文考试的好成绩能够为孩子们的 Abi 成绩单增色，是额外的收获。

　　教授中文 Abi 班，石老师感觉最不容易掌握的是尺度。石老师和其他在中文学校教授中文的老师一样，跟经验丰富的德国老师相比对于如何评分时常感觉不好掌握。例如：如果学生不会写某个汉字，写拼音注明，该如何扣分，拼音声调不对又该如何评判。或者一个报告，该从哪几方面评分，各占多大比例。现在巴州文教部正在积极完善各种规定，每半年有一次教师培训，大家带来实际教学中遇到的问题展开交流讨论，对教学工作不无裨益。

　　石玉兰老师在海外执教中文二十年，教过德国大公司的职员，教过华人子女，教过德国的中学生，教过业余学习中文的孔院学生，各色学生林林总总，在海外学习中文的人越来越多，但是海外华人子女的中文教育问题仍然是任重而道远。

　　在此我作为家长衷心感谢像石老师这样在海外默默耕耘的中文老师们，您们辛苦了！祝愿每一位学中文的孩子都能讲一口流利标准的中文。至于我自己的孩子，如果他们有一天能够看懂妈妈写下的文字，那对我会是莫大的安慰。

2017.11.

姚安莉：从研究员到义工

姚安莉是一本书，一本奇书，一本我忽略太久的奇书。今年秋天翻阅欣赏，了解到她从研究员到义工，从中央研究院研究员到德国博物馆义工的故事，久久难以释卷。

姚安莉是我母亲加入的一个妇女联谊会会长，听到这个名字已经不少于十年了。最初浑不在意，后来得知她是博士也没放在心上。第一次真正注意到她，姚安莉博士，是在徐能爷爷的追悼会上。徐能先生是德国知名侨领，祖父多年好友，几年前福寿全归。出席爷爷生前好友的追悼会难抑伤感，泪眼模糊中看到一位衣着朴素貌不惊人的女士上前致悼词，回顾徐能先生生平有条有理，褒扬中持客观，平实中见文采。心中纳罕此人是谁？追悼会后得知她就是姚安莉博士，从此记住这个名字。

去年春天家父辞世，匆忙安排的追悼会上姚安莉博士致辞言之有物，对父亲不无褒奖，存殁皆感。之后得知她不但是博士，而且曾经是中央研究院的研究员，专业是昆虫学。这两点中的任何一点都足以令人惊讶。当我听闻她和夫君践行不要房子不要车子不为俗物羁绊的人生哲学后，对这位特立独行的女性景仰有加。今年为了丰富德国华人系列采访，几次联系终于找到双方合适的时间，在十月初造访姚安莉的书斋，就近翻阅这本厚重的大书。

金秋十月，秋意渐深，阳光却仍灿烂。我们在一家咖啡店并肩而坐，啜饮咖啡，回首前尘。

据说擅写长篇的作家开头通常波澜不惊，据说长篇写到中间通常作家也难以控制人物的命运走向，只能让他们自主决定，成篇是二者合作结晶。姚安莉这部厚重的长篇也是如此，开头平平淡淡，后来发展既有出人意料的"神"来之笔，也有她自己的苦心经营。

姚安莉的父亲原籍苏州，1946 年被派到台湾接收日本移交的国家财产，期间突患眼疾，到医院就医，认识在医院做护士的姚母，因而缔结良缘。眼疾随后不药而愈，让人不得不惊叹月下老人的苦心。姚母是台湾本土人士，出身台北近郊的开明家庭。父母支持女儿接受高等教育，允许到外面工作，当时实不多见。姚安莉在父母的呵护下平安长大，就读鼎鼎大名的北一女，一切按部就班波澜不惊，直到高中毕业。

1967 年，高中毕业那年，命运之神在姚安莉这部书中大笔一挥，故事急转直下。姚安莉就读理科实验班，可是她喜欢文学，喜爱艺术，爱好绘画，曾偷偷在晚上到艺专学习素描，联考前试图转文科，以便报考国文系或艺术系，终因父母和老师的反对而放弃，后来选择报考医农组。万没想到，大专联考，同班四十多名学生，三十多名如愿以偿考入台大，只有数位学生没能拿到第一志愿的入学通知，姚安莉便是其中之一。她哭得天昏地暗，没想到第一志愿会落空，更没想到拿到的入学通知是什么昆虫系？！怎么会是昆虫系，什么时候填报的呢？她自己也完全说不上来。唯一的解释是，当年大专联考允许填报72 个志愿，因为对第一志愿志在必得，所以排在后边的志愿便随随便便填报了。这一"随便"，就此改变一生命运。

大学就读台中中兴大学昆虫系。即使不是自己心目中的理想志愿，她还是努力学习，课余深入研究绘画，曾经七天七夜不眠不休为学校活动绘制海报，因而大病一场，差点不能按时毕业。

毕业后到新竹的柑橘试验所工作。七十年代，留学热兴起，可是父亲明白告诉她家中没有条件，要出国留学只能自己想办法。此时命运之神再次悄悄伸出手来。一天，姚安莉在《中央日报》一个很不起眼的小角落里看到一个豆腐干大小的广告，美国国务院东西文化中心提供奖学金的招生启事，她随即决定报考试试。招生考英文，她一边工作一边学习，考试一举通过。事后得知五百人报考，才招生七名，连呼幸运。

拿到奖学金到夏威夷学习，硕士毕业后回国服务，接受中央研究院的聘请，成为中央研究院的助理研究员，凤毛麟角的女研究员之一。两年后再次申请奖学金，到佛罗里达州深造，拿到昆虫学博士学位。毕业时美国指导教授建议她留下继续攻读博士后，可是她选择接受中央研究院的老师邀请，回国任职中央研究院，在那里继续研究工作。

按照这个故事走向，若无意外，她本应继续做女学究，在中央研究院逐步升迁。然而——，然而人生总有意想不到的转弯。

转弯的伏笔早在中学时代已经埋下。姚安莉博士在中学时代结识张香华女士，张女士后来和柏杨先生结为夫妇，姚安莉和他们夫妇来往密切。一天，张香华女士邀她一起赴宴，欢迎一位从德国归来的老友。这位老友在台北街头的茫茫人海中偶遇一位德国朋友。这位德国朋友因为工作关系刚到台湾，人地生疏，被邀同来。那天晚上张女士和老友尽兴畅谈，于是姚博士只好陪这位德国男士闲话。二人就此认识，慢慢熟悉起来，在柏杨夫妇的撮合下最终喜结良缘。

婚后不久，先生被调到韩国工作，姚安莉博士做出让我、让很多人惊讶的决定。她毅然决定辞去工作，陪伴先生身旁。用了一年时间妥善交接工作后，她追随夫婿到韩国，随后上海、德国、日本，各地轮流转，最后再回到德国慕尼黑。

作为七十年代寥寥无几的女博士，中央研究院研究员，放弃工作陪伴夫婿，决定是不是很难下，有没有后悔？我直接发问。姚博士宽厚一笑，肯定地说：没有。

姚博士没有特别学习德语，在德国难以继续她的研究工作，可是她没有放弃自己喜爱的工作。1994年由上海回到德国后，她联系巴伐利亚州慕尼黑动物标本收藏馆毛遂自荐报名做义工，担任鉴定及绘图工作。博物馆运转、藏品维护需要大量民间捐款，当年只要捐款五千马克，就可用捐款者的名字为新品命名并获得一幅赠画，姚博士负责绘画工作。

此外她组织妇女联谊，研究佛经，绘画，经常旅行，生活忙碌充实丰富多彩。

知道她藏书极丰，应我请求我们随后来到她家参观。在她家我不但看到丰富的藏书，更有幸了解姚安莉这本书的更多细节。

来到姚博士家，一座两层住宅内，楼上楼下，书房、客厅、工作间、客房、走廊，到处是书。姚博士带我游走参观，从一楼走廊塞得满满的书柜到工作间一摞摞堆满书的书桌，从她先生工作室里的哲学书籍、童话绘本，到地下室各个角落的佛教典籍、武侠侦探、诗歌小说、食谱游记，涉猎范围不一而足。在地下室姚博士学习佛经打坐的房间看到一摞画稿，她说没时间整理收拾，就这样堆放。

游走姚宅，穿行书海，书，太多，太多了！无法一一细看，于是随手选了四本带回家慢慢欣赏。

回到一楼，在电脑上欣赏她绘制的昆虫标本，设计的书籍封面，并有幸先睹为快，看到她正在构思设计中的一本校友合集封面，由此认识到浪漫艺术的姚安莉和治学严谨的姚博士。

会面时间不短，本该告辞时，我们再次拉开话题，在厨房坐下来品茗叙谈。傍晚时分，告辞回家，在轻轨上迫不及待地翻开带走的四本书，翻阅姚安莉这本书的另外篇章。

一本是张香华女士诗集《不眠的青青草》，1978年出版。姚博士设计的封面是一张简洁的素描，一片草丛中挺立几棵大树一样的青草，树干一样的草茎上枝干横刺而出。它们就是"不眠的青青草"吧。

一本是简扶育女士的《庶民·女史》，副标题是"66个台湾女人的照片故事"。简扶育女士是摄影记者，女权运动者，以自己的相机记录台湾乃至世界多国的杰出女性，这本书以图文结合的形式记录台湾的杰出女性，其中包括姚安莉。关于"杰出"女性，作者在自序中这样定义：她不仅在自己的工作上表现杰出，也关怀人群，积极参与社会，漂亮活出自己独特的人生哲学。在这本书中有关姚安莉的图文题目为：《抓虫博士姚安莉》。在文中我看到九十年代工作中的姚安莉，认真，自信，乐观。作者简女士称姚安莉博士为"昆虫学家及昆虫鸟类生态画家"，这样评论她的昆虫画：国内能将昆虫生态画画得出神入化者没几人，她是其中之一。

一本是《柏杨和我》，是友人为了柏杨先生六十大寿邀请柏氏友人写下他或她跟柏杨的故事。姚安莉博士写的一篇，我反复读了几遍，对下面几点印象深刻。此文写于1979年，时姚博士与柏杨先生相识两年，她写到自己在中学时代初闻柏杨的名字，"偶尔读过他的文章，心中也有同感，但那份共鸣就如浪拍岸石，浪退就淡远了"，比喻形象新颖。写她借宿柏府，和柏杨夫妇早上急急慌慌忙乱混乱赶着出门，然后发现太早出门的故事，行文极之生动活泼，读者如身临其境莞尔失笑。文中复述她自己听闻柏杨在狱中著书的故事后写的日记：有人关在里面，有人关在外面，我是后者。柏杨在那么小的天地里，却能握笔驾驭文思，纵横千古，而我呢？足能至眼能到的世界是那么宽广，却由于努力不够，或受小小人言或人事的困扰，反而将世界缩小了。所以屈服于环境的反而是在外面的我，不是柏杨！为这点领悟，我落泪。为这点领悟，我上进。

一本是《周梦蝶诗文集》中的《风耳楼坠简》。姚安莉和周梦蝶交往的故事，听起来更是传奇。周梦蝶先生是台湾著名诗人，被誉为"现代颜回"，贫困窘迫，不改其志，不夺其乐。他从1959年起在台北武昌街明星咖啡馆后面摆书摊，卖书为生，直到八十年代因病停止，期间他的书摊是台湾文化界一景。中学时代的姚安莉被好友郑至慧拉去看诗人，攀谈起来，结为忘年交。姚安莉大学时期因病在家休养，诗人听闻亲自登门探望。他一袭蓝布长袍，腰系绳子，开门的姚父被惊到。姚安莉笑言，曾经多次被诗人要求请他到明星咖啡店喝咖啡，忘年友谊其乐融融。这本《风耳楼坠简》主要收录诗人写给友人的书信，其中有两封是写给姚安莉的，见证二人友谊。在写于1980年的第二封信中，诗人这样写到他眼中的姚安莉：照麻衣相法的分类，你似乎应该属于所谓"土形人"。因此，你喜欢果园和农场，毋宁是鸡生蛋蛋生鸡，理所当然的事。说得准，你就是果园和农场的女儿，或母亲——你鼓胀的胸脯下面，正汹涌着果树鲜红的血；而园里园外"细雨湿流光"的青青草色与草香，想必从你的发丛，和不可说不可说的毛孔里氤氲飘散出来的。

当日随意选择带回的四本书，反复翻阅。在《周梦蝶诗文集》扉页，介绍作者的地方，我看到一个日期：- 2014 年 5月 1 日。在《柏杨和我》的封底，写着这样一行：柏杨 1919– 2008.4.29.。上网查看，我明白了这两个日期的意义，默默体会姚博士怀念故友的心情。

姚安莉博士是一本书，一本奇书，我沉浸于所见所闻，未敢轻易动笔。十二月提笔之际，思索姚博士多层次的兴趣多色彩的人生，遗憾自己没向她请教佛学教义，无心遗漏哲学宗教的一面。在《风耳楼坠简》中收入三封写给姚安莉好友郑至慧女士的信，信中提到姚安莉博士在七十年代开始学习佛法，她很谦虚，自称"我执"最重，不配学习佛法。这么多年过去了，听闻姚博士一直在研究哲学，习佛礼佛，听她讲过《心经》的人非常推崇，期待有一天亲耳听她阐释《心经》，阅读姚安莉博士这本厚重书籍的另外一章。

2017.12.

岳玲：人生，流动的风景线

岳玲是我的小同乡，80后，河北科技大学化工专业工科学士，省直机关公务员，北京大学心理学专业理科学士，国家二级心理咨询师，柏林自由大学公共卫生硕士，自由大学在读博士生，一个两岁男孩的母亲，现在国际四大咨询公司之一的KPMG担任经理助理。

圣诞假日过后的一个下午，我坐在轻轨上，再次翻阅上列简单的资料，在心里画了一幅简图：化学，心理学，公共卫生学系，学科跨度非常大；大学生，公务员，心理咨询师，博士生，孩子母亲，四大助理，多重职业和身份；石家庄，北京，柏林，慕尼黑，生活地一变再变。这跳跃性太大了！拥有如此人生轨迹的人，会是怎样的一个人呢？我心中十分好奇。

岳玲选择到皇家啤酒馆见面，我心中纳闷，那里不太吵吗？到了皇家啤酒馆，穿过嘈杂的大厅，转了几个圈，才在德国人说的 2. Obergeschoß，中国人口中的三楼，看到一个身穿红毛衣的年轻女孩在向我招手。见面得知，她高中时代的老同学趁假日从她留学的巴黎赶来访友游玩，岳玲特地陪朋友到啤酒馆品尝巴伐利亚大餐，这才明白她为什么约在那里。

打过招呼，她先生带着孩子陪她的老同学逛街去了，剩下我们两个人对面而坐。我抬头打量对面的女孩，好年轻呀！看起来不过二十多岁，红底毛衣，深色长裤，打扮简单随意，清清爽爽的脸上满是朝气，一如大学生。长长的头发随意挽成马尾，随着她讲话的动作轻轻晃动。

开始访谈，我请她重点讲一讲她人生中的几次跳跃性改变，谈话中岳玲时常笑出声来。

岳玲的人生轨迹始于石家庄，她在那里出生成长。高考那年，需要在考试之前，在没有考试成绩的情况下报考志愿，误打误撞进入并不是她首选的化工专业。虽然不是首选专业，可是并不妨碍她努力学习，边打工边取得优异成绩，2002 年毕业时被评为河北省高校优秀毕业生，毕业后作为选调生直接当了公务员。

从化学跨界到心理学，源于命运般的偶然。她在学习化工时，一次被人当众冤枉。她气愤难忍，情绪激动。当时有一位心理学家在场，跟她谈话，开导，指引。她终能平静下来，由此产生学习心理学的愿望，渴望了解人的内心活动，并帮助别人解开心结，于是从化工专业毕业后，一边工作，一边利用周末时间，在北大修读心理学自考本科，在国内拿下第二个学士学位，并通过考试获得国家二级心理咨询师资格。

一边工作，一边学习，岳玲照样把本职工作做得好好的。她的工作和民政管理工作有关，2005 年民政部和中央电视台联手举办"防震减灾大赛"，一个和她的工作有关的知识问答比赛。岳玲参加比赛，获得全国一等奖，因此在 2006 年被授予石家庄市人民政府二等功。

拿到两个学士学位，有一份人人称羡的工作，为什么会选择出国留学呢？二十出头的女孩，大学毕业，工作稳定，在国内选择婚姻的可能性更大吧。我暗想。

她爽快地说，原因不止一个。其中一个是她在省直机关做公务员，时常感觉被各种关系网网得密不透风，工作单位关系复杂，使她向往简单的校园生活，希望看看外面的世界。决定出国留学，选择来到德国和一位心理学老师有关。这位老师说德国环境多么干净，空气多么好，把德国理想化了。她信以为真，十分向往。另外德国是现代心理学的故乡，德国大学收费低廉，这些原因加在一起促使她选择到德国留学。

那没考虑语言障碍吗？什么时候开始学习德语呢？提到这个问题，岳玲再一次让我大大吃惊。她笑着说：我喜欢德语！德语非常有逻辑性，跟古汉语有相像的地方。例如：德语称"祖父"为"大父"（Großvater），和古汉语中对祖父的称呼完全一致。说真的，我学习并使用德语三十多年了，中学时代饱受德语"折磨"，接触了多少学德语叫苦不迭的同胞，岳玲是我认识的第一个这么喜欢德语的人。

岳玲对德语的观点这么与众不同，她的作法也与众多的新世纪留学生不同。她在国内花了一年时间学德语，在北京理工大学和卡尔斯鲁厄大学联合举办的语言班学习，结业考试出题阅卷完全由德国专家主持，考试成绩被德国大学承认，所以她在国内已经顺利通过语言考试一关，避免了不少留学生到了国外一两年还被语言考试挡在大学门外的窘境。

岳玲没有经济担保人，按照规定把一笔工资积蓄（当时要求八千欧元）存入银行，作为经济证明。申请学校时，凭借双重学历，顺利收到多份入学通知，最终选择到柏林自由大学公共卫生学系攻读硕士。她在 2008 年来到德国，和所有的自费留学生一样，到了德国要找落脚点，要挣钱。初到德国，岳玲在一个同学家借住几天，然后非常幸运地找到一间宿舍，地点有点偏僻，但是房租较低，而且离柏林自由大学不远，对她正合适。在那里她认识一位中国女生，辗转得到一份到中餐馆打工的工作，到德国的第二十天已经开始打工。

提到打工，岳玲自豪地说她从十七岁开始就经济独立，在国内读大学，到国外留学，没有花父母一分钱，完全是自己挣的！

我瞪大眼睛，从十七岁大学时期开始经济独立？！都做过什么工作？她说最初主要做家教，下课后骑车子赶去人家家里教孩子，后来做促销员的时候比较多。促销员，对我这个出国三十多年的人是一个比较陌生的名词，我专注地听她讲下去。她在国内读大学时，空调流行起来，售货员没有时间仔细了解并介绍产品，所以兼职促销员兴起，负责在商场为顾客介绍产品分析优劣。偶然，岳玲得到一个兼职机会，出席一个商家活动，她大胆询问那家公司的员工，找到华北地区负责人，上前介绍自己是熟练的促销员，留下电话，后来那家公司经常来找她做促销工作。她把那份兼职促销的工作做得风生水起，不但在商场介绍产品促销，而且为知名品牌的促销活动担任主持人，落落大方，毫不怯场。她同时介绍上百位同学一起参与大型促销活动，有钱一起赚，有工一起打。

那在德国做过什么工作呢？我追问。岳玲回答，很多，很不同的工作。到中餐馆端盘子，地接导游带旅行团游览观光，到养老院陪护老人，等等。最多的时候同时打五份工！一份工作结束，立刻赶去做下一份工作。曾经有三天，每天工作22个小时！睡觉时间只有在从这个工作地赶往另外一个工作地的车子上。最后疲累到端着盘子晃晃悠悠，心中一再对自己说"不能倒，不能倒！"

岳玲说，那时已经不是为了挣钱了，而是因为赶上假期，大部分学生工都回国或旅游去了，很多老雇主都需要人帮手。

她不要意思拒绝，愣是一个顶好几个坚持了下来。

"苦吗？"，我看着对面轻笑的女孩直接问，"当时觉得苦吗？"

"没有，当时一点也没有想苦不苦，就是简单地去做。"岳玲回答。

我点点头，对她讲起我自己初到德国，一个十多岁的女孩自己四处奔走联系文理中学的经历。我明白那种感觉，眼前心里只有一个目标，直奔目标而去，当时根本不会考虑累不累，苦不苦。

岳玲如此勤力工作学习，在留学期间不但没有花父母一分钱，而且帮助母亲换了更大的房子。打工这么勤，竟然一点也没有影响学习，在国内没有，在国外也没有。这一点让我佩服不已。

硕士毕业后，她选择继续读博。那留学地在柏林，怎么会到慕尼黑呢？是在那里认识先生，然后来到慕尼黑吗？话题转入岳玲生命中的另外一次跳跃。不是，她笑着说，我们是在美国认识的。美国？一个中国人，一个德国人，不是在中国认识，不是在德国认识，而是在美国认识的？

是的，或许真是有缘万里来相会吧。岳玲甜笑。

岳玲一边打工一边学习，工作学习两不误，除了勤奋努力天分聪明之外，和她善于利用时间也有很大的关系。某年她到美国出差，在西雅图逗留几天。为了进行中的研究项目，她在之前联系西雅图的一位大学教授，进行学术交流。同行的同事在西雅图有住宅，平时分租给学生，那几天安排她暂住那里的一个房间，因此她在西雅图没有入住酒店。可是那房子人多，嘈杂。见过教授后，她需要静下来写一篇报告，连夜以邮件发出。

当夜为了写好这篇报告，她离开暂住的同事家，住进路上远远看到的青年旅店。夜里，岳玲坐在青旅大堂内用笔记本电脑写报告，无意中听到熟悉的德语，转头看到旁边一位青年在用德语打电话。在德国生活多年后，突然在异国他乡听到德语，感觉亲切，随口用德语问候一句。那德国青年在美国突然听到一个亚洲女孩说德语，惊讶，惊喜，"赖"在那儿跟她闲聊，二人由此认识。第二天同游西雅图，德国青年不辞劳苦送她到机场，仅仅为了可以利用路上时间陪她多聊四十分钟。

回到德国，二人保持联系。德国青年在南方工作，二人你来我往，展开一段异地恋，几年后携手共度人生，岳玲随后来到南方在慕尼黑附近安家。为了让孩子有更大更安全的活动空间，岳玲和她先生特地选了山上的乡下地方建房。虽然离大城市较远，但地处国家公园，风光甚好。来到新地方，她积极融入，加入志愿消防队。她身穿消防队队服的照片，英气勃勃。

结婚，搬家，这些都没有影响岳玲的学习，可是平时极少生病的岳玲被怀孕反应打倒了，怀孕期间几次住院，孩子出生后照顾孩子，博士论文不得不放慢速度。

转眼孩子两三岁，马上可以上幼儿园了，岳玲的 Elternzeit（德国的妈妈们产后可以中断工作，休息三年，专心带孩子。）即将结束，她开始主动求职找工作，进入 KPMG 成为公共卫生部门的助理。现今试用期刚结束，岳玲又一次面对抉择。她先生是工程师，即将被公司派往长春工作。岳玲对于未来行止举棋不定。留在德国，夫妻两地分居，独自带孩子，还是辞职，带孩子一起到长春，到长春后能有合适的工作吗？孩子能适应国内的环境吗？博士论文怎么办？

一连串的问题，各种可能性。我们讨论一番，我建议她不妨先去长春实地看看，找找感觉，然后再做决定。

　　傍晚在回家路上，岳玲的马尾辫一直在我眼前摇晃，她的笑声也在耳边回荡。有人说，爱笑的女孩运气不会太差。我以为，爱笑爱拼自信自强的女孩，运气更不会差。

　　人生是一条漫长的旅途，每个人走在路上，欣赏路边的风景，也留下属于自己的风景。岳玲的人生，跳跃度如此之大，是一条流动的风景线。回家推开门的刹那，脑际灵光一闪，文章的题目跳出来：人生，流动的风景线。不论未来岳玲如何取舍，她的人生都是一条流动靓丽的风景线。

2018.02.

吴垠：爱好写作的中文老师

人们常说，有缘千里来相会，无缘对面不相逢。我和吴垠在同一个城市生活了十几年，多少次无缘对面错过，可是冥冥之中共同的爱好引领我们的脚步，半年前我们终于有缘认识了。认识以来，每一次见面，每一次聊天，都有新的发现，因而心怀愉悦。今夜坐在灯下，面对屏幕，相识共处的一幕幕重回眼前，她娇美的笑靥若隐若现。

初识吴垠是去年秋天，在另外一位文友家中。初相见，看她面目姣好，身材苗条，精致可人，心中颇有好感。文友忙着招呼三家大小，关照孩子们吃喝玩，我和吴垠趁便坐下来闲谈，相互介绍。

原来吴垠是个重庆妹子，毕业于重庆师范大学中文系汉语言文学教育专业，毕业后在国内某高中担任过五年的语文老师。经亲戚介绍，网络传情，展开一段跨国恋，于 2004 年结婚，来到德国慕尼黑定居。

共同的爱好让我们坐到一起，话题围绕写作展开。吴垠是两个孩子的母亲，女儿不足六岁，小儿子不到周岁。虽然老公顾家体贴，但一双儿女尚小，终究会占据她很多时间。在各种文学体裁中，诗歌短小精悍，在日常忙碌的生活里，灵光闪过时，可以即刻记录下来而不影响正常生活，因此成为她最常用来表达自己的体裁。她不但自己写，而且善于评诗，应邀为多家平台担任评委，点评诗歌。在微信里经常读到她的诗歌和诗歌评论。

谈话中，我们说起另外一位共同的朋友，因而得知吴垠多才多艺，兴趣广泛。除了写作，她还喜爱节目主持、话剧排演和舞蹈表演，拥有多年的舞台经验。好奇之下，我不禁追问细节，于是她在手机里翻出一些照片，有她粉墨登场的话剧照片，古装美女妙目流盼；有她表演民族舞蹈的照片，造型优美媲美专业；还有她身着大红旗袍主持节目的照片，靓丽喜庆典雅端庄。一张张非常专业的照片，记录她在不同时间不同场合跟中外搭档合作的画面，想来她的台风必有过人之处，才能有诸多机会站在各类舞台上。

　　其实，在我们的闲谈之中，吴垠聊得最有激情的话题，始终是有关中文教学方面的。我早就知道她是中文学校的老师，可是她热爱中文教学的程度，还是远远超出我的想象。在我心里，最初把她定位为：教中文的文友，可是她更正说应该是：爱好写作的中文老师。爱好写作和中文教学相辅相成，吴垠是幸运的，能把职业和爱好融为一体，令人羡慕。

　　吴垠在国内做老师时，就非常热爱教师工作，辞职告别时很感失落，班里的同学们也围着她哭了一场。那时她下定决心，一定要找机会再当"孩子王"。来到德国后，她执着于这份挚爱，继续从事中文教学。在德国，她教过不同年龄、不同身份的学生，近来儿子刚上托儿所，她又把过去公司汉语培训这部分工作继续做下去。但是无论何时，最触动她最让她关心的，还是巴伐利亚中文学校的孩子们。谈起中文学校，吴垠非常投入，有说不完的话题。她在2004年来到德国，经朋友介绍开始为中文学校一些班级代课，从2006年开始正式带班任教，第一年教六年级，后来就一直教高年级，平均两年带一个毕业班。

　　毕业班的孩子，中文已经有了一定基础，但是随着年龄增长，德国学校的功课压力也越来越重，孩子到了青春期，容易有逆反心理，可能不理解为什么每个周六不能像德国同学们一样休息，还要一早爬起来赶着去上中文学校。针对这种情况，吴垠老师想方设法鼓励孩子们，激发孩子自主学习的动力，改"作业式"教学为"作品式"教学，指导学生把布置的学习任务逐渐形成"作品"。她鼓励孩子们多读多写，结合自身情况保证适当的写作量。在此基础上，也尽力推动他们对习作的回顾与反思。她还时常挑选优秀作文，刊登在班级刊物"同窗小报"或"同窗小刊"上。我见过几份"同窗小报"，A3 大小，双面，精心排版，精彩插图，彩色印刷，是非常漂亮的小刊物。这份小报，不仅有吴垠自己的心血，而且也有孩子们付出的劳动，爱好美术的同学亲自画画配图，设计版面。我想在海外苦苦学习中文的孩子们，看到自己的文字穿上这么美丽的新装，心中一定美极了！

在"同窗小报"和"同窗小刊"等班级刊物之外，吴垠还在本地华人报纸上开辟作文专栏，推荐学生作文，给予积极鼓励的点评。能有文字在正式发行的报刊上发表，那意义更是非比寻常，对孩子们是莫大的鼓励。

经历了十年学习的孩子们，一旦毕业，定会对中文学校依依不舍。为了鼓励孩子们学习，为了给孩子们留下一份美好的青春回忆，吴垠从 2014 年毕业班开始编辑毕业纪念文集，至今编辑印刷两册，每一本都装订成精美的书册。应我要求，吴垠把纪念文集找出来，一本名为《涂鸦文集》，一本名为《风吹过离别》。

《风吹过离别》是 2016 年毕业班的纪念文集，封面、封底、扉页、目录、照片编辑、文章编辑，由全体毕业生分担，在吴老师指导下分工合作，完成任务。《风吹过离别》，我在心中念了两遍这个题目，大方，诗意。风，吹过离别。孩子们在中文学校苦读十年，从六七岁到十六七岁，彼此陪伴，一起长大，相互间结下了深厚友谊，一旦离别，怎不怀念？

我打开翻看，文集内容分为三部分：班级掠影，作文选集和点滴小语。看文章题目可知作文选集是曾经的作业，同一个主题，各位同学精心构思，各显风采。点滴小语收录同学们在考场上留下的点滴文字，不是完篇，也见亮点。这些文字，或许稚嫩，不能和国内同龄的孩子相比，但是他们在德国生活，没有说中文的语言环境，每周仅仅上三个课时的中文课，远远少于国内，不能要求孩子达到国内同龄人的水平。这些文字，正是才露尖尖角的小荷，但愿他们在毕业离开中文学校后能够持续学习，稳步提高。

看过文字，我再一次翻看书册的第一部分：班级掠影，并仔细阅读图片介绍。这一部分收入了孩子们跟吴垠老师共同学习的两年时光，留下一个个精彩瞬间，记录下他们一起经历的欢歌笑语。

图片真实记录班级举行的各个不同主题的活动，看着孩子们灿烂的笑脸，青春飞扬，不禁想起吴垠曾说过的话：中文学校是一方独特的天地，不能把中国的课堂照搬到德国来，也不必把德国学校的课堂搬到中文学校来，因为中文学校的理念和模式不可复制。孩子们在中文学校不仅仅学习语言，也要学习中国的传统文化。翻看照片，我看到了吴垠老师在课堂上组织班级春节联欢会的场面。在第二部分，我通过孩子们的文字了解到，春节联欢会前她安排每个孩子写一个他或她拿手的中国菜谱，交给另外一个同学如法炮制，再带到学校来供大家品尝，了解祖国各地的饮食文化；学国画，画竹子，画牡丹，阐释这些文化符号背后的含意；学下棋，随后马上比赛，留下笑声绕梁三日；学习京剧，孩子们舞动水袖，满室蝴蝶翩飞。通过这些活动，孩子们不但切实接触中华文化，而且给枯燥的学习生活增加了多少趣味，给同学们留下美好的青春回忆。

吴垠广义地理解"备课"二字的含义。她要求自己的备课不仅仅是要为当下某堂课准备具体材料和方法那么单一。"备课"，还包括了长期坚持对自我素养的提升。因为老师是孩子们的榜样，潜移默化，润物无声。她自己勤于写作，时常有诗歌、评论、散文见报，是海外多个文学团体成员，作品被收入多本合集。她希望她的作品，她的行动，能无言地影响学生们和她自己的孩子。圣诞节后，我在报刊读到吴垠的散文《送你一生童年》，文中细腻地描写了一位母亲如何呵护孩子的童心，维护孩子心中美好的童话世界，让我非常感动。后来再读到她六岁的女儿学写的童诗，更让同为母亲的我十分钦佩，吴垠在家中在学校都是一位好老师！

在中文学校任教十几年了，吴垠从实践出发，针对海外华人子女的实际情况，不断总结，不断琢磨，不断提高。她为扩展学生课外阅读量，把自己对于中德文化差异的感受，写成了一本书《总算懂了中国人》。她谦虚地说自己是一边教一边学，目前是学习型教师。她期待教学相长，能使自己进步为研究型教师，还希望经过不断积累，最终成为学者型教师。某一日，在微信好友群里，一位文友热情祝贺吴垠获得了国务院侨办颁发的"海外华文优秀教师奖"。我得知消息，很为她高兴。她在海外中文教学上多年的付出与努力，因此获得肯定。

2015 年，慕尼黑中文学校成立二十周年，吴垠接受任务，为学校编辑了精美的校庆纪念册。为了此次校庆和此本纪念册，吴垠提笔为文，写了一篇《贺巴伐利亚中文学校廿载华诞》：

慕城腹地，华语学府。西接伊萨之灵秀，东傍楚格之伟岸，拥湖泽以润学子，挽清流而灌芝兰。踞名都，秉文化之遗风；瞻古今，承悠远之气韵。风光旖旎而聚者众，治校昌荣而蜚声远。

九五肇创，廿载耕耘，勤苦筹谋，渐成鸿翼。

忆往昔：师伦二人，弟子廿四，涓埃之微，星火之源。继以历届同仁，立弘扬中华文化之远志，怀服务海外华人之宗旨，坚毅持守，烛照薪传，踔厉奋发，扬鞭自强。俯仰之间，蔚为大观。睹今日：蒙童学子，至四百八十有余；理事师伦，成三十四五之众。慕名求学者，或趋以数百里之遥；倾力授业者，不辞经年继月之劳。人才荟萃，少长咸集，聚南德杏坛之钟灵，展示范名校之风采。

华校兴盛，仰故士同袍之恩泽；神州新异，惠海外华裔之福光。领事亲莅，关怀体恤；侨办恳切，鼎力助襄。媒体企业，慷慨扶持；家长友人，共济学堂。

历任理事，探寻兴教。重服务而修明德，立制度而正学风，砥节奉公，尽忠守持。幸得贤者负重以践行，岂无众人赢粮而景从？

为师者志笃，精于教改，不拘于时。依教纲而重特色，据课内而延课外，授语言而传文化，夯基础而育能力，博慕城远近贤达之芳誉，膺侨办寰宇优秀之嘉奖。为生者性纯，少时懵懂，踯躅而来；十载历练，乘风而上。创见大胆，思维活跃，学而习之，习而有得。蓄芳冽，沐华夏文明之甘露；待来日，扬往圣先贤之英华。

赞曰：巴伐利亚中文学校，披戴二十，步履维艰，展翅腾

翔，已成大势！揽人才之济济，聚学子之殷殷，融家国之情怀，通母语之坦途。秉仁心而重公益，恋故土而怀愿景。叹鸿鹄兮九天振羽，观凌云兮万里鹏程！

这篇文章，真实记录了海外中文学校创办经营的艰难历史，从最初的二三十名学生，到现在超过五百，这期间有多少老师多少管理人员的辛勤耕耘，有多少孩子多少家长的不懈努力。

这篇古体散文写得非常用心，字里行间流露一位老师对中文教学的热爱，也闪耀着一位文字爱好者的才华。我想，这篇文章或许最能代表吴垠，这位爱好写作的中文老师。

掩卷沉思时，再一次想起吴垠的一番话：学生学中文，是为掌握技能，体悟文化；我教中文，是为实现梦想，圆满人生。因此，学生用他们的努力成就我的，比我通过努力成就他们的更多。祝愿吴垠老师和她的学生们相互成就，共同成长。

2018.02.

黄鹤升：天鹅湖边的隐者

  德国历史悠久，历代王公贵族在各地留下大大小小的宫殿古堡成千上万，其中最为世界瞩目的当属新天鹅宫。这座古堡是多部迪斯尼电影以及多座迪斯尼乐园里古堡的原型，因而声名远播，乳白色的建筑，别致的塔楼，是德国广为流传的名片。它矗立于阿尔卑斯山的一个山头上，春天饱饮青翠，夏日挥洒墨绿，秋天涂抹红黄，冬日素裹银装，一年四季是世人心中的梦幻童话。

  在欧洲各国中，德国算得上幅员辽阔，北部接壤北海、东海，南部背靠阿尔卑斯山，大大小小的湖泊散落其间，特别是南部山上高山湖泊星罗棋布，多少游人慕名而来。可是在新天鹅宫的盛名之下，近在咫尺的天鹅湖鲜为人知，成为游人过而不入之地。说来惭愧，我在毗邻新天鹅宫的大都市慕尼黑生活三十多年了，前不久因为文友黄鹤升兄的一篇散文《天鹅湖》，才得知在新天鹅宫脚下还有一个湖，叫作：天鹅湖。

  既闻天鹅湖之名，不胜向往，于是在复活节前的周末，我们全家一早开车出发，拜访鹤升兄，造访天鹅湖。

  在欧华文友中，黄鹤升兄专攻哲学，是大家公认的哲学诗人，2015 年被世界诗人大会授予荣誉文学博士学位。我和黄鹤升兄同为欧华作协会员，在欧华作协的华沙年会上相识，初次见面是在早餐桌旁，交流数语，得知黄兄同在巴伐利亚州，颇感惊喜。当时交换联系方式，归来后因自己对哲学不着边际，并没有很多联系。偶然拜读黄兄大作《荷芬湖》，文采斐然，古文功底深厚，字里行间透露人生哲思，读罢肃然起敬。后在一次晚会上意外偶遇，欢聚畅谈，留下美好回忆，萌生登门拜访之意。

正是早春时节，乍暖还寒，连续数天雪花纷飞，难得到了周末，太阳却露出明媚的笑脸，预示我们此行愉快。作为现代都市白领，劳心劳力，不免身心疲乏。偶尔遇到孩子学校放假，没有学习压力，能在周末轻松出游，便十分享受。早饭后打开车门，我坐到副驾座位上，把身体交给座椅，把心情交给阳光。

启程，穿过慕尼黑市区，穿过繁华都市，穿过纵横交错四通八达的高速公路网，我们来到乡间公路上。车行平稳，我闭起眼睛，让阳光浸透全身。

再睁开眼，我们已经把都市远远地抛在身后。窗外，丘陵起伏，大片大片的绿色，草地、农田、树林夹杂相间，自然和人工巧妙编织的一片锦绣在眼前铺展开来。渐渐地，起伏的丘陵被一座座山头取代，山石嶙峋，白雪掩映，我知道阿尔高山区到了。

黄鹤升兄在阿尔高经营中餐馆，居住在新天鹅宫脚下的小镇施万高。那是一个典型的山区小镇，没有高楼，没有喧闹，也看不出匆忙。马路上三五行人衣着随意，蓝天下座座宅院花园整洁。在一座座普通民宅间，时不时有古色古香的历史建筑物挺立着，无声宣告小镇悠久的历史和辉煌的过去。

按照留下的地址，我们找到一座独立的小楼。打通电话，黄兄下楼来接我们，引领我们来到二楼的一套公寓。

公寓门打开，一条小狗摇头摆尾地跑出来。它一点不认生，立刻过来跟我们亲热。进门，我们在开放的厨房和客厅相通的房间里坐下来，喝茶。闲聊中得知黄大哥夫妇已经不再亲自经营饭店了，黄大哥如今读书写作，完全按照自己心意安排生活，令人羡慕。

那天为了我们来访，黄大哥一早亲自动手和面调馅，包了两大盘饺子。中午黄大嫂下厨煎饺子，我们美美地吃了一顿新鲜手工包的饺子，黄澄澄的，喷香。

饭后趁着阳光正好，我们马上到湖边散步。天鹅湖离黄兄居所非常近，走路几分钟可达。午后阳光温暖，积雪消融，雪水漫流。我们踏着清清的雪水，踩着软软的积雪，向天鹅湖走去。

天鹅湖不大，三面环山，一湖碧水。慕名而来的外地游客直奔天鹅宫，天鹅湖鲜少游人，非常幽静，大多是本地人偕同家人来此散步野餐，消磨一段悠闲时光。

走近天鹅湖，路边有一座木屋，黄兄介绍说这就是他文中写到的天鹅湖主人一家的小屋。真想不到天鹅湖竟然是私人产业，交给市镇管理，免费对外开放，供大家一起享受自然美景。木屋边坐着一位老先生，小地方，人情味浓，老人友好地跟我们打招呼。

走过小屋，踩着雪水，我们环湖散步，边走边看边聊。我请黄兄讲讲，他是如何走到这样一个美丽却不为人知的小湖边隐居的。

黄鹤升兄是客家人，1957 年出生于海南岛。出生时，父亲在家乡的伯公山上见到一只黄鹤升起，因客家话"鹤"与"学"是同音，父亲为他取名：黄学升。黄鹤升是他的笔名。黄兄说，或许冥冥之中已有天定，"黄鹤"暗示他后来的漂泊，而"黄学"，古黄色之学，黄老之学，预示着黄兄多年后研究黄老之学很有心得，他的著作《老庄道无哲学探释》获得有关机构颁发人文科学学术佳作奖，并被一家美国的中文杂志评为佳作奖第一名。

黄兄成长于六七十年代。那是人人皆知的年代，各种运动不断，上小学时赶上"文革"，更是难以安心学习。在时代的浪潮中随波逐流，读小学，读中学，中学毕业回乡务农，没有出路，一度非常颓废，后来算幸运地做了民办教师，得以继续与书本亲近。

高考恢复后，他立志参加高考，争取深造机会，奈何数理化理科基础薄弱，两次名落孙山。第三次，黄兄辞职，专心备战高考。临近考期，却被一位朋友说动转而考中专。在广州中专毕业后进入机构工作，数年后再进入机构系统内的学院深造，应朋友邀请放弃了机构工作，出走到香港办杂志，任杂志总编辑。几年后短期到泰国任报社编辑几个月，然后于1990年来到柏林，开始他在德国的生活。

到德国，首先学习德语，约一年后入大学学习。那时黄兄三十出头，自觉已经过了读书的年纪，而且他经人介绍认识了黄大嫂，夫妇二人联袂南下开创新生活，非常偶然地来到天鹅湖边。

当时黄大嫂的一位密友到新天鹅宫脚下的小镇上开了一家中国饭店，经营不易，转让给他们。他们夫妇接手饭店，胼手胝足苦心经营。最初一段时间生意惨淡，黄大嫂细心打理一切，黄大哥见缝插针抽空读书，慢慢地生意有了起色，几年后有了儿子，他们一家三口在天鹅湖边安定下来。黄大哥时常带儿子至此游玩，乐享天伦。如今他们的独子已经成年，在慕尼黑读大学。

说话间我们环湖走了一段路，黄兄突然抬起手来指着对面山上。我们抬头看去，对面山上的建筑物，那不就是新天鹅宫吗？远远的，看起来竟然那么小。若不是对那错落有致的塔楼太过熟悉，或许还真不敢肯定呢。

我举起手机拍照。阳光照耀下，湛蓝的天空融化湖中，化作一潭碧蓝，天上云朵跌落人间，在对岸堆积成一片白玉。早春，湖边常青树木仍是一树灰绿，落叶乔木一派苍然。对面山石间一堆堆残雪隐现，新天鹅宫矗立于岩石上，声名赫赫的新天鹅宫和默默无闻的天鹅湖，一同被阿尔卑斯山环抱着，显赫和无名同时同地融洽共存。

走下去，我请黄兄讲讲他怎样发现自己爱好文学，并最终走向哲学研究。

鹤升兄回忆起小时候渴望读书，可是正值"文化大革命"，学校课本单薄，在偏僻的乡村，其他书籍可遇而不可求。小学四年级时，偶然遇到一位同学在读一本小说《香飘四季》，那是一本讲乡村生产队的小说。那位同学的父母有幸担任公职，家境较为宽裕，因而有些藏书。他央求同学借来看，从此爱上小说。那时能够接触到的多是俄罗斯文学，他在小学五年级时，就知道普希金、莱蒙托夫、托尔斯泰等俄国文学家。他青年时代喜欢诗歌，看不到人生出路，看不到生活的希望，因此写下大量伤感诗歌，抒发心中积郁。

接触哲学，最早源于课堂上的政治课，唯物辩证法是当时必修的内容。他至今记得当年课堂上批判英国哲学家柏克莱的"存在就是被感知"。小小年纪，他就暗暗以为柏克莱其实是对的。小时候他还写过一篇寓言，说路边的一棵树因为长刺而避免被人们伤害。很多年后他读到庄子关于散木的观点，诧异于那惊人的相似。

到了德国经营饭店，门庭冷清时黄大哥就躲到一边读书，随手记录读书体会。那一时期，他开始深入思考人生。几十年努力奋斗，可是出生于五十年代末，"出生于饥饿年代，成长于动乱年代，工作在调整年代，结婚在计划年代，下岗在改革年代"，注定被历史特别"眷顾"。黄兄抗争半生，奋斗半生，"做过农民，当过老师，干过警察，出任过出版社主任，玩过杂志社的总编辑"，经历社会各个阶层，品尝人生酸甜苦辣，最后一无所有地来到德国，"没有钱财，没有惊恐，没有希望，没有思想，也没有后顾之忧"，只能喟叹"时耶，命耶"。三十几岁，人生似乎已经定型。生活的意义何在呢？冥冥之中，命运指引他走向哲学，走向老子。

在德国这个哲学大国，在喧闹的天鹅宫脚下，僻静的天鹅湖边，黄兄安定下来，苦读哲学经典，康德、叔本华、尼采、胡塞尔以及萨特。这样大厚本的哲学典籍并不好读，最初进度很慢，一天只能读几页，一边工作，一边读书，一边思考，一边做笔记，五六年下来慢慢弄懂了德国哲学大家的体系。黄兄对康德的"先验论"非常钦佩，深入思考，却又感觉迷惘。苦思之际，偶然接触到《道德经》，如醍醐灌顶茅塞顿开，一股清流缓缓流过，心境清明。黄兄看来，老子"至虚极，守静笃，万物并作，吾以观其复。夫物芸芸，各复归其根"的道无回归，正是解开康德的"物自体"之谜的钥匙，将康德的"先验论"与老子的"道无"相涵接，最终可抵达哲学的最高境界。

至此他开始深入研究中国哲学，一头钻到故纸堆里，驰骋于孔孟之学，游刃于圣哲之门，逍遥于老庄之道，写出不少对儒、道特别有见解的著作，先后出版《老庄道无哲学探释》《孔孟之道判释》《宇宙心论》等几部哲学专著，引起广泛关注。三本著作，先后获得学术专著佳作奖。作为一个有追求的写作者，当然不甘心做一个平凡的作家，他内心一直怀有一个宏愿，要写出一些与众不同的东西，写出一些别出心裁的东西，为往圣续绝学。仰望山头，他悠然神往。

谈话间我们走到天鹅湖的另一面，那里紧靠高山，部分地段山势陡峭，一块块怪石盘踞，巨大的山石缝隙里竟然有一棵棵小树冒出头来，倔强地生长。我停下脚步，特地指给孩子看那小树顽强的生命力。

继续走下去，走过一棵棵参天挺立的大树，我们回到天鹅湖开阔的一面。站在这一面完全看不到天鹅宫，只有一湖碧水静静地躺在大山的怀抱里，笑对蓝天绿草。

那天我们跟黄大哥夫妇在一起，漫步，闲聊，喝咖啡，度过愉快时光。傍晚告辞踏上归途，车子沿山路往复盘旋。我靠在座位上，贪婪地享受最后的阳光，注目一座座积雪的山头，迎面而来，又悄然远退。注视前方的道路，我知道我离天鹅湖正越来越远，前边等待我的是现代都市里的滚滚红尘。但是我会再来，我暗暗对自己说，夏天吧，在夏天逃离都市的繁华喧嚣，避开天鹅宫穿梭的游人，到天鹅湖边静静地走一走，或许约黄兄一家坐到草地上自由自在地野餐。

2018.04.

张慧娟：紫竹，风中摇曳

古人云：宁可食无肉，不可居无竹。竹子历来是国人深深喜爱的植物之一，一竿修竹俏丽庭院，风吹来竹叶沙沙，翠篁翩翩，令人浑然忘我尘俗顿消。紫竹，是竹子中的珍品，因竹竿紫黑而得名，翠绿竹叶和紫黑竹竿交织绘出一幅天然水墨，于十丈红尘中弹奏一曲净土雅韵。

自古以来，芸芸众生皆须以某种职业谋生，所以一向有三百六十行之说。而今世易时移，现代社会催生五花八门的行业职业，服装设计师是其中之一。因其对鉴赏品位、艺术修养等要求极高，入行不易，故而是新生职业中的佼佼者。今年我有幸结识一位华人服装设计师，并在她的庭院中第一次见到紫竹风中摇曳。

服装设计师是"子慧时尚设计工作室"的主人，子慧，张慧娟女士。张女士是专职服装设计师，在慕尼黑服装设计专科和设计学校担任教职，出任学校工会主席，与同事合作出版教科书。业余研究园艺，独力把花园和住宅打理得美轮美奂。擅长烹饪，烧得一手好菜，胜过专业厨师。喜欢旅游，喜欢摄影，还写得一手好文章，活得有声有色，精彩优雅。朋友如此向我介绍。

三月中旬，我到慕尼黑服装设计专科学校旁听她上课，我们第一次见面。

早春时节，春寒肆虐，雪花飘飞，冬日重临。星期一早上七点多，我冒雪赶到市中心，张慧娟女士带领我走进闹市中一幢独立的大楼，来到四楼的教室。脱下外衣，我这才有机会打量她。圆脸，短发，不施铅华，笑容亲切，让人初见即生好感。黑色毛衣，搭配一条彩色披肩，简单，随意，醒目。

那间教室比我熟悉的德国教室稍小，也有常见的黑板，可是桌子不是普通课桌，而是素描工作台，在桌面下装有灯，桌侧有开关。需要时开灯，灯光从桌面下直透素描纸。服装设计学校采用小班教学形式，一班学生不过十来个。那是一堂设计课，张慧娟老师之前布置了作业，让学生自主寻找主题设计一组服装，在选材和设计过程中随时可以征求老师意见，一对一教学互动。那天我旁观一位姑娘打开她带来的图片文档，师生逐一讨论。学生讲出自己的构思设想，老师从旁提点评论，教学方式和我曾经熟悉的非常不同。

在那位学生之后，我抓紧时间了解了一下学校的情况。这所设计专科学校面向已经有工作经验的业内同行，为他们提供学习深造的机会。张慧娟女士在2001年秋天来到这里担任教职。她每周上课二十几个课时，此外自主设计服装和首饰，从另外一个层次追求自我实现。学校教学和自主设计相辅相成，担任设计课程的老师拿出自己的作品，面对学生时才更有说服力。

工作日，我自己也要赶去上班，没等课程结束就走出教室。分手时约好，我在周末到张慧娟女士家中拜访。

到了周末，天气大换季，卸下飘飘雪花，披上三月暖阳。我坐在轻轨车厢内，一路尽情享受和熙阳光。到站后，张慧娟女士开车来接我。

张女士的居所是一座独立的小楼，小楼坐落在宅基地的中央，四周除了一角的车库以及通向大门的小路外，全部是花园。

花园里种植最多的是竹子，靠着矮墙，沿着房屋，转弯的角落里，一丛丛的翠竹跃入眼帘，拍响竹叶欢迎来宾。

走进房间，玄关右手边悬挂穿衣镜，下放一个半高的橱柜。那翘起的两角，喜庆的红色，告诉我它不远万里来自故乡。红色橱柜旁是两扇对开的红色木格门，通向客厅。客厅分为左右两部分，中间相通，显得十分宽敞。左面客厅摆放一个暗红色似乎核桃木的柜子，上面布满繁复的木刻雕花。右面客厅一高一矮两个红色的柜子比肩而立，柜面简洁。右面客厅角落里的一个"花盆"吸引我走近观看。那是一件高脚瓷器，上面彩色花卉的图案和色彩，不容置疑地宣告那是景德镇出品。细细的白瓷作脚，上面浑圆的容器内搁置几盆绿植。那本来是一个鱼缸，张慧娟笑吟吟地说，她没有养鱼，而是用作花架。这创意别出心裁，精美的瓷器和绿色盆栽相得益彰。我跷起大拇指。

介绍我们认识的朋友对张慧娟的花园推崇不已，我站在落地窗前，目光自然投向窗外。这里本来都是草地，只有一棵树，张女士介绍。为了能拥有一个独一无二的天地养性怡情，她颇费了一番心思，自行设计铺设一条石子路蜿蜒穿过草地，精心选择花卉，樱花、杜鹃、牡丹、芍药、蔷薇等因循时令次第开放，花园常年满园芬芳。四月樱花开了，我在她的朋友圈看到一组美丽的樱花图片。她在图片之上留言：在小院种植了五棵樱花树，因位置不同，开花时间相差一个月，在整个四月到五月初都能静静欣赏樱花短暂的花季。酷爱樱花的淡雅清香，爱它带着忧郁的情愫迎风飘扬，舞动生命中最后靓丽的一曲，或随风而去，或拥抱激流，追随梦中的远方。美丽的图片，优雅的文字，让我认识张女士的另一面。

张女士酷爱竹子，在花园里遍植翠篁，从每个窗口都可以看到一丛丛修长的绿影。看到了吗？这是我的紫竹。张女士手指窗外。那里一丛翠篁挺拔而立，片片翠玉下紫黑色的竹竿发出柔和的光泽。微风吹来，绿色起伏紫光流动，画面典雅绮丽。

离开这个窗口，我们走下两级台阶，来到另外一个相通的房间。那是她的工作室，几排书架一张书桌，一个模特身上穿一条红花长裙，腰间系一条醒目的衬饰，上身裸露，一望可知是她正在设计中的作品。

我第一次见到服装设计师尚未完成的作品，一边打量，一边询问。你的花园设计，你的家居布置，都具有明显的中国风。那，中国风对你设计服装有什么影响呢？

我对中国风的理解不仅仅是中国元素，而是中国韵味。含蓄婉约，保持距离而不暴露，妩媚端庄，彰显浪漫而不张扬。线条简洁流畅，面料轻盈飘逸。这些都是我所追求的。张女士微笑。我通常不太用鲜艳的颜色，但是也会尝试对比陪衬，尝试非常规颜色搭配。

围着模特，我们讨论好一会儿。随后张女士先行到厨房烧咖啡，我落后两步，看看窗外，看看室内。窗外是淡雅的绿色，屋内是典雅的红色。完全不同的色彩，一脉相承的中国风。张女士不愧是设计师，擅长利用色彩，营造出幽雅的家居天地。

我随后来到开放式的厨房，我们在中间的餐桌旁相对而坐，我听她娓娓讲述生平故事。

张女士是上海人，父母都是知识分子，可是工作和艺术无关。小时候，父亲常年在外地工作，母亲一心扑在单位，无暇照顾他们兄妹。在幼年对她影响最大的人是祖父张财伯先生。祖父是中央工艺美院的雕刻家，专攻木雕，退休后回到上海，住在同一栋楼里，时常到儿子家中继续雕刻等美术工作。爷爷在家中工作时，小慧娟时常在旁观看，练毛笔。爷爷对她颔首微笑，语重心长地说，好好读书学习，艺不压身，财产可能被人夺去，傍身的技艺没有任何人能够夺走。

十二岁时，张慧娟平生第一次进行剪裁。她喜欢上母亲不穿的一件衬衣，在无人帮助的情况下拆开衬衣的丝线，剪裁到适合自己，然后重新缝起来。十二岁，小小年纪，能够独立改小衬衣，令人惊讶。

不过，当时连她本人也没想到有一天服装设计会成为她的职业。她成长于八十年代，当时国内还没有现在这么开放，这么多元化。她和其他人一样循规蹈矩地读书，升学，没有考虑从事艺术行业。高考时，她考入上海第二医科大学。大学期间，青梅竹马的男友出国到德国留学，极力游说她一起到德国留学，她同意了。

在德国申请医学系机会渺茫，她最终接受莱比锡大学生物化学系的入学通知，在 1990 年秋天来到德国。第一站是男友所在的曼海姆，在那里学习德语一个月并和男友喜结连理，短暂相聚后就到莱比锡继续修读语言。这时命中注定的转机出现。他们夫妇有一对朋友，女方从事服装设计，听闻生物化学不是张慧娟首选，建议喜欢绘画的她改学艺术，服装设计就很好。她接受朋友建议，在学德语的同时开始到夜校系统地学习绘画，在一年后考入艺术学院 Burg Giebichenstein Kunsthochschule Halle an der Saale，是该校第一位中国留学生，从此走上服装设计之路。

在国外读书殊不容易。1992 年她怀孕了，反应厉害，休学一年。孩子五个月后，独自带着孩子回到校园继续学习。有两年之久，她一早爬起来照顾孩子，孩子送到托儿所后赶去上课，傍晚从学校奔到托儿所接回孩子，回家做家务陪孩子。等孩子入睡后，已经累到散架的她坐下来打起精神学习，通常凌晨才能休息。那段时间非常之艰苦，一天仅能睡四个小时，当时对"幸福"的理解就是能够好好睡一觉。这样两年，实在支撑不住，把孩子送回国交给父母抚养，儿子六岁时才回到她的身边。在艺术学院的五年学习期间，她办过多次个人和集体画展，服装秀，并获得多次大赛的名次。1994 年她的"Göttin der Quellen"（源泉女神）服装艺术作品上了德国电视台 ZDF 的直播。

1999 年她获得那届毕业生的唯一一个 Auszeichnung（优秀奖），以全优的成绩毕业取得了硕士学位，之后再念了一年大师班深造。2000 年毕业，接受德国知名时装品牌 Escada 的聘书，来到慕尼黑为该集团旗下的另外一个品牌做设计师，负责商务高级套装和晚装系列。在那里工作一年半，虽然工作顺利，可是时常出差，陪伴孩子的时间太少，因此辞职。于 2001 年秋天，应邀来到德国时装大师学校慕尼黑设计学院做讲师。

教学之余，她开办自己的个人工作室，自主设计服装、首饰。2017 年 4 月 30 日，她和一位年轻设计师一起，由彦杰摄影工作室策划，举办了第一场德国华人时尚之夜，现场转播至中国，在德国华人圈里引起了很大的反响。目前她正在构思另一场时尚晚会，为此设计一系列时装，既有复古元素，又有时代气息。她相信这个系列能够唤醒大家沉睡的回忆，并会同时感觉耳目一新。

张慧娟女士兴趣广泛。她爱好烹饪，是朋友圈中的知名好手。她喜欢唱歌，拜师于旅德华人原声乐教授李纪建女士，是华人协会合唱团的一员。她受志同道合的好朋友慕尼黑长城旅行社的包联钧女士诚邀一起成立巴伐利亚华人协会，经常组织各种各样大家感兴趣的讲座或者郊游等形式多样的活动。同时担任德国华人艺术家协会理事。最能给她带来欢愉的是，用镜头捕捉每一个令她感动的瞬间，把它配上文字变成永恒。

那天访谈愉快开心，坐在回家的车上，各种印象纷至沓来：花园里满园青翠篁影悠悠，客厅里满屋幽香丽影翩然。点点滴滴，汇总成朋友对张慧娟女士的评价：一个自信优雅活得精彩的女人。

是的，张慧娟女士确实活出了属于自己的精彩。我暗暗点头。阳光下微微阖起双目。一条蜿蜒的石子路伸展开去，路旁花影重重，竹叶森森。微风吹过，一丛紫竹风中摇曳，绿色起伏紫韵流动。

2018.04.

车慧文：滚滚人海一滴水

　　浩瀚的大海究竟容纳了多少滴水，和地球上的人一样多吗？在浩瀚的大海里，一滴水跟另外一滴水结缘的机会有多大？恐怕微乎其微，正如浩瀚人海中两个人相遇的机会，一样的微乎其微。一年前，笔者初次见到车慧文博士，若不是发生了一件小小的意外，或许不会对她留下印象，至少第一次不会。

　　一年前的五月底，我第一次参加欧华作协的年会。那个周末肯定是个好日子，要不然外甥女不会在一年前就定下那天结婚，作协也不会把最初定好的日期推迟到那个周末。日期撞车，怎么办呢？年会在华沙举行，我决定在婚礼结束后，从教堂直接去机场。那天入夜才到华沙，因此错过周六的会议议程，没有跟大家正式见面。第二天在华沙观光，见到从世界各地赶来的文学精英，人数足有六七十位或更多，这么多陌生面孔，真不可能一一记住。

　　那天我们一起参观战后重建的华沙老城，下午在居里夫人故居前突然有人惊叫"我的钱包，我的钱包不见了！"当时在附近的六七位文友马上围拢来询问安慰。我因为跟谁都不熟，自己不懂波兰语，便没有上前添乱，仅仅在旁关注，目送文友陪伴失窃者去报警。失窃的是一位不知名的前辈文友，跟我母亲年纪相仿。第二天我在微信群里得知她的名字是车慧文，车博士。

　　从华沙回来，没过多久，我跟车博士在慕尼黑不期而遇。

那一次我陪母亲出席一个联欢晚宴，在宴会上见到一个似曾相识的面容，搜索记忆，猛然想起华沙。心想她未必记得失窃那天的一面之缘，而且我那天晚上佩戴的名牌上写着本名，名字对不上，便没有立刻上前。晚餐时偶然排队站到一起，微笑点头，问她还记得我吗？她居然肯定回答，毫不犹豫地叫出我的笔名，令我惊讶。第二天我们愉快地一起参加郊游，结束后我送她一家到地铁站。分别时我送车博士自己刚出版的文集《天涯芳草青青》，车博士回家后赠送我一本她正在翻译中的书，齐邦媛教授的《巨流河》，一部煌煌史诗巨著。

一年后的五月中旬，趁降临节长周末，我再次陪母亲出门到汉堡出席活动。活动主办方邀请车博士做有关《巨流河》的主题讲座，我们得以再次聚首。

我和母亲如约在上午，正式会议开始之前，来到召开会议的酒店。酒店位于汉堡港口，我们在酒店大堂一角落座，促膝长谈。车博士安坐角落，沉静似水，温柔似水，再回首声音平静，眼眸幽静，一如深潭波澜不惊。

车慧文博士的生平故事和那个时代每个人的故事一样，深深打上中国当代历史的烙印，一滴渺小的水滴被滚滚巨流裹挟身不由己地奔向远方。

车慧文博士和齐邦媛教授一样祖籍东北，祖父是奉系时代第一代留学俄国的大学生，学习冶金，试图实业救国，回国后因为精通外语，进入机关工作。祖母出身良好，在那个年代即接受高等教育。父母双亲皆为时代精英，父亲掌握七种语言，精通其中四种。

抗战胜利前一年车博士在北平出生，父母常年在外工作，她跟着祖父母在北京的四合院里长大。幼年最深刻的记忆是逃难，她跟着爷爷奶奶坐火车，坐轮船。火车是货车，不见天日，沙丁鱼罐头一样挤满了人，仍然不断有人试图挤上车。轮船客舱低矮拥挤，转身就是人，人，人……

1949年小慧文跟着祖父母乘坐太平轮，在基隆港首次踏上台湾的土地，先行抵达的父母接他们来到台北，住进一幢日式房子，在那里她度过童年最美好的时光，安宁且温馨。典型的日式建筑，房子不大，前后有院子，前面院子中间是父亲停车的地方，左右两边是花园。花园有一棵好大的榕树，被炸毁倒地，可是顽强地继续生长，为远离故土的车氏一家撑起一方绿荫。她时常跟哥哥爬上爬下，骑上大榕树，玩得不亦乐乎。房子后面是菜地，爷爷带着两个孙辈种菜。两个孩子比赛谁种得更好，疼爱孙女的爷爷偷偷地给小慧文的豆角浇水，让她可以在哥哥面前炫耀。

上学了，小慧文轻轻松松地取得好成绩，特别是国文，时常被老师夸奖。然后——，然后母亲被战乱拖垮的身子一病不起，然后——一切都变了，一个幸福的家庭就此支离破碎。几年后，父亲因健康原因难以正常工作，等她上中学时家道中落。她高中毕业，成绩优异，顺利考上大学。可是——，需要她自己解决学费才能继续深造。后父亲英年早逝，家庭经济更加拮据。这是后话。

为了减轻家庭负担，她"自愿"中断学业，到工厂打工一年，把打工所得悉数拿回家交给继母。一年后，在祖父支持下，她进入政大西洋文学系英文组开始大学生活，半工半读。某年因为打工错过了注册时间，只好转入淡江大学继续学习。

在大学学习期间，她遇到她人生中的王子。1968年，车慧文读大学三年级，暑假到旅行社打工，认识了来自德国的汉学教授杜勉博士。杜勉博士为他的学生找中文家教，她于是开始教这位教授的几名德国学生。他们拿着 VW 基金会的奖学金到台湾研究学习，其中便有她后来的丈夫 Erik，一位出身没落贵族家庭的奥地利人。

Erik 勤奋好学，成熟稳重，逐渐赢得芳心。一年后二人喜结连理，车慧文跟随丈夫带着他们的爱情结晶于 1969 年来到柏林。Erik 继续攻读博士学位，她在家做全职主妇，专心陪伴刚出生的大儿子。在柏林一年多，丈夫博士毕业，到科隆某个部门研究所工作。她跟着到科隆，在那里第二个孩子出生。她相夫教子，度过三年幸福时光。那三年，她漫步人生，暮春时节，繁花满树，溪流淙淙。

是上天嫉妒吗？还是天将降大任于斯人也？似乎人生的河流注定不会长时间静静流淌，只是——，之后的波澜，不，是波涛，未免太大了些，几乎是没顶之灾。幸而车慧文少女时代即经历生活的历练，水样温柔的她表现出一滴水至柔至韧的一面。

三年后，丈夫出差到日本，偶然吃下不洁的生鱼片，被感染，被误诊，被……，一连串的意外事故。结局一幕是圣诞前夕，躺在病床上的丈夫艰难开口，用微弱的声音要她打电话，找学习法律的朋友准备维权。她不知道那已经是弥留之际，走出病房，到医院前的公共电话亭打电话，前后不过十几分钟，等她再回到医院，护士在走廊里端给她一杯水，让她服下镇静药……

Erik 就此撒手人寰，留下才二十多岁的她和两个年幼的孩子。说到此，酒店大堂角落里的三个女人眸子水润，我伸出手去握住车博士的手。听着她的讲述，我的脑海里冒出惠特曼的诗句，鲜明而生动。

从滚滚的人海中，一滴水温柔地向我低语：

我爱你，我不久就要死去；

我曾经旅行了迢遥的长途，只是为的来看你，和你亲近，

因为除非见到了你，我不能死去，

因为我怕以后会失去了你。

现在我们已经相会了，我们看见了，我们很平安，

我爱，和平地归回到海洋里去吧，

我爱，我也是海洋的一部分，我们并非隔得很远，

看哪，伟大的宇宙，万物的联系，何等的完美！

只是为着我，为着你，这不可抗拒的海，分隔了我们，

只是在一小时，使我们分离，但不能使我们永久地分离，

别焦急，——等一会——，你知道我向空气，海洋和大地敬礼，

每天在日落的时候，为着你，我亲爱的缘故。

丈夫算因公去世，可是抚恤金不够母子三人生活。为了活下去，她开始工作，每天为电台写稿播音，在科隆大学汉学系教中文，同时开始到科隆大学继续学习。每天，她超负荷运转，让自己极度疲累，可是仍然会深夜难眠，起床端详安睡中的孩子，殊不知睡梦中的孩子伸手紧紧抱住了她，让慧文感到无限亲情。她在灯下写了一首短诗《你的小手》，送给孩子。

女性至弱，为母则强。失去了挚爱的丈夫，车慧文身兼父职，拼命工作，拼命学习，努力为孩子营造最佳生活环境。她在科隆大学主修汉学、东方艺术史等三门课，同时在汉学系做讲师，自己授课。学习期间遇到赤裸裸的"潜规则"，她严词

拒绝，然后硕士考试之际她的档案不翼而飞……

水性至柔，可是柔弱的水滴不会轻易放弃，终能水滴石穿。经历一番波折，她拿到硕士学位，来到柏林自由大学汉学系担任讲师。在自由大学，她一边工作执教，一边继续攻读博士，同时抚育孩子。经过辛勤努力，她通过博士考试，要续延聘请合同时，惊人事件又一次上演，她的档案再次失踪……。

车博士在自由大学汉学系担任教学研究员前后六年，取得博士学位后一年续任高级研究教师五年，后转到洪堡大学任教，几年前退休，准确地说是：退而不休。在德国这么多年，她翻译中西方著作多种，近年来主要致力于翻译齐邦媛教授的《巨流河》。这部巨著翻译工作量巨大，为了及早推出德语版本，她跟维也纳大学的王玉麒先生合作，王先生分担三分之一的工作。

不知不觉已到正午，车博士要去布置下午活动场地，我们暂时分手，走出旅馆，蓝天下阳光和煦，港口里波光粼粼。

下午讲座开始，听车博士介绍《巨流河》。《巨流河》德语版本的题目定为《Der mächtige Strom》。Der mächtige Strom，der mächtige Strom，我默念两遍，翻译得真好！巨大的洪流，滚滚洪流。

《巨流河》的作者是祖籍东北的齐邦媛教授，她在八十岁高龄花四年时间，用长达六百页的篇幅，描绘了她亲身经历的中国当代史，讲述滚滚辽河（又名：巨流河）如何流到台湾南端的鹅銮鼻哑口海。20世纪初，辽河的子孙从辽河出发，辗转迁徙，奔走中华大地，一如辽河之水流经渤海，汇入太平洋。《巨流河》是名副其实的巨著，整部书具体，翔实，生动，感人。阅读中，我几次泪流满面。车博士同为东北籍人士，想来对冥冥之中个人无法抵抗的历史巨流感受更深，因此会动笔翻译这样大部头的著作。

齐邦媛教授用很多篇幅写到她的父亲齐世英先生，一位辽河子孙和他不平凡的一生。20世纪初，齐世英先生是留学德国的热血青年，归国后目睹当时的东北，农田荒，兵马疲……，与郭松龄先生携手不惜兵变，试图改变东三省的命运，功败垂成，不得不远走他乡，后致力教育，投身革命，为救国颠沛流离，最终无法抵抗历史洪流，辽河的子孙被巨流冲入哑口海，埋骨台湾。

多年后齐世英先生的千金，毕生研究英美文学，致力于把台湾文学介绍给国际读者的齐邦媛教授，应邀来到柏林自由大学做客座教授，讲授中国文学，认识了当时仍在读博士的车慧文，两人结缘，因此车慧文博士会翻译这部巨著，因此在2018年的5月，我会在汉堡港口的一家酒店里听车博士介绍《Der mächtige Strom》。人生的因缘际会如此奇妙。Der mächtige Strom。它引领车博士，引领我，引领微不足道的水滴，来到汉堡，坐到一起，讨论滚滚巨流。

Der mächtige Strom。与浩瀚大海相比，一滴水微不足道。与历史洪流相比，一个人微不足道。但是数不清微不足道的水滴汇集成浩瀚大海，数不清微不足道的人们书写人类的历史。

那天晚上宴会宾主尽欢，余兴节目高潮迭起。午夜时分，我和母亲离开活动的酒店，步行走回我们下榻的酒店。两家酒店相隔三五分钟路途。夜色已深，没有看到车博士走到哪里了，也不清楚与会的一两百位有缘者散向何方。月光下，我挽起母亲的手臂，母女并肩向前走去。不远处港口里河水在暗夜里流淌，千万滴水无声流淌向天明。

2018.06.

高关中：大风起兮走四方

进入新千年，新时代新气象催生了很多新名词、新称呼。有的我至今听着别扭，例如"美女"、"帅哥"。有的是老称呼，新用法，令人耳目一新，例如"老师"，如今应用很广。现在被称为"老师"的人，职业不见得是老师，更未必是如此称呼他的人的老师。"老师"作为一种尊称，不分男女，不分年龄，如此称呼，表示对对方的尊敬，我感觉非常得体。

如果一个人偶尔被称为"老师"，并不能够说明什么，但是当一个人被很多人，被很多不同年龄、不同地域的人称为"老师"时，那被如此称呼的人必有过人之处，说明他（她）得到大家广泛认同。前辈文友高关中先生就是这样一位被广泛认同的"老师"，在海内外华人文学团体，在各种正式的、非正式的场合，高关中先生一律被称为"高老师"。

高关中老师长住汉堡，笔者闻名已久，却无缘识荆。两位生活在德国的华人，初次见面不是在德国，反而是在波兰。2017 年欧华作协在华沙召开年会，我作为新会员初次参与文友聚会，会后与高老师夫妇一同环游波兰，同行一周，高老师给我留下深刻印象。

那是五月底的周末，按照议程安排，周六召开正式会议，举办讲座，周日在华沙观光采风。我因为外甥女的婚礼错过正式会议，在周六夜里才到华沙。周日从世界各地赶来参加会议的六七十位文学精英，分乘两辆大巴各处参观，途中时常有人问我名字。在华沙某公园的林荫道上，一位衣着朴素斜挎背包头发花白的老者客气地询问我"贵姓"。长者动问，我微笑致意，"免贵，不敢当。我是德国的夏青青。请问您贵姓？""高关中"老者回答。高关中？我脚步一顿，在报刊上经常见到这个名字，发表文章数量相当之多，难道不是年富力强的中年人写的，而是眼前这位老者？我暗自惊讶。

在华沙我们追寻肖邦的足迹，来到瓦津基公园瞻仰肖邦铜像，途中经过一座白色的马蹄形建筑物，突然有人叫"高老师，高老师！"。我抬头寻找，见到高老师应声上前，站到宫殿门口的台阶上，指着门旁墙上的牌子做介绍。这座宫殿名为：梅希莱维茨基宫，建于1775-1778年，原是国王侄子某侯爵的官邸，现为波兰国宾馆。中美关系史上的一段插曲就在这里上演。从1958年到1972年尼克松访华前，两国曾举行过100多次大使级会谈，会址就在这里，中方代表即前后两任驻波兰大使王炳南和王国权。我和大家一起站在宫殿门口的几级台阶上，仰头听他说起中美大使级会谈召开前前后后的轶闻，参与人物，生平大事，台前幕后的关系。高老师不假思索冲口而出，让我惊讶不已。

参观华沙次日我们开始环游波兰之旅，南下北上，各处观光采风。长途行车，途中不免无聊，每逢此时老会长郭凤西女士总会点将，为大家带来精彩助兴节目。一路上高老师几次被点名，为大家补课。话题围绕波兰，波兰历史上的重要事件，近代以来各方面的发展，我们参观的各个文化名城的历史地位、风景名胜，波兰的风土人情、饮食习惯等等，不一而足。每次他坐到前排手持话筒即兴演讲，不论什么样的话题，都毫不踌躇开口便讲，条理清晰，滔滔不绝。显然这些资料在他脑中储存已久，自然流泻，毫不滞涩。让我对高老师的脑存量和记忆力佩服得五体投地。

我向来笃信一言一行皆是一个人的名片，在波兰途中以及之后的接触中，高老师的"言行名片"让我由衷地称他"高老师"。

2017年春天，我的散文集《天涯芳草青青》由作家出版社出版，飞往波兰时带去几本，计划赠送有缘。环游波兰途中某天傍晚，到酒店后我赠送一本给他们夫妇。高老师是前辈文友，知名作家，而我是刚刚入会的新人。虽然赠书，可是心里并不以为他会抽时间仔细看，更不用说当场开始阅读了。可是高老师夫妇二人之好学，之谦虚，远远出乎我意料。第二天在途中他们两人都谈起我的作品，不是泛泛而谈，而是具体询问文中写到的经历。显然他们不但读了，而且仔细地读了。不但一个人读了，而且两个人一起读了。高老师夫妇说，他们换人不换书，一个人看书累了，放下，另外一个人马上接过来看！这样热诚的态度，这样温暖的话语，真是对一名作者莫大的鼓励和肯定！

从波兰归来，没多久高老师就发来一篇长达九千字的文章，洋洋洒洒点评我收入文集的作品，给予了高度评价。作为文坛新人，能得到前辈如此高的赞扬和肯定，让我深受鼓舞。

在跟高老师接触中，还有一个细节让我大为感动。我发表文章使用笔名，原因无它，仅仅为了避免别人马上联想到我的家世，我不愿借重祖父名望，宁愿用自己的文字作名片，所以跟文友接触习惯使用笔名。加入协会，正式登记要公开本名。途中高老师问及，我坦然相告。高老师为多位欧华作家撰写小传，最早写的三十名已经结集出版，后来再写了数十位，有意出版，其中包括为我写的一篇。几个月前我接到他的电话，询问在文中是否可以注明我的本名。高老师是前辈文友，堂堂大男子，能够如此细心，真是让我感动莫名！我深信这不是例外，而是高老师的一贯作风。我想，这才是他能被大家心悦诚服地称为"老师"的根本原因。

今年高老师的文集《高关中文集》出版了，沉甸甸的一大本，写百国风土，叙古今人物。我有幸先睹为快，从中了解高老师的人生之路，文学之路。

高老师的人生之路始于陕西，1950年他出生于咸阳，三岁迁居西安，在那里长大。出生于五十年代，成长于六十年代，成熟于七十年代，三十岁出国留学。这三十年间中国历史风起云涌，高老师的人生经历也不可避免地被打上时代烙印。

高老师是老三届，1963年升初中，1968年上山下乡，凭借扎实的数学基础，在农村脱颖而出，被提拔到县城工作。1972年通过推荐和考试，进入西北工业大学数学系学习，毕业后留校任教。1978年改革开放的春风吹来，他抓住机会，参加留学生选拔考试并一举通过，争取到留学深造的机会。在上外接受一年德语培训后，于1980年来到德国留学。第一站是曼海姆歌德学院，后入汉堡大学深造，主修经济和电脑应用。五年后，妻子携子来德团聚。再过两年，高老师取得硕士学位，几经权衡放弃了攻读博士，正式开始工作。

1987年可谓高老师人生中的一个里程碑，他圆满结束学业，生活安定下来。按部就班的白领生活，不能满足精力充沛求知欲旺盛的高老师，他在工作之余开始拾笔写作。这一提笔就没有再停下来，30多年来发表作品超过500万字！高老师在2010年退休前也像我一样只能业余写作，但是他游历之广，写作之勤，作品之丰，令我叹为观止！高老师提笔写文速度惊人，在游历波兰途中，他白天游览，夜里游记就新鲜出炉了！其精力，其热忱，其速度，年轻人也难望项背。这当然跟他平时广泛阅读积累有关，胸藏万卷才能下笔千言倚马可待。

高老师的作品特色鲜明，一是世界各国风土游记，西方文化介绍，一是人物传记，新闻报道。

高老师自幼喜欢史地，在提笔之初即把目标锁定在风土游记上，从身边开始写起，第一部著作是《今日汉堡》。从德国开始，从汉堡出发，他走遍五大洲，边走边写，边写边走。他已经完成的世界列国风土系列共 11 本，涵盖美、英、法、德、意、日、加、俄、澳和宝岛台湾。他与中国地图出版社合作，为印度、埃及、南非、新西兰、北欧、希腊、西班牙、葡萄牙等 15 本地图册撰写文字说明。高老师发下宏愿，在此基础上"进一步拓展到全世界范围，撰写一套 36 本的《世界列国风土大观》丛书。"这一套丛书已经完成 33 本，其余可望在近年内完成。为了达成宏愿，他走访世界周游列国，目前足迹未至的国家仅剩一些小岛国以及战乱地区了。

人物传记方面，他为 60 多位文友撰写小传，其中第一批三十篇已经结集出版，名为：《写在旅居欧洲时》，他的《大风之歌——38 位牵动台湾历史的时代巨擘》囊括当代台湾方方面面的风云人物。两本传记皆引起文坛注目。

除此之外，高老师还大量写下专题报道，随笔散文。据我观察，他的文章有一大特点，不论是今昔对比的回忆录，还是怡性养情的散文，各种精确的数字随处可见，例如在《说说"我家"后花园》一文中，他如此写到住宅旁的小山：小径长约三四百米，蜿蜒而上，大约五六分钟，就走到了一棵分着六股权的茁壮老树旁，这就算上了山。这里海拔 37 米，而大马路的海拔是 12 米，也就是说，登高了 20 多米，相当于爬了七八层楼。这样精确的描写让读者可以准确了解小山的高度。

高老师对我的"德国华人系列"十分关注支持，在我表达采访的愿望后爽快答应，可惜汉堡距离慕尼黑路途遥远，一直没能坐到一起。今年五月中，我陪母亲到汉堡参加活动，期待聚会，不巧高老师又一次远行，心中着实遗憾。

我在波兰途中已经了解他夫人为人非常低调，是典型的贤妻良母，甘居成功男人背后的女子。既然高老师不在，我想还是不要打扰她了，可是高老师夫人李嘉美女士非常热情，一再表示欢迎。盛情难却，于是我和母亲欣然来到高府做客，从侧面了解他的生活。

那是圣神降临节周一，高老师夫人一早赶到酒店跟我们碰头，带领我们在市中心观光，后乘车到高府。一路上她介绍，高老师酷爱旅游，这一爱好始于"文革"初期的红卫兵大串联，那时他三次出发游览祖国大好河山。在海外，学生时代习惯背着简单的行囊朴素出游。生活安定后，他们夫妇二人更是利用年假，联袂出游。千禧之年，高老师积攒了五十多天的假期，一次用掉。难得公司同意，同事肯合作，他们夫妇得以环游世界！

一路谈说，长途旅行回忆多姿多彩。关于旅途见闻，高老师夫人最常提到的一点是，第一次到任何地方高老师必然到书店，购买地图，购买书籍。他们一起出游，但是有时候也会"分道扬镳"，她在旅店或饭店休息，永不疲倦的高老师自己去探险。

谈话间我们下车，步行走过一片安静的住宅区，来到高府，门前的花园里杜鹃花火焰般怒放，两棵松树并肩长成了一棵树，高高的，直直的，挺立在门口，俨然主人夫妇的象征。

走进高府客厅，我被惊到了。那房间与其说是客厅，不如说是书房。客厅四周，除了落地玻璃窗那一面，全部是书架，里面摆满厚厚的大部头，各种经典著作，各种百科全书，各种辞典工具书，令人眼花缭乱目不暇给。高老师夫人带领我们参观，下面的地下室，上面的书房，走廊，阁楼，到处摆放书籍。这么多书籍的私人住宅，我在之前见过四次，主人全部是学者教授。在我认识的人中，高老师是唯一一位不在学术单位工作却藏书如此之丰的人。

关于这些宝贝，他在文集中写到："多年来，我搜集的图书资料超过一万册，其中中文书籍5000多册，期刊上千册，涉及多个语种的外文书籍5000多册。包括各类百科全书、地图、各种外文词典、年鉴、统计手册、地理书籍、导游材料、画册和许多政府出版物。发现有用的材料就分门别类放起来，以备写作时参考。"环顾四壁典籍，高老师人虽不在，可是书香醉人。

高老师夫人热情好客，那天一大早即忙忙碌碌，剪下自家花园里的韭菜，调好一盆馅子，熬了一锅好汤，准备好一切。中午我们一起动手包韭菜盒子，烤得金黄，美美地吃了一顿。

傍晚坐在飞机上，等待起飞时，我翻阅几页《高关中文集》，随即放在膝头，回顾起这次不拘一格的间接访问，想起和高老师夫妇在波兰的日子，想起高老师的书斋和又一次远游的高老师。

不知不觉间飞机开始滑行，越来越快，聚风起飞，蓦然升空，越来越高，汉堡市的房屋街道越来越小。俯瞰地面，山水苍茫中高老师肩背行囊行走于五大洲，衣着简朴，步履坚定，一步步走着，走着。

读万卷书，行万里路；行万里路，写万卷书。我想这是他生平最确切的写照。

2018.06.

叶莹：画日子的诗人

　　生活中不只有眼前的苟且，还有诗和远方。这是近年来非常流行的一句话。可是谁又能远离苟且，活出诗意，走向远方呢？当我在深夜结束一天的繁琐，站起身来摇动僵直的颈椎时，不免暗问自己。通常此时，我才有时间刷两分钟微信。这时若恰巧看到叶子更新她的公众号，我会展颜微笑。诗和远方，并不遥远，红尘中还有叶子这样画日子的诗人。

　　叶子，芳名：叶莹。"叶子""小小叶子"是她的笔名和网名。我习惯称她"叶子"。我和叶子认识的时间还不算很长，可是我听闻这个名字已经很久了。多年前在《欧洲新报》的征文专栏，读到一篇署名"叶子"的文章，题目下面标明作者居住地是慕尼黑附近著名风景区。我不禁惊疑参半，向住在同地的朋友打听，却不得要领。当时我独处小楼笔耕，刻意隐身文字后，不欲"抛头露面"，就没有试图通过其他途径认识她。

　　直到2016年。那一年碾过我的生命，留下深深的印辙。那年春天父亲辞世，在追悼会上我拿出自己纪念父亲和祖父的文章赠送亲友，就此公开笔耕事实。之后为了纪念父亲，我决意出版文集，以海外笔耕者的身份走向社会。2017年加入欧华作协，初夏到波兰参加作协年会，得以认识多位在文字中神交已久的同道。后来文友老木为我介绍叶子，我们通过微信交流，得知相互慕名已久，选个日子约定在慕尼黑市中心见面。

　　那是一个细雨绵绵的秋天，天气转凉，我穿了一件红色外套，叶子穿了一件黄色外套，似乎我们不约而同有意要用色彩赶走秋雨的萧瑟，带来秋天的斑斓。初次见面，丝毫没有感到拘束或陌生，我们像多年没见的老朋友一样非常自然地拥抱。叶子看看我们的外套笑着说"番茄炒蛋，真搭！"我们相对一笑，彼此相知。

叶子能诗善画，"文字与绘画是我与这个世界交流的最钟爱的方式"，叶子在她的公众号介绍中如是宣告。她在文友中享有"能诗能画的奇女子"的美名，不过我认为叶子异于常人的地方，不在于她写诗作画，而在于她把诗和画融入了自己的生活。叶子，她不是普通意义上的诗人。诗人们惯于用文字写诗，叶子不单单用文字写诗，而且用画笔写诗，用爱心、用童心写诗，把每一个平凡的日子过得如诗如画。

叶子用文字写诗，代表作是她具有自传性质的长篇纪实小说《德国婆婆中国妈》。我从中看到叶子和你我一样是红尘中人，这部小说就是她在烟火红尘中留下的生命轨迹。

叶子出生于粤西一个风景优美的山村。"淳朴的乡村生活铸就了我热爱大自然喜欢纯粹简单之美的性情。"叶子谈起她在乡下度过的十年童年生活，总是如此感慨。她在县城中学读书时，成绩出众，高考考入一流学府，北京对外经济贸易大学，攻读国际金融专业。毕业后回到广州工作数年。2001年夏天她来到德国，先在柏林学习语言，一年后进入因戈尔斯特应用科技大学，修读工商管理硕士。在因戈尔斯特，月下老人牵线，让她遇到她的"大树先生"。那个优秀温暖的德国青年，被叶子的家常美食番茄炒蛋"搞定"，二人坠入爱河，携手连理。读到此段，我才明白"番茄炒蛋"对叶子有不同于常人的意义，想起我们初次见面"番茄炒蛋"的服饰搭配，莞尔微笑。

婚后，叶子的家安在慕尼黑西郊，恰巧是我曾经住过的地方。两个孩子接踵而来，叶子养育孩子照顾老人，曾经在德国公司和机构工作数年。在她尊敬的德国婆婆去世后，她决意要写一写这位可亲可敬的老人，于是利用夜晚的时间，在工作和家务之余，动笔写作。这部长篇在德国文坛颇受重视，关愚谦老师欣然作序，高关中老师为她写了一篇小传，老木等文友纷纷提笔写评。关注和重视鼓励她继续向前，持续写作更加激发了她对文字的热情。

叶子善于用画笔写诗，行走红尘，边走边画，且行且吟。德累斯顿的大教堂，吉隆坡的双子塔，布拉格的卡尔大桥，托斯卡纳的橄榄树，安静的小镇，盛开的蔷薇，热带的榴莲……，所到之处，所见美景，都化成她腕底色彩笔下诗歌。

在叶子家中，我看过她不少绘画作品。素描，水彩，钢笔画，山水，风景，花卉，人物……，学习金融专业出身的她，怎么会如此狂热地热爱绘画，仅凭网络老师视频传授，就可以在短短两年的时间内达到如此水平呢？我心中十分纳闷。某次见面叶子为我解开了疑惑。原来她自幼钟情艺术，二十多年前曾经用各种花叶，制作了几十幅树叶贴画。那是她最早的艺术创作。树叶贴画？什么材料，如何贴？还有作品可以欣赏吗？我一口气追问。材料选用不同颜色、形状、大小的树叶，配上玉米须什么的，经过构图布局，贴到一起就是一幅贴画。叶子解释。

为了满足我的好奇心，她从手机储存中找出三张贴画发给我，一幅是屈原行吟图，高冠宽袍的诗人挥臂高歌"路漫漫其修远兮"。一幅是曹操东临碣石图，曹操束发骑在马上，远处帆影点点。第三幅构图复杂，表现的是朱庆余的《闺意》，洞房昨夜停红烛的画面，妆罢的新人转身笑问夫婿，梳妆台上的镜子映照新人侧面。这几幅作品人物造型形象传神，构图颇见匠心，特别是第三幅《闺意》，两位人物以及镜子中的侧影让我看了再看。在她出国后，这些作品被她的父亲珍藏着。

今夜在灯下写文，为了核实资料翻看她过去发送的内容，无意中读到这首诗歌《玉米须的命运》，配图就是树叶贴画《曹操"步出夏门行"》。诗歌如下：

你用一个春天去耕耘 / 在整个盛夏里期待 / 收获了一筐玉米 / 剪下无数的玉米须 / 其实也就一小撮而已 / 却晒了一个秋天 / 又捂上一个冬天 / 藏进气派的 / 大红袍精美纸盒 / 你说—— 它是我的灵芝

泡在温柔的水里 / 温度即将奔向沸点 / 哀号的战马停在悬崖边 / 它的鬃毛 他的胡发 / 玉米须掉进了沧海 / 我模糊了它的使命—— / 该是你疼我的一杯药茶 / 抑或是我为你贴的一帧画 / 我仓促熄灭炉火 / 回首 / 已是泡湿的桑田

炉火重新燃起 / 你笑我傻 / 傻得已经不懂得 / 泡过茶的玉米须 / 还可以贴画

我恍然，原来她用画笔作诗用诗歌绘画已经颇久了。

读叶子的诗歌，不难感受到其中爱心跳动。今年二月中，叶子写了一首诗《因为有你》：

因为有你的宽厚 / 我的泪水有了流淌的原野 / 书写未来的日子 / 满屏的诗篇让温暖升腾

因为有你的呵护 / 我的青春有了不老的理由 / 画着发丝间的岁月 / 雪花在暖冬里托起爱的奇迹

因为有你的智慧 / 我的天空便能任由鸿鹄畅游 / 数一数走过的年轮 / 猫头鹰叼着旧岁串起沉香木珠

因为有你的执着 / 我的等待便总在湖岸苏醒 / 海鸥穿越朝

霞的炫彩／啄木鸟把橡子留在积雪的树洞

　　因为有你的珍惜／我的世界有你捡起的核桃／一颗颗圆满的大枣／滚烫着我永远的乡愁

　　我明白那是写给她心中爱的诗歌。我曾经到访叶子的家，见过"大树先生"，看到他跟叶子一道殷勤招呼客人，忙前忙后端茶倒水。我们聊天时，他在独自收拾满桌的杯盘器皿。这在德国家庭中是非常少见的景象。品读这首诗歌，为这段跨国恋情而感动。叶子的家不仅仅是一座可以遮风避雨的房子，而且是一个温馨的港湾。

　　叶子是两个孩子的母亲，她的爱自然也倾注在孩子身上。她称女儿为"花儿"，儿子为"果儿"，深深的母爱于名字中已见一斑。九月，"花儿"生日，叶子画下一个身穿红裙在草地奔跑的女孩，题诗《秋天的花儿开满坡》，字里行间是满满的爱和喜悦。三月，"果儿"生日，叶子作画一幅，一位身穿绿衣的男孩在快乐戏雪。她写下一首童诗《三月雪花满山飘》。

　　叶子的爱心和童心汇聚的作品，当推她在公众号发布的"画日子"系列。这个系列可说是叶子和她的孩子们合作的诗歌绘画日记，记录她们的生活点滴。有时是孩子绘画，叶子配诗或翻译，有时叶子或者孩子用画笔描绘生活片段，加上简短的文字说明。

　　身为母亲，我对这个系列非常关注，记得第一篇是几幅匆匆勾勒的速写，画"果儿"修自行车，"果儿"等车，"果儿"帮妹妹"花儿"写作业。另外一篇的主题是包饺子，"花儿"和"果儿"听从妈妈安排，分工合作，轻松吃到可口的饺子。还有一篇《玻璃画》，记录叶子在周末带孩子们置身大自然，亲自捡马栗子去喂白鹿，然后到旁边的想象力博物馆绘画，一起做木刻版画，学习画玻璃画。叶子一点一点介绍制作过程，配上照片。有这样的母亲引导，孩子们不喜爱艺术才怪呢。

这一系列中让我印象最为深刻的一篇是《菲菲娜与蜗蜗土的故事》，叶子以童话的形式写下孩子与蜗牛的故事。系列故事共有十几篇，故事情节不复杂，但是充满童心，充溢爱心，配图清新可人。在母亲如此引导呵护下长大的孩子，一定能乐观自信充满阳光地面对生活。这个系列让我想起自己为我的阳光王子口述的一个故事系列。我的阳光王子属羊，因此那个故事系列名为《羊宝宝一家》。曾经有两年时间之久，我每天一大早起床，带着阳光王子赶车，到市中心送他上幼儿园，然后赶去上班。早上轻轨拥挤，经常没有座位，为了转移孩子的注意力，不让他感受到一早赶车的种种不便，我就为他讲故事，每天即兴发挥，每天有新鲜故事出炉。看到叶子的《菲菲娜》系列，真的有点后悔没有把那个系列写下来，如今那些故事随风而逝，化作尘埃遨游时空去了。

《画日子》系列描绘的都是很普通的日常生活，可是画到纸上流出笔下，成为永恒甜蜜的回忆。我想，有一天"花儿"、"果儿"长大了，再翻看这些，会衷心感谢妈妈为他们留下这样独特的成长日记。

在另外一个系列"童画童诗"里，时常看到"花果儿"的绘画，稚气，童真，烂漫，可爱，配上叶子翻译或者原创的童话故事、诗歌。这些作品篇幅不长，切近孩子生活，因而被孩子喜爱，愿意阅读学习，在不知不觉中学习中文。因为住得远，叶子没有送孩子上中文学校，而是在家以自己的方式教孩子学中文，良苦用心让我感动。

叶子的年龄已经不是少女，可是她跟孩子一起学习生活，发现生活，保有一颗纯净的童心。她近年来主攻儿童文学，长篇儿童小说《会刻猫头鹰的男孩》于 2018 年 5 月出版，书中除了有叶子亲自绘制的钢笔插画，女儿的绘画作品也被采用到书中做点缀。母女合作，实为佳话。我有幸先睹为快，欣赏封面以及部分插图，让我对这部作品非常期待。

认识叶子有些时间了，当我坐下来梳理自己对叶子的了解时，我看到写诗的叶子，作画的叶子，在厨房忙碌的叶子，带孩子在山林在湖边奔跑的叶子，陪孩子一起画画的叶子，逐字逐句翻译然后教孩子读童诗的叶子……

一个个画面，一张张侧影，一篇篇文字，重叠交汇，真实再现我认识的叶子，一位在烟火红尘中画出一个个美好日子的诗人。

2018.07.

穆挈：楼梯间里伎乐飞天

一片以赭黄为主色的背景，一个半裸上身的美女飞舞空中，她神态雍容面含微笑，在空中忘我弹奏尽情欢舞，兴之所至高举琵琶脑后反弹。她的裙带风中飘飖，摇曳生姿。项下臂上钏环滑动叮当有声，融入琴音袅袅不绝。

众所周知，敦煌是中华文化的宝藏，莫高窟汇集世所罕见的珍品，反弹琵琶伎乐天是其代表作品之一。为什么反弹琵琶，又如何做到反弹呢？自从莫高窟被发现以来，伎乐天反弹琵琶的形象成为难解之谜。近百年来，多少画家研究塑像，面壁枯坐辨别斑驳的色彩；多少乐人观摩乐器，殚精竭虑寻觅古人失落的音符；多少舞者细心揣摩，跳跃回旋，试图复活洞窟内凝固的瞬间，让千年前的塑像焕发生命重新流动起来。穷数代人之力，终于在八十年代把反弹琵琶伎乐天的造型成功搬上舞台，在大型舞剧《丝路花雨》中再现。

慕尼黑 Gasteig 文化中心，舞台上的帷幕徐徐拉开，台上扇形分坐数十人，不分男女，大多身着红装。女士们修长的旗袍与曳地的礼服比肩，典雅的发髻与俏丽的短发争妍。男士们红色团花的唐装喜气洋洋，少数蓝色黑色的唐装则成为红色波涛中醒目的点缀。扇形中心，扇轴的地方，安放一台扬琴。静寂中，扬琴率先敲响，于是笛子、琵琶、二胡、中阮等乐器依次响起，加入交汇，一支欢快的曲子奏响。台下中外观众屏息静听，一曲终了，爆发热烈掌声。

几年前，我在 Gasteig 文化中心不期然欣赏到一场规模盛大水平出色的民乐演出，看介绍知道演出团体是德国伎乐天弹拨乐团，成员是生活在慕尼黑附近的华人，大为震惊。真想不到在慕尼黑，乃至欧洲，竟然还有这样一群人，他们长年生活在西方，可是心怀故国不忘传统，利用业余时间苦练民乐，达到专业演出水准，其难度其艰辛不亚于伎乐天反弹琵琶。这样一群海外华人，他们如何走到一起找到彼此，"伎乐天乐团"有着怎样的故事呢？我十分好奇。

　　今年五月初的周末，正是初夏时节，一座大楼宽阔的原木楼梯间里，一缕阳光拨开树影好奇地探进头来，悄悄打量两段楼梯的拐角处。那里坐着两个人，左边一位是面容清癯的老者，身穿夹克衫，右边一位是中年女子，穿一件玉白的薄风衣。老者在讲话，目光穿越墙壁透视遥远的时空。女子静静听，跟随老者的声音在历史中漫步。

　　这位老者名叫：穆挚，是伎乐天弹拨乐团的创始人，人人尊称"穆老师"。女子便是我，在海外坚持业余笔耕的华人之一，发愿要走访一百位旅德华人，记录他们的故事。今天，我专程来采访德国著名华人文化团体伎乐天乐团。

　　伎乐天在慕尼黑中文学校的教室排练，一周前我第一次见到穆老师，并认识伎乐天乐团的三位女理事，徐屏、王岚和叶杏女士。穆老师是我的父执辈，年过七旬，依然精神矍铄，是乐团创始人及灵魂人物。短发圆脸的徐屏女士是年轻一代的音乐专才，在乐团担任艺术指导。我和穆老师以及三位理事握手，短暂交谈，然后坐下来旁听伎乐天排练。当天约有十位成员出席排练，老中青三代，五六种不同乐器。排练开始，穆老师走上前台，打开一个长方形包裹，取出笛子。徐屏女士坐在扬琴前，挥手示意，于是音符流动乐声响起。一曲终了，艺术指导徐屏女士和穆老师先后发言指出配合有待改进的地方，然后再一次练习。

那天我跟穆老师约好，一周后的今天在教室前见面。我提前几分钟到，走近教室，看到穆老师背着双肩包，提着那个放笛子的长方形包袋，在教室前踱步。我慌忙上前伸出双手，让前辈久候实感抱歉。穆老师宽厚地笑笑，解释恐怕乘车时间不好掌握，他宁愿早点到。前辈风范，令人敬仰。

到哪里坐下来谈呢？走了几步，我们无意中发现一间大门敞开却没有人的教室，走进去，拉开话题，相互再做介绍。

我首先请教穆老师大名写法，穆老师回答：穆挲，沙子的"沙"，下边一个"手"。我曾经看到有人读作"穆Sha"，也有人写作"穆Sa"，再次请教哪种正确。两种读音都可以，穆老师随和作答。夜里我上网查"挲"这个字，找到如下解释：挲，有三个读音：suō、sa、shā。读作suō是抚摸的意思；读作sa是用手轻轻按着一下一下地移动的意思；读作shā是张开的意思。或许"sa"更适合穆老师这样擅长笛子的音乐家。

我们在教室谈了十几分钟，有学生来上课，只好转移地方。楼梯间很宽敞，现在不是上下课的高峰时间，还算安静，要不要到哪里？穆老师提议，我欣然从命。于是便出现了之前写到的一幕，一老一少在楼梯间里回望历史。

穆老师是北京人，少年时代即苦练民乐，最早专攻笛子，后学习多种乐器，改行作曲。他高中毕业后直接考入冶金部所属的中国冶金艺术剧院歌舞团工作。六十年代初，各个部精简机构，冶金部所属歌舞团撤销，他被下放到甘肃省酒泉地区民族歌舞团任乐队指挥，兼职创作。

二十出头的穆老师来到大西北，立刻爱上了那里。广袤的草原，辽阔的沙漠，悠久的历史，多民族的文化，在在吸引穆老师。他跟同事一起四出采风收集民间的音乐素材，为创作新作品做准备。他们带着帐篷四处为家，时常风尘仆仆劳累一天后，晚上连干净的洗脸水也没有。在牧民的帐篷里，他学会豪爽地喝酒，跟牧民打成一片，才可能听到他们放开身心尽兴歌舞，采集到第一手的民间音乐。没有录音机，更不必提录像机，一切全靠手写记录，搜集整理大批民间乐曲。条件艰苦，可是能够投身大自然沉浸音乐中，虽苦犹甜。

那时他常常到敦煌，管理人员放心地交给他钥匙，任他随意到那个洞窟参观研究，几个小时不出来。在那里他见到各种造型的伎乐天，为之沉醉。

伎乐天是佛教中的香音之神，在敦煌壁画中伎乐天亦指天宫奏乐的乐伎。乐伎没有翅膀，却能手持乐器飞天，在天上弹奏妙音，翩跹起舞，是佛教中欢乐吉祥的象征。伎乐天的形象最早由印度传入，是男性形象，后逐渐中国化，经北魏、东西魏、北齐一路演变，至盛唐时期飞天全是少女形象，体态丰满，飘带悠长，吴带当风凌空飘荡，灵动婉转恍若再生。反弹琵琶的伎乐天形象便出现于唐代，为中国仅有。

多少次仰望，多少次观摩，伎乐天的形象深印穆老师脑海。多年后，当他来到欧洲，成立乐社时，非常自然地想到用"伎乐天"作为名字。伎乐天，这个名字蕴含对故土的思念，对传统的挚爱，对艺术的追求，对净土的向往。

穆老师在八十年代中期出国，辗转来到德国，在慕尼黑安定下来。八十年代在德国的华人绝对是少数民族，自1980年第一批公派留学生来到德国起，留学人口逐年增加，大家思乡情切，开始出现各种学者留学生协会。过年过节举行聚会，也会有人登台献艺，高歌一曲助兴，弹拉一阕怡情。

渐渐地出国人员越来越多，新一代华人子女在海外成长起来，为了教育子女学习中文，为人父母的海外华人自主成立中文学校，周六上课教孩子中文，中文学校逐渐成为当地华人见面聚会的活动中心。每到周六，临近中文学校的地铁站，黑头发黄皮肤的老老少少络绎不绝。年幼的孩子需要父母带领，稍大的孩子能够自己乘车，可是父母为了从精神上支持孩子学习，选择"同甘共苦"，依旧风雨无阻地陪伴孩子上学。孩子上课的两三个小时，父母时间自由，有的趁机购物访友，有的聚到一起谈天说地。时间久了，父母们产生更好地利用这段时间的愿望，为此人们找到穆老师。

穆老师在海外偶然遇到三四位国内的民乐专家，中央音乐学院的老师，几个人组成乐团，排练曲目登台演出，推广中华民族的音乐精粹，逐渐为人了解。有人希望拜师学艺，穆老师慨然应允。中文学校提供场地，穆老师投入时间，义务传授技艺。穆老师幼年学艺基础雄厚，熟练掌握多种民族乐器，教授琵琶、二胡和中阮等乐器皆能得心应手。

第一批前来学习的家长成长于动荡的年代，之前基本上没有接触过乐器，只是抱着对民族文化的热爱开始学习。穆老师从最基本的内容教起，学生们认真学习，轻拢慢捻抹复挑，未成曲调先有情。逐渐学习者众，逐渐乐声悠扬。于是穆老师编曲配器，指导大家练习合奏，磨合共鸣，继而作为音乐团体登台演出。

终于水到渠成，伎乐天弹拨乐团正式成立！十几年来，人员不断流动，成员不断更替，有的成员学成归国，有的搬家离开，同时不断有新的留学生加入，跨入新世纪乐团成员趋向年轻化，不少人具有良好基础，可是人员更新，需要重新磨合，新的乐器需要重新编曲配器，这些都是在穆老师，乐团成立以来的艺术总监的指导下进行的。

十几年以来，伎乐天乐团在慕尼黑各种大型文化活动中，代表中国民族音乐登台，他们走遍德国各地，甚至远赴欧洲其他国家，意大利、奥地利、匈牙利、捷克，接受当地机构邀请演出，一年一度慕尼黑市政府在文化中心举办的各民族音乐节更是少不了伎乐天奏响的中国音乐。

谈起这一切，穆老师焕发青春神采飞扬，我听得悠然神往。

据说为了练习反弹琵琶的舞步，舞蹈家贺燕云曾经一次次照着镜子尝试，经过多少次失败，最终成功塑造了英娘，在舞台上复活反弹琵琶伎乐天的形象。穆老师在海外，从乐团开始算起，传播民乐二十年，我难以想象他付出了多少心血和努力，才听到伎乐天乐团在慕尼黑 Gasteig 文化中心赢得的阵阵掌声。

谈话中穆老师提到，初期学生没有基础，上课没有教材，练琴没有乐器，困难重重，但是他说：没有条件，咱营造条件，不敢说发扬光大，至少为自己为后代努力保留中华文化传统。

穆老师语言朴实态度诚恳，丝毫没有前辈名家的架子，我其实好想多聊一会儿，可是手表提醒我穆老师该去参加伎乐天的排练，为下一场音乐会做准备，我也应该去参加中文学校的家长会，讨论孩子参加"寻根之旅夏令营"的相关事宜，不得不跟穆老师道别了。

离开之前，我再次回顾楼梯间，这个特别的访谈场地，这个普通的楼梯间，穆老师一次次走过，指导乐团成员；乐团成员们一级级攀登，赢得阵阵热烈掌声；中文学校的孩子们一天天走过，一天天成长；中文学校的老师们一年年走过，迎来又送走一批批学生。今天我来了，沿着他们的足迹拾级而上。

这样普通的大楼，这样陈旧的楼梯间，能有伎乐曼妙飞天吗？我——，迟疑着停下脚步，回头看看穆老师的背影，一句话蓦然回响：没有条件，咱营造条件。对，咱营造条件！

走！上路！我继续走下去。楼梯愈往高处，阳光愈发灿烂，清风吹动，树影婆娑翩然起舞，不知哪里隐隐传来音乐声，缥缥缈缈，缕缕不绝。

2018.08.

徐屏：伊萨河畔茉莉花

好一朵茉莉花，好一朵茉莉花，满园花开香也香不过它。我有心采一朵戴，又怕爱花的人儿将我骂……。这是我儿时听到的第一首《茉莉花》的歌词，从此念念难忘，时常哼唱。

少年出国后，在海外我听到另外一首《茉莉花》，歌词是：好一朵美丽的茉莉花，好一朵美丽的茉莉花，芬芳美丽满枝丫，又香又白人人夸……。第一次听到另外版本的《茉莉花》，一时之间不能适应。似曾相识，却面貌不同。这，也是《茉莉花》？暗自寻思，不知道哪一首才是"正版"。后来陆续听到更多不同版本的《茉莉花》，这才明白《茉莉花》不但有，而且可以有不同演绎方式，无论真伪。

民歌《茉莉花》旋律优美，清新明快，如一曲清澈的山泉水轻盈流淌，染绿两岸，洗涤尘埃。这首江南小调流传甚广，版本众多。不知道你最爱哪一首，可是上面的两首之一吗？

歌曲《茉莉花》歌唱的是自然界的茉莉花，洁白清丽的茉莉花以其芳香赢得大众喜爱。茉莉花喜热畏寒，主要产地在南方，在我生长的北方十分罕见。我在婚后随夫婿到上海，才第一次见到芬芳美丽的茉莉花，立刻双眼放光，买下一串茉莉花，戴上手腕，长嗅芳香，沉醉不已。

德国气候偏冷，芬芳盛开的茉莉花并不多见。好像为了弥补这个遗憾似的，德国人非常喜爱茉莉花茶。去饭店聚餐，点一杯花茶，让花香氤氲席间，必能宾主同醉。在家宴客，捧出玻璃杯，让洁白的花瓣水中舒展，稳稳赢得客人艳羡赞赏的目光。在德国，茉莉花与丝绸、瓷器等物比肩成为中华文化的象征。

新鲜绽放的茉莉花，可以插入衣襟，簪在发间，戴到手腕，花似人面，人比花娇。晒干窨制的茉莉花茶，可以观茶汤，品茶味，醉茶香，席间醉客，闲暇怡情。干鲜花朵各有妙处，不知道你更喜欢哪一种？

一向喜爱花卉，喜欢种花，可是担心德国的气候不适合茉莉花，所以从没考虑尝试自己栽种茉莉花，也不曾想过伊萨河畔会开出什么样的茉莉花，直到——，直到我认识了徐屏。

徐屏女士是德国华人音乐团体慕尼黑伎乐天弹拨乐团的艺术指导，是乐团举足轻重的人物，我有幸在五月初认识她，一位短发圆脸笑容温婉的女士。第一次见面是在慕尼黑中文学校，伎乐天乐团排练的教室内。一周后我们约在学校对面的咖啡店见面长谈。

徐屏女士是长沙人氏，自幼学习音乐。她并不是出身音乐世家，父母均是医生，可是母亲酷爱音乐，在小徐屏两岁时即"逼"她学习琵琶。爱玩是孩子的天性，小徐屏不肯配合母亲，在祖父劝说下母亲放弃了让这么小的孩子学习乐器的计划。在小学徐屏开始学扬琴，天分加上勤奋，让成绩优秀的她走进武汉音乐学院附中。中学时代，徐屏领悟到了音乐之美，自发自愿痛下苦功练习，同时也体会到登台演出收获掌声的美妙。两者相辅相成，她发现内心深藏的对音乐的热爱，立志要叩开艺术殿堂的大门。

中学毕业，徐屏考入武汉音乐学院，在 2000 年秋季入学。那时央视携手维也纳金色大厅举办中国新春音乐会，为此到各地选拔乐手。徐屏在众多选手中脱颖而出，在大学一年级即有机会出国，到维也纳金色大厅和众多名家联袂登台献艺。那次演出是她人生中的转折点。维也纳，金色大厅，那是每一个音乐人心中的圣殿呀！徐屏为此激动万分，兴奋不已，多年来不敢奢望的梦想触手可及，内心深受激励。

此次经验，促使她开始考虑出国留学。当时奥地利州立音乐学院约瑟夫·海顿音乐学院和私立音乐学院弗兰兹·舒伯特音乐学院到中国招收学生，在全国各地招考，成绩超群的前十名，可以到公立音乐学院免费留学，名次排后成绩也优秀的，有机会自费到奥地利留学。她是幸运的前十名，在2002年来到奥地利海顿的故乡埃森施塔特学习。

海顿故乡是个不大的小城，但是山不在高有仙则灵，因为海顿那里成为世界级的音乐圣地。她在那里学习四年，学习德语，也苦学专业，拿到Diplom，之后到格拉茨音乐与表演艺术大学再学习两年，拿到学士学位，然后再接再厉，追加两年，取得硕士学位。

硕士毕业后，徐屏到巴黎留学。为什么是巴黎？我追问。徐屏羞涩地微笑，笑容中透着甜蜜。徐屏是长沙人，她现在的先生，当时的男友，那时在巴黎。她和先生是老乡，可是他们在故乡擦肩而过无缘相识，出国后经一位共同的好友牵线，通过网络交流，双双坠入爱河，你来我往，展开一段异国恋。男友在法国学理工，毕业后在巴黎工作。她到巴黎，学习法语，继续深造，二人在浪漫之都喜结连理。结婚后，她考虑回国发展，顺利考入上海歌剧院交响乐团，先行回到上海工作。深爱她的先生不忍分离，要辞职跟她一起回国工作。公司老板极力挽留，明白原因后，提议他转到德国新成立的办公室，妻子可以跟着到慕尼黑，在熟悉的德语环境里追求事业发展，他不用辞职回国。于是她先生先行来到慕尼黑安营扎寨，她在 2012 年来到德国慕尼黑。

初到慕尼黑一个熟人都没有，偶然听说中文学校招老师，徐屏找到中文学校面试应征。中文学校的负责人知晓她的学历后大吃一惊，说她如此正规的音乐专业出身教中文大材小用，面试的人亲自送她到正在排练的伎乐天乐团，见到穆掣老师。穆老师正为乐团人员流动，扬琴空缺两年着急，见到徐屏大喜过望。扬琴很大，不易携带，徐屏那时在德国没有自己的扬琴，穆老师把伎乐天乐团的扬琴借给徐屏练习，几个月后穆老师亲自验收练习成果，徐屏正式加盟伎乐天弹拨乐团演奏扬琴。

徐屏女士现在是伎乐天乐团的协会理事以及艺术指导，华星艺术团常务副团长，一个两岁孩子的母亲。她现在每年自主组织一场音乐会，参加多场音乐会演出，成立 Prims 音乐工作室，制作视频，举办讲座，宣传中国传统音乐。遇到很多困难吧？我放下咖啡杯，靠到椅背上，注目听讲。

徐屏幼年学习民乐，琵琶、扬琴等乐器，后来她改学打击乐，希望能够中西合璧，撞击出美丽火花。在海外练习打击乐遇到不少难题。首先乐器庞大，搬运不易，其次打击乐不可能无声无息地练习。遇到"神经衰弱"的邻居，三天两头会有事端。徐屏楼下的邻居几次找上门来理论，甚至投诉。沟通没有结果。徐屏尽量放低声音，避免在夜晚和午休时间练习。即使如此，每当徐屏开始练琴，邻居还是会拿什么东西捅天花板。楼上打击乐起，楼下捅击相应。徐屏无奈苦笑。

每年组织音乐会，要选曲子，找合作的演出人员，找排练场地，找时间排练，要联系文化中心，签合同租用场地，要找人制作海报宣传，要购买各种演出必需的保险，要……，要做的事情太多太多了！国内一个乐团各个部门分工合作的事情，要一个人挑大梁承担起来。好不容易，等到演出的那天，不但要搬运自己的乐器、组装，所有演出人员的大事小情都要她解决。谁的东西放哪里，谁负责什么杂务，谁的东西不见了，演出的孩子饿了要吃饭，可是文化中心明文规定不允许吃饭怎么办？一切的一切，千头万绪，头昏脑胀。可是一旦帷幕拉开，走上舞台，就要忘记这一切，沉浸在音乐中，把自己最好的状态呈现给观众。

慕尼黑房租昂贵，演出场地租金不菲，还有各种保险等不可少的费用，门票收入有限，能够收支平衡就不错了。略有结余，基本上用来支付演出人员的车马费，组织人员劳心劳力，其实没有什么收入。如果没有先生在背后支持，很难支撑下去。

提到举办讲座，徐屏特别提到她和慕尼黑孔子学院的合作。慕尼黑孔院每个月组织一场"文化沙龙"，第九十六场文化沙龙邀请徐屏主持。徐屏女士当晚为听众带来了《中国民族器乐赏析》的讲座，为德国听众介绍四种中国传统乐器：琵琶，二胡，扬琴和古筝。她带来乐器展示，从乐器的历史开始说起，介绍乐器的特点及演奏技巧，并且当场演奏示范。

几年前，为了一次音乐会，徐屏和几位朋友一起携手改编《茉莉花》，在原有的民族特色中揉入西方元素，加入爵士风格，演出结束后采声雷动，德国媒体报道给予极高评价。在文化沙龙上，徐屏及团队的演员一起演奏了《茉莉花》，再次赢来掌声如潮。活动结束后，外国听众纷纷上前同她握手致谢，说"这是一生中最有意义最美好的一个夜晚"。

由于第九十六场文化沙龙的成功举办，德国观众对中国民乐的喜爱，慕尼黑孔子学院又特意邀请 Prims 音乐工作室，徐屏的团队，在第一百场有纪念意义的文化沙龙上，作为表演嘉宾为到场的德国听众，带来传统的中国音乐文化，得到好评如潮。

徐屏女士的 Prims 工作室制作很多音乐视频，我请她把链接发给我，回到家，我上网打开视频静静观看，《茉莉花》更是反复播放。徐屏和朋友们演绎的《茉莉花》由四人演出，一把琵琶，一把二胡，一台扬琴，一台钢琴。徐屏本人演奏扬琴。演出开始，扬琴欢快叮咚，琵琶合奏，随后钢琴和二胡加入，民族特色鲜明。短暂停顿后，变奏开始，由钢琴担纲，一路跳跃，二胡弓弦吱呀拉动，琵琶丝弦轻拢慢捻，扬琴琴竹活泼飞跃，然后四种乐器汇合欢歌，结尾处音符舒缓流动，余音袅袅。

我再三观看品味，绝对是中国的《茉莉花》，然而又明显揉入了西方元素，中西合璧，耳目一新。我一时兴起，在网上搜寻《茉莉花》乐曲以及茉莉花的介绍。本来想当然地以为，茉莉花儿原产中国，民歌《茉莉花》流传已久，一搜之下，发现并非如此。

现在人们熟悉的民歌《茉莉花》的历史并不悠久，它前身是南京民间流传的《鲜花调》，1957 年军旅作曲家何仿在此基础上整理改编而成。所以此曲历史不过短短数十年，可是它曲调优美，被喜爱的人们广为传唱。这首歌曲先后在雅典奥运会闭幕式以及北京奥运开幕式上走向世界，登上国际舞台，之后可说无人不知无人不晓，成为流传最广识别度最高的传统中国民乐，被誉为中国的第二国歌。

茉莉花儿原产印度，在汉代传入中国广东，到宋代开始广泛种植，在传播过程中因其独特芳香，为人们喜爱，歌颂。爱美的姑娘们佩戴茉莉花，爱茶的人们品尝茉莉花茶，逐渐形成中国独特的茉莉花文化。

茉莉花从西方（印度）传入中国，再从中国走向世界。歌曲《茉莉花》产生于中国民间，经大幅度改编后走向世界。茉莉花，有一天会在伊萨河畔生根发芽，伊萨河的碧波会倒影茉莉花那洁白的面容吗？我忽发奇想，却不敢断言。不过，徐屏女士确然已在伊萨河畔扎根落户散发芬芳了。我盯着屏幕，再一次观看视频，在流动的音符间，分明嗅到茉莉花那醉人的芳香，萦绕空中，丝丝扩散。

2018.09.

杜宇：女博士的火箭人生

说起"火箭"，你会想到什么？是不是新闻中的画面：现代化的发射中心，高耸入云的支架，挺然耸立的庞然大物，喷着火焰穿越蓝天，飞到渺渺天外？还是除夕夜的场景：呛鼻的火药味，喧闹的人群，漆黑的夜空中烟花璀璨？

在认识杜宇之前，我联想到的画面也不外上面两种。可是今年秋天在认识杜宇后，再说起"火箭"，我会想起她，杜宇博士，一位新时代的新女性和她的传奇人生。

今年九月中，我应邀出席了德国新能源协会主办的一个"女性沙龙"活动，杜宇博士是那次活动的主讲嘉宾之一。我在介绍彩页上看到下面内容：

杜宇博士，理工科专业出身，本硕就读于清华大学航天航空专业，2007 年来德，在达姆施达特工大攻读飞机发动机方向博士学位，2010 年来慕尼黑，在 General Electric 全球研发中心任研发工程师，2013 年转行至麦肯锡从咨询师做到项目经理，专注于精细化工行业。2017 年辞职创业，创业的主要项目之一是 fulu Arts and Culture，意在树立中国文化符号，扩大中国文化影响，目前在慕尼黑开一家瓷器店兼咖啡馆。

这不长的介绍有几点吸引了我。在二十一世纪女博士并不少见，可是航天航空专业的女博士真不多。女博士做研发工程师的很少，从工程师位置上跨行跳槽去做咨询的更少，之后又一次跨行创业开起瓷器店兼咖啡馆的更是绝无仅有，这跨界跨行的力度太大了！

她会是怎样的一个人呢？我带着疑问来到活动现场。那场活动真的出乎我意料，让我非常吃惊。吃惊的原因在于与会者中女性占压倒性多数，完全不是传统的女性拖家带口的形象，很多女性，很年轻的女性，衣着光鲜亮丽，妆容精致时髦，单身出席活动。在不大的场地，骤然见到这么多的白领丽人，衣香微薰，鬓影轻摇，画面跟记忆中八九十年代的留学生聚会差别之大，让我在几分钟后才从九十年代跨越到新世纪。

那天杜宇博士在活动开始前不久才到，在出席活动的人群中她不是那个最引人注目的女性。一件灰色宽松的外套，深色长裤，长发随意地拢到脑后非常简单地扎起来，素颜，眼镜，外表看不出鲜明的职业特征。既不像理工行业的人打扮随意休闲，也不像咨询精英衣着严格整齐。等她上前演讲，说起自己放弃安稳的工程师工作转行，为了应对可能到来的中年危机，说起自己跳槽求职失败的经历，说起自己创业的初衷，脸上的坦率和从容让人入目难忘。在杜宇看来，中华文化历史悠久博大精深，可是远远没能象日本一样在欧洲树立起自己的文化符号，人人耳熟能详提起立刻联想到中华文化的符号，她希望为改变现状尽自己的一分努力，为此她教人中文，教人书法，甚至教人打麻将！现在自己开起咖啡店兼卖瓷器。Power's not given to you. You have to take it. 这是她演讲PPT最后一页上的一句话。碧昂丝的这句话引起了与会者广泛共鸣。

那天有人问她，开业一年多了，瓷器店赚钱了吗？她坦然回答，没有，至今没有赚钱。若是真的面临挨饿，还不起房贷，她也会选择再找一份稳当的饭碗。她不担心会找不到工作，"找不到高的，还找不到低的吗"。这样的自信，这样的坦率，让人耳目一新。这样的选择，让传统追求安稳的人汗颜。这样的女性让我对她充满好奇，于是九月底我来到她的咖啡瓷器店，进一步了解她的人生轨迹。

那是一个洒满阳光的周六上午，我在咖啡店外遇到出门买花的杜宇，她让我先到咖啡店，她先生在。推开玻璃门，一位阳光帅气的青年对我微笑。他名叫赵燕鹏，出身清华物理专业。他非常客气，亲自手工现磨一杯他们的咖啡请我品尝。

杜宇的咖啡店不大，一个长方形门面，临街一整面玻璃窗，九月的阳光灌满整个咖啡店。长方形的门面横切分为三部分，第一部分推门进来是冲泡咖啡摆放器具和蛋糕的地方，中间一部分摆放原色藤椅和低矮的台子，便于客人们交谈。最里面是稍高一些的原木桌椅，更适合闲暇小坐啜饮咖啡。中间靠窗的玻璃陈列台上，对面靠墙分成几排的木制架子上，以及中间的两层玻璃陈列柜中，摆放瓷器样品，喝咖啡的客人可以随意欣赏选购。

打量间杜宇买花回来。她把花枝剪过，插入小花瓶，分放到一张张台子上。随后我们临窗坐在藤椅上，开始谈话。

不知道是因为杜宇的专业是航空航天呢，还是因为杜宇的人生经历几次大转弯，几次突破飞升呢，想到她的人生故事，我会想到发射火箭的几个阶段。火箭发射需要充分准备，启动飞升分为好几个阶段。第一阶段第一级火箭发动机点火，火箭拔地而起，冲向天宇。在到达预定高度后，火箭缓慢改变方向，第一级火箭发动机分离，第二级点火，加速飞行。火箭冲出稠密大气层，在预定高度又一次改变方向，第二级火箭发动机分离，第三级火箭发动机点火，开启下一阶段的航程。杜宇的人生道路与此颇有相似之处。

杜宇人生道路的第一阶段得力于她的父母。看杜宇的人生轨迹，可能会猜想她的父母是高级知识分子，可是不然。杜宇是80后，出生于天津，父亲是仓库管理员，母亲是工人，九十年代下岗。这样一对学历普通的父母如何调教出杜宇这样考入清华的学霸呢？多年后杜宇亲自采访父母，听他们回忆自己成长的故事，做出如下总结。首先父母从来没有打击她，伤害她的自尊，破坏她的自信。即使中考失利，父母也没有责备。其次是陪伴。当她学习遇到困难时，父亲坐在身边陪她学习，给她讲解。她学习英语初期，发音不准，不敢发言，父亲马上买来一套有录音带的教材，跟杜宇一起从头学习英语，陪她练习发音。杜宇母亲小时候要求她学习乐器，为了培养她能够安静坐下来的能力。长大了告诉她，赚钱从来不是目的，要专注于做事，金钱只应该是附带的结果。多年后，杜宇自问：父母没钱没势，但是很会教育孩子，这样孩子算不算赢在了起跑线上？根据切身体会，杜宇决定以后教育自己的孩子时，要学习父母的正确做法。

　　少年时期父母的教育是准备阶段，高考可以看作杜宇飞升的第一阶段的开始。选报志愿时，老师建议科系不重要，但是一定要上名校，要到著名学府跟天下的优秀人才近距离接触，学习他们的长处。王子和农夫的孩子生来本没有区别，是周围的环境熏陶才造就了他们后天的不同。多年后杜宇非常感谢老师的建议。在清华她认识众多才学出众的人，结为朋友，受益良多。

　　第一个阶段包含一个转折。在清华学习期间，杜宇偶然认识了现在的先生，物理专业的赵燕鹏。赵燕鹏在毕业工作一年后出国到达姆施达特工大留学。为了他杜宇硕士毕业后，申请到德国留学，拿到奖学金读博。

初到德国有语言障碍吗？当然有，杜宇肯定地点头。在清华德语是她的第二门外语，略有基础。到了德国，做研究课题，每周开周会，写工作报告，杜宇要求自己全部使用德语。不要管是否有语法错误，大胆开口讲，因为内容比语法更重要。杜宇如是说。想起自己的经验，我对杜宇的勇气非常佩服。

博士毕业面临就业问题，杜宇对就业市场做了准确调查，有的放矢，投出一份简历，到一家公司面试，即刻被聘用，到 GE 的全球研发中心开始做研发工程师。研发工程师的工作，"工资不低，压力不大，没有没完没了的加班"，生活步入常规，用杜宇的话说"一副岁月静好的样子"，让她担心再过几年会不会遭遇愈发强烈的中年危机，担心将来后悔在可以折腾的年纪没有折腾，三年后她因此决定转行，她有意做销售或者任何可以学习全新知识的行业。为专业所限，在 GE 内部或者其他公司没有可能这样大跨度改行，于是她把目光投向咨询行业。这个行业的客户遍布社会各行各业，因此对员工的专业学历没有限制，招收各个专业的人才。

选定行业，杜宇第一次海投简历给三十家公司，结果全军覆没。她痛定思痛，用三个月时间恶补经济方面的知识，又一次海投简历。同样的三十家公司，两家邀请她面试，后一家是行业老大麦肯锡，她由此步入咨询行业。她的人生火箭就此分离第一级发动机，开始第二阶段的飞行。

在麦肯锡杜宇最大的收获是：自信，自信，自信！记得入职没多久，杜宇还是新人时，有一天独自在客户处工作。为了厚达两百页的 PPT 中某一两页的某个标点有商榷之处，那个客户对杜宇拍桌子大发雷霆，叫喊要求合伙人来见他！杜宇吓得心惊肉跳，马上报告给公司。第二天合伙人飞来，微笑着听客户高声指责拍桌子呼喝，然后微笑着回答他，一面安抚，一面据理力争。这样镇定微笑面对刁难的能力和风度让杜宇折服不已，盼望自己有一天也能这样从容处理危机。在麦肯锡三年，她学会了对任何事情拥有自己的看法，微笑着与人据理力争，培养了抽象分析和结构化思考的能力。这一切更加成就了她的自信。

在麦肯锡工作强度之高，是行业外人士难以想象的。杜宇每周的工作时间从六十小时开始，到超过九十个小时！经过三年魔鬼训练，杜宇从新人"小兵"，两次"通关"，晋升为项目经理，积累丰富的工作经验，变得处变不惊，在麦肯锡已经没有什么特别的挑战，可以预见的学习曲线将趋于平缓，此时不"安分"的杜宇又一次挑战自己，改变人生航向，

2017年杜宇决定辞职创业，就此分离第二级的发动机，开启下一阶段的飞行。希望能以传播中华文化作为职业，她在社区教中文、书法、茶道、麻将，在实践中发现需要实物做文化载体，思路转到瓷器。她有亲戚在景德镇摸爬滚打十年，为她敲开大门，杜宇到景德镇实地恶补功课，开始走上卖瓷器之路。

创业的道路并不平坦，最初设想的网店并不现实。没有自己的实体店，杜宇一度自己背着瓷器到有可能代售的商店一家家敲门，可是代售商店的员工缺乏专业知识，结果并不理想。此时杜宇巧遇建筑师学姐，学姐有一家门面做建筑师事务所，分出临街的部分面积给杜宇做瓷器兼咖啡店。

德国也有制作瓷器的传统，麦森、纽芬堡等品牌驰名天下，造型、画工都很优秀，那么如何打开市场呢？经过对德国品牌的分析和对潜在德国客户的采访，杜宇选了单色釉瓷器，这种

德国不擅长的品种，作为突破口，精选精品推介给德国市场。应我所请，杜宇带我参观她店中的瓷器。单色釉瓷器色彩并不华丽夺目，但是颜色淡雅，手工精致，拿在手里愈看愈爱。杜宇为我介绍各个瓷窑各个系列的特色，说起来口若悬河，头头是道，完全不像才入行没多久的新手。

看过瓷器，我的目光落到一面墙上悬挂的摄影作品上。杜宇介绍她的瓷器店不但卖瓷器，卖咖啡，还不定期展出艺术品，摄影和绘画。真是一个艺术气息浓厚的小店，我决定抽时间要带几位爱好中华文化的德国朋友来此小坐。

告别杜宇，走出咖啡店，再一次回头，隐隐看到杜宇在店里的身影，并不高大，貌不惊人，可是她火箭般一段段加速飞升一次次改变方向的人生轨迹真是传奇。她的梦想，有一天中华文化的符号在欧洲乃至世界达到甚至超过对日本文化的认同度，能够实现吗？我不敢断言。不过我知道，杜宇博士，这位自信满满能量十足的新时代女性，会按照自己的选择不断努力，她的人生火箭会一次次调整，一段段拔高，飞向未来不可知的高度。

2018.10.

马泉："德国小木匠"，期盼天边的家园

天子重英豪，文章教尔曹。万般皆下品，唯有读书高。

这首诗在华人世界流传甚广，历来是鼓励人们读书学习的经典。通过读书改换门庭，这在华人世界早已根深蒂固的观念，在现代演绎为"一考定终身""高考独木桥"这样的社会现象。在这样的大环境下，高考成为众多人一生中的一个"坎"。可是迈过去之后呢？上了大学，拿到学位，甚至拿到更高学位的人，会第二次选择，放弃"士农工商"排在首位的"士"而选择——比如成为靠手艺吃饭的工匠吗？我想这样的人少之又少。

机缘巧合，我在十一月初认识了这样一位第二次选择的人，他的名字叫：马泉，微信网名："德国小木匠"。

我从去年开始为德国《华商报》撰写专栏，今年秋天报名参加《华商报》第六届编辑作者联谊会。联谊会在德国中部科布伦茨附近的小镇举行。我本计划坐火车前往，在活动前几天突然听说有人从慕尼黑开车过去，可以搭乘顺风车，联系开车的人，他就是"德国小木匠"马泉。

十一月初的周五，上午九点三刻，比约定的时间提前不少，马泉发来微信说他到我公司楼下了，我收拾东西匆忙下楼。在大楼前面广场一边的停车位上只有一辆车，我不用考虑便向那里走去。

走到近前，一位小伙子推门下来。小伙子很年轻，二十多岁的样子，古铜色的皮肤显得健康阳光，憨厚地笑着接过我手

里的箱子。安置好行李，我们开车向北而去。初次见面，不免相互好奇，我们一路开车一路闲聊。

马泉的网名"德国小木匠"很不寻常，引起我的好奇。马泉告诉我，他就是木匠，建筑行业的 Zimmermann。Zimmermann？怎么会到德国来做木匠呢？我惊讶。

秋天的上午，天高云淡。马泉一边平稳驾驶，一边徐徐道来。

马泉是河南开封人，从小在乡村长大。他自称是"放羊娃"。家中养了几头羊，马泉放学后的第一任务是放羊，赶着几头羊到道边吃草。买来的小羊羔养几个月，卖掉，赚的钱贴补书本费用。

马泉父母都是农民，文化水平不高，难得父母重视教育，父亲做小生意赚钱养家，日子再难也坚持让三个孩子上学读书。他们的两个儿子和一个女儿都接受高等教育，这在孩子普遍辍学打工的农村很不寻常。马泉是家中幺儿，高考考入洛阳的河南科技大学建筑系。马泉自我调侃说，在大学浑浑噩噩度过两年，最后连老师都劝他，不如去实习一段时间，若真的不喜欢，还是趁早改行吧。马泉听从老师建议，在大四寒假放假前投简历寻找实习机会，来到北京到一家荷兰公司开始实习。那是他人生的转机。

在荷兰公司他学到很多，包括专业知识，包括实际工作经验，爱上建筑行业，但是更重要的是跟荷兰主管学到诚信，学到准时，学到敬业的态度。马泉至今记得，有一次荷兰主管跟他一起约了跟客户见面会谈。马泉估摸交通情况，觉得时间差不多才出门，结果交通一路拥挤塞车，他迟到了。荷兰主管只对他说了一句话：诚信、守时是一种态度，任何时候言出必践，不要找任何借口。马泉把这句话记在心中，从此再没迟到过。宁愿早出门，早到等人，也不要迟到。

马泉前前后后在北京实习将近一年，毕业设计得到荷兰主管的很多指点，获得优秀成绩，让老师和同学们刮目相看。大学毕业，何去何从呢？荷兰主管一度邀请他加盟一起创业。就在此时，另外一个机会出现了，一家留学中介机构游说马泉到德国留学深造。德国大学不收学费（注：部分学校有例外），大学毕业经商做得风生水起的姐姐愿意资助他留学期间的生活费。几经权衡，马泉踏上了留学之路。

2014年秋天，马泉来到德绍安哈尔特州立大学，进入建筑系，用英文读硕士。最初来往接触的多是中国留学生，大家一起做饭一起吃，课余一起玩闹。后来因为喜欢打网球，加入当地网球俱乐部，通过打网球他开始交德国朋友，经常被邀请到德国人家做客，开始深入了解德国社会，体会到德国人的真诚和热情。

某年圣诞节，马泉一个人出去旅游，在吕讷堡第一次见到德国著名的 Fachwerkhaus 对它一见倾心。Fachwerkhaus 是木结构房屋，通常被翻译为"桁架房"，有人形象地称为"木筋房"。木结构房屋采用木材搭建房屋的框架，支撑房屋屹立，在木材间填充砖块、泥土等，外层刷上涂料，木材框架裸露在外面，框架纵横斜逸，构成或简洁或繁复的几何图案，给每一座房屋披上个性独特的美丽外衣。木材是德国相对廉价的建筑材料，木结构房屋历来为广大平民所喜爱，荆钗布裙不掩秀色，是德国乡村小镇一道靓丽耀眼的风景线。当时马泉并不知道，他后来会来到此地做学徒学习木工，这或许就是命中注定的缘分吧。

质朴却美丽的房屋令人一见惊艳，马泉萌生了加深了解木结构房屋的愿望，进而希望学习如何建造木结构房屋。有鉴于此，德国朋友建议他何不在毕业后做一个 Ausbildung（学徒）。拿到硕士学位后做学徒？这是一个不同寻常的决定。你的父母如何看？我插嘴。父母和姐姐、哥哥非常开明，对他毕业后继续留在德国做学徒学习木匠的决定没有干涉。当然马泉也恪守诺言，大学毕业后再没有向家里伸手。

午后我们在因戈尔施塔特稍做停留，随后继续行程，继续话题。

临近毕业，决定留下来，马泉开始努力学习德语。他学德语的方法真的与时俱进，不是去读语言班，而是在网上找教程。连续几个月的时间，他早饭后坚持在网上跟着老师读、说，大半天一动不动。临近傍晚，烧点东西吃，晚饭后坐到写字台前做毕业设计直到深夜。功夫不负苦心人，几个月后，马泉在拿到硕士毕业证书的同时，通过了德语语言考试。

马泉希望更好地认识德国，留学地德绍在德国东部，做学徒他选择了换个地方，来到德国中部下萨克森州的一个小镇。初到学徒的公司，人们听说他的学历不免"另眼相看"，可是他丝毫没有居高临下的姿态，虚心学习，从头学习一个建筑业木匠需要掌握的技能。两年后结业考试，需要当场搭建成品，马泉以他制作的木框架屋顶获得全州学徒毕业考试第一名！主管考试的市长对一位外国学徒取得这么好的成绩非常惊讶，亲自给他颁奖。

学徒毕业后，马泉选择到不熟悉的南部找工作，在十月来到慕尼黑南部的郊区小镇沃尔夫拉特豪森。小镇坐落在伊萨河畔，山明水秀，风景秀丽。马泉周末喜欢游泳，踩单车，打网球，生活得充实而愉快。

说到未来的打算，马泉坦言希望能够拿到"大师资格证"（Meister），以后可以自己带徒弟。他有意把德国精巧的木结构房屋介绍到中国，希望更多人能像他一样喜欢这种房屋，培养更多人学习德国的木工技术。为此他专心工作，跟着同事、跟着工程全国各地跑，扎扎实实地学习建筑行业的方方面面。在公司做职员的同时，马泉自己注册公司，独立承揽小型项目，例如修建车库、整修屋顶等。过几年，他希望攒钱买一片地，按照自己的心意精心设计施工，为自己和家人构建一个温暖舒适的家园。

　　经常跑长途，难免意外。他前一天开车回德绍，下了高速后发现刹车彻底失灵。亏得他足够沉着，打着双闪，挂一挡，慢慢把车开到修理厂。为了不爽约，他临时租车前来参加聚会。

　　我们中途在法兰克福停留一段时间，拜访了《华商报》修海涛主编夫妇以及编辑部各位美女。再次出发后一路塞车，百无聊赖中马泉打开音乐，我断断续续听到"摇曳温暖的召唤""回首故乡遥远"等句子。出国已久，我并不知道这是什么歌，只是被歌词触动，陷入沉思。在夜幕降临后，我们终于来到目的地摩泽河谷的小镇特拉本 - 特拉巴赫。

　　联谊会当晚组织精彩晚会，第二天上午有专业报告，下午我们驱车来到临近古老的小镇贝尔恩卡斯特尔 - 库斯观光。小镇坐落在摩泽河中部的河谷里，依山面水，风景迷人，气候宜人，非常适合种植葡萄酿酒，是著名的德国白葡萄酒"雷司令"的主要产区。

　　我还是搭乘马泉的车子，车上新增加了德国知名华人记者张丹红女士和麻醉师施小璐女士。我们一路沿河岸行驶，摩泽河九曲十八弯，河道在群山中左右迂回，一条翠玉带子在山谷间逶迤飘飞。河岸边陡峭的山坡上，远看一片一片鲜艳的嫩黄，恍似春天回首。近看才发现那是一排排的葡萄树，秋天叶子脱下绿装，换上黄裙，俏立山上笑迎来客。

在约定的地方我们和当地导游会面，导游带领我们一路参观，骄傲地讲起小镇悠久的历史，特别提到本地著名的"医生酒"如何医治好特里尔选帝侯沉疴的故事。导游指着山坡说，本地的葡萄园地势陡峭，山坡上栽培的葡萄比平地的葡萄得到光照的时间更长，味道显著不同，酿造的葡萄酒味道醇厚，在众多白葡萄酒中脱颖而出，是酒中佳品。

小镇另外引以为自豪的就是传统的木结构房屋，放眼看去，狭隘的小巷纵横交错，满目皆是一座座古老的房屋。每一座有每一座独特的结构，每一座有每一座独特的故事，每一座都引人驻足流连忘返。大家纷纷拍照留影。木结构房屋是马泉的专业了。这么想着我转头在人群中寻找，看到他侧头打量木结构房屋，时而专注凝思，时而按动快门，不知道是否从中捕捉到建筑未来家园的灵感。

游览结束，我们一行四人走向停在山坡葡萄园下的车子。走近葡萄园，一眨眼马泉已经爬上葡萄园的围墙，招手叫我们上来拍照。我们一起上去，再抬头马泉又一口气快步跑到葡萄园高处，连连喊我们上去。

葡萄园有相当坡度，我终日久坐办公室，不可能像马泉一样健步如飞，只好一步一步慢慢走。到了高处转过身，山脚下一片褐色屋瓦鳞次栉比连绵起伏，弯弯的摩泽河泛着银光，银灰色的锦缎匹练般铺展开来，静静地仿佛纹丝不动。在遥远的天边，红日缓缓西坠。

有一刻我们都没有讲话，只是静静地注视山脚下的房屋，河流，葡萄园和落日。不知道在城市长大的张丹红和施小璐看到了什么，我自己纵目远眺，穿透眼前静美的田园风光，看到我的故乡华北平原，一排排的平房上炊烟缕缕。马泉呢，他看到的是高高的黄河堤岸，还是天边构建中的家园呢？我，不知道。

眺望山脚，眺望天边，我们忘却了时间。有人打电话来催促，我们才慌忙下山。

次日上午全体徒步参观摩泽河大回环，中午我们放弃参观古堡，早早踏上归途。

回程直奔慕尼黑，一路上我们谈论此行所见美景，所认识的与会各位，也谈到各自的家庭，未来的规划。马泉一再说起他要盖的房子，要在山清水秀的地方，盖一座足够跟父母哥姐同住的房子。

累了，马泉播放歌曲，我一再听到那首歌。他反复播放，甚至自己哼唱其中几句。

摇曳温暖的召唤……

期盼在天边 那里命运会改变……

回首故乡遥远 抬头前路依旧茫然……

我只有未来没有从前……

这是什么歌，我问。你不知道吗？马泉有些惊讶，这是刘欢演唱的电视剧《闯关东》的片尾曲《家园》。《家园》，我喃喃重复，家园。

期盼在天边，那里命运会改变。马泉又一次哼唱。回首故乡遥远。

晚上八点我们回到慕尼黑，在东火车站附近马泉交回租来的汽车钥匙，我们握手道别。马泉要坐轻轨回到他在慕尼黑南郊小镇的家。我目送他向轻轨站走去，耳边响起他哼唱《家园》

的歌声，期盼在天边，回首故乡遥远。马泉，一个拥有硕士学位的建筑师，一个德国木匠，他未来会在天边用双手给自己营造一个家园吗？我想，会的，会的！不论那"天边"是在何方。

　　我转身向公车站走去，我也要回家，回到先生和孩子在等候我的家园。

2018.11.

徐维东：突破"天花板"的巾帼传奇

笔者旅居德国三十多年，踏足职场二十余年，拥有专业职称，在公司是业务骨干，但是时常感到作为外国女性在职场发展受到诸多限制，如今人到中年身兼母职，早已放弃晋升的念头，安安稳稳地做我的专业白领，相夫教子，兼顾事业和家庭。

笔者亲友中不乏在德国大公司任职的白领，偶尔闲谈中讨论，现今在德国生活的华人跟三四十年前已经大大不同，不但数量翻倍，平均学历高于三十年前，而且就职行业早已不再是单一的餐饮业，在德工作的华人中不乏行业专家和高知学者，但是在传统德国企业内华人能够走多远呢？能够晋升而且胜任经理以上的企业高级管理工作吗？结论不容乐观。在职场中即便再有能力，达到一定级别之后，晋升的空间也会变得越来越小。作为外国人，而且是与欧洲人外貌明显不同的亚洲人，似乎人人触摸到"职场天花板"。

阻人于无形的"职场天花板"，有人能够突破吗？有！徐维东女士就是突破"天花板"的巾帼传奇！

今年九月中旬，我应邀出席了一场高知女性云集的交流论坛，认识了主讲人之一的徐维东女士。

在宣传海报上，我看到一个圆脸短发的女子面带自信的微笑，下面是这样一段介绍：1989 年来到德国，化工专业硕士毕业后以管理培训生的身份在大陆集团研发部开始了职业生涯。她曾任 GEA Luftkühler GmbH 总经理，Bifinger Gerber GmbH

总经理，并曾于 2013 年当选采埃孚（ZF）集团全球独立董事。先后担任两家公司的总经理，国际集团的全球独立董事？这其中的每个字都是沉甸甸的，金光灿然。

带着好奇怀着景仰我来到活动现场，第一次见到传奇人物徐维东女士。徐女士脸上没有精致的妆容，而是简单清爽；身上没有耀眼的名牌，而是舒适随意；浑身没有凌厉的霸气，而是沉稳大气。我不禁暗暗点头，这才是领袖风采。

在演讲中徐维东给大家介绍了自己的职场经历，她用词平和，没有特别夸耀自己，而是结合自己的经历一再鼓励在座听众扎扎实实勇于进取，关键时刻别人相信你，你自己没有理由不相信自己。

她的发言赢得阵阵掌声，会后我上前自我介绍，表达采访之意。她家在多特蒙德，我们约好有机会详谈。没想到机会很快来了，在十一月中我们在另外一场活动中再次见面，并在会后一起便饭长谈，详细了解她一步步走向传奇的人生经历。

徐维东女士是上海人，父母都是中学老师，徐维东是独生女。她幼年身体单薄，爱好烹饪的徐父每天准备可口的饭菜，物质再匮乏，也每天中午一块大排，充分保证女儿的营养充足。徐母少年时智力超群，成绩出众，奈何因为健康原因无法参加高考，引为终生憾事。或许正因为如此，徐母将自己全部的希望和梦想寄于女儿身上，从小就对小维东要求非常严苛。遇到考试，小维东若考 98 分，名列全班第一，母亲不是夸奖，而是责问为什么没拿到满分。因此幼年倔强的维东老是跟母亲较劲，幸而有父亲的关爱宽仁，小维东在慈父严母的家庭氛围中健康成长。父亲的关爱强健了她的体魄，母亲的严厉造就了她的精神。

徐维东还没上小学，就被母亲严格调教，以致于她在小学一年级对老师的授课内容感觉无聊，屡次不等老师点名没有举手就发言，招来老师"白眼"。在老师的强烈推荐下，小维东跳级，直接上小学三年级。这或许可以看作她突破天花板的萌芽。

徐维东一路顺利升学，没想到却在高考失利，以 6 分之差与复旦失之交臂，进入上海科技大学学习化学高分子专业。两年后，任职复旦当时在德国某大学担任客座教授的伯父，计划申请儿子到德国留学，邀请侄女一同出国留学，堂兄妹可以相互照应。

1989 年，十九岁的徐维东怀揣父母的全部积蓄九百美金，踏上火车，历时一个星期，来到德国西柏林旋即赴波鸿读预科，开始在德国的留学生涯。

徐维东从小胆大，表现在十九岁独自留学德国，更表现在她留学初期的一段经历。八十年代的留学生人人必须打工维生，徐维东也不例外。九百美金很快用完，她便四处打工。某日深夜，她从外地打工回来，坐火车到波鸿车站，时间已晚，公交停运。她当街拦住一辆车要求搭载一程，哪想到车主心怀不轨，开了一段路后，企图把车子开入树林。见机不妙，在车子转弯速度降低时，徐维东当机立断，打开车门跳下车子！幸好车主溜之大吉没有下来纠缠，她只是脚踝扭伤没有大碍，一瘸一拐地走到离那里不远的学生宿舍，向来到波鸿刚认识的学长巫宁求救。巫宁学长见到她大吃一惊，亲自为她包扎伤口。巫宁学长当时已经博士毕业，自己有车，了解前因后果后，提议以后晚归由他接送。接送两年后，巫宁学长最终接得美人归，二人喜结良缘。婚后夫唱妇随，妇唱夫随，二人皆事业有成，巫宁学长专注学术，是波鸿大学教授，徐维东则一步步成为职场的传奇人物。

婚后没多久有了孩子，徐维东毅然决定生下孩子，一边带孩子，一边继续求学。孩子两岁时，她毕业了，离家到汉诺威开始职业生涯。她以管理培训生的身份进入大陆集团，在将近一年的轮岗期间她有机会接触公司各个部门，市场营销、销售部门、售后服务、实际生产的工厂等等，初步了解大公司的运营组织轮廓，为她以后在职场的发展打下良好的宏观基础。

她在大陆集团工作三年，工作重心是研发工程师，在跟大客户沟通接触的过程中，她发现自己很喜欢销售工作。三年后，孩子要上学了，她选择结束两地分居，回到鲁尔区就近工作，也借此机会转入销售部门。

找到自己喜欢的，才能做得更好。徐维东这句话，在GEA销售部得到验证，她在此开始展现自己的才华。为了提高产品的市场竞争力，她大胆建言提议公司把部分工作交给中国工厂生产。为了赢得两个订单，她曾经在郑州独自面对12名技术专家，连续十天进行马拉松谈判，中方老板从晚上十点到凌晨四点亲自出马参与车轮大战。疲劳轰炸没有炸倒徐维东，她顺利拿到订单凯旋而归，挽救了一家GEA的子公司。对这场"大战"她当时的上司记忆犹新，由衷赞叹她取得了远远超过预期的成功。这是她事业腾飞的开始，为后来的晋升留下伏笔。

四年后上司离开，推荐她接任总经理。她得知消息大吃一惊，没想到自己会被推荐到一个成立于1925年的老牌德国制造公司总经理的位置。中国人，老外，还是女人，年轻女人，能够领导一群平均年龄远远超过自己的德国人吗？她和普通华人一样，首先看到一道道难关。语言关，自己能够滔滔不绝在会议上说服别人吗？能力关，学习的专业不是企业管理，真的能够挑起领导公司的重担，带领团队屹立市场吗？性别关，在德国公司决策层的女性仍然是少数，那些德国大男人们能够服服帖帖地服从一位外国女性的领导吗？她心中不无疑问。此时她得到先生的大力支持，既然别人都相信你有能力，你为什么反而不相信自己呢？经过考虑，徐维东大胆接任。她出任总经理数年，工作上屡有建树，在最初的惊讶过后被大家接受认可。她工作讲求效率，善于抓住重点，其余放心交给职员去做。作为领导者，她也敢于做出不被员工叫好的决定，而且有毅力执行，包括关闭亏损的工厂，大胆整合重组，领导公司健康发展。第一次突破"职场天花板"，她的体会是：只要你不给自己设上限，任何事情都是可能的。

只要你不给自己设上限，任何事情都是可能的。这句话我反复咀嚼。自我设限，不把自己看作能够胜任领导工作的人才，或许这才是"职场天花板"的原因所在。

几年后，为了寻求新的挑战，她跳槽 Bilfinger Gerber 担任总经理，目标是在短期内将公司扭亏为盈。在任上，某天她接到猎头电话，国际集团采埃孚寻找全球独立董事，邀请她面谈。当时徐维东已经有在两家公司担任总经理的经历，这样出色的华人女性自然被猎头青睐，把她推荐给合适公司，徐维东得以第二次成功突破"天花板"，进入一家德国大企业的决策层。她自谦说是运气好，可是世界上哪有凭空掉下来的好运气呢？

担任国际集团的独立董事，进一步扩展了她的视野，她慢慢把工作重心转移到收购、并购、整合管理方面。尤其在大量中国投资者步入德国市场以后，需要不但了解中德双方文化背景，而且有在德国管理经验的职业经理人，徐维东在这个特殊的市场中找到了自己的价值。短期带领一家公司，进行整合管理，令公司面貌一新扭亏为盈，给了她极大的成就感，促使她再一次选择新的挑战。她在今年成立了 BCCI（Business

Cooperation Culture Intefration），自己创业，专注于中德企业投资并购整合的业务，去做自己喜欢做并擅长做的事情。如今她很享受这样自主安排工作的日子。从职员到成功创业，这是她的第三次突破。

当天晚上的便饭，在场的还有慕尼黑的马小娟教授，她也是非常出色的职业女性。三个女人一台戏，我们三个人围坐一起，各点一道菜一起吃。话题除了职场经历外，当然也包括家庭、孩子等女性关心的话题，我从中了解到职场传奇徐维东女士也有她作为普通女人的一面。

徐维东有一个令人羡慕的家庭，先生对她的事业非常支持。她在汉诺威工作时，先生心甘情愿做单亲爸爸，独自带孩子。当徐维东举棋不定时，他鼓励妻子支持妻子大步向前走。徐维东还是一位成功幸福的母亲。她二十多岁在学生时代生下孩子，事业大步起飞时，孩子已经大了，不用再面对如何照看年幼孩子的问题。他们夫妇分别承担家务，共同教育孩子。即使两地分居，也非常注重家庭生活，每一个周末不安排任何另外的事情，完完全全属于家庭，彻底的三人世界。即使不住在一起，父母中也没有任何一方缺席孩子的生活。在演讲中，在闲谈中，徐维东一再提到，有一天她问儿子，是不是觉得生活中缺少母亲的存在，有没有因为工作疏忽了儿子。儿子回答说：在我真的需要你的时候，你都在！这就够了。这句话让作为母亲的徐维东十分安慰。

谈到亲子关系和教育问题，有感于儿时母亲过于严厉，她自己对孩子采取放养态度，不要求孩子成绩必须达到什么分数，良好就足够好了，成绩分数不是衡量孩子是否优秀的唯一标杆，而且她自信地说，自己和先生亲生的孩子，还能错到哪里去呢？

她认为每一位母亲都应该如此对自己的孩子抱有信心。

　　至于她自己的母亲，徐维东满怀深情地说到，在留学期间她每个星期给母亲写一封长信，直到母亲在 1994 年去世，共写了两百多封信！在这些她至今珍藏的信件中，母女敞开心扉，解开心结，对过往种种彻底释然。童年母亲严苛的要求，促使徐维东严格要求自己，对她一再突破"天花板"缔造职场传奇不无裨益。而徐母若仍在世，该如何为女儿的成就而骄傲呀。

　　当晚便饭，气氛轻松融洽，三位人到中年的职业女性浅酌香茗，细数前尘。直到饭店客人稀少了，我们才 AA 制付账起身。

　　徐维东下榻的酒店在市中心，马小娟教授和我自己都需要到市中心乘坐公交，于是我们一起搭乘徐维东的车子离开。坐下来，"刷"两束灯光刺穿夜幕，谈笑声中徐维东女士发动马达，平稳地向前开去。前方，市中心正灯火璀璨。

2018.12.

冯定香：丁香花开的喜悦

悠长的雨巷，寂寥的石板路，细密的雨丝，一把油纸伞移动，飘来一位丁香一样的姑娘。她有着丁香一样的颜色，丁香一样的芬芳，丁香一样的忧愁，在雨中哀怨又彷徨，冷漠凄清地飘过雨巷。

少女时代读《雨巷》，无数次在脑海中描绘上述的画面，默念"青鸟不传云外信，丁香空结雨中愁""芭蕉不展丁香结，同向春风各自愁"，对美丽芬芳含愁带怨的丁香花不胜向往。遗憾我的家乡华北平原鲜少丁香，因此无缘识荆。

到了德国后，我惊喜地发现丁香是德国常见的观赏花木，私人庭院中，公共花园里，一棵棵一簇簇随处可见。第一次见到丁香，好奇地上前左右端详。丁香是落叶小乔木，不很高大，绿色的枝条中紫红色的花蕾探出头来，一粒粒饱满凸起，挤挤挨挨地抱成一团，一簇簇沉甸甸的花蕾颔首低垂。没过两天，第一朵花儿悄悄笑了，椭圆的花瓣微微翘起。随后第二朵，第三朵，兴许是听到同伴的呼唤，呼啦啦一团团丁香齐齐笑了，紫色的身影在绿叶间翻跹，醉了春风，醉了蓝天。

这明明是热情奔放的花儿，怎么会成为忧愁的化身呢？我十分不解。或许，和诗人的心态有关吧，我想。那么巧，2018 年岁尾我认识了冯定香女士，一位被人称为"丁香花儿"的医学博士，证实了我的猜想，心态决定命运，丁香也可以是喜悦快乐的。冯博士名为"定香"，人似丁香，有着丁香一样的颜色，丁香一样的芬芳，但是没有丁香的忧愁，没有丁香的哀怨。她勇敢追求，放飞梦想，在贫瘠的土壤中奋力成长，一点点发芽，一片片绽放，绽放生命花开的喜悦。

第一次见到冯定香博士是在 2018 年 11 月，在"活出生命品质工作坊"组织的一次活动上。那次活动名为"学贯中西叱咤职场"，针对华人在职场会遇到的文化冲击，请来三位女士主讲现身说法，多位嘉宾参与讨论。那天我早早来到会场，一位女士迎上来，蓝色碎花连衣裙，花色淡雅，长发微卷，笑容温暖，对我伸出手来，自我介绍她就是之前曾经微信联系的冯定香。冯定香，我一度以为是"丁香"，后来看名牌才知道是"定香"。定香，这名字真与众不同，十分别致。打过招呼，冯女士转身去做准备工作。她莲步款款，衣裙轻摇，恍似微风吹动丁香。

那次活动十分成功，主讲和嘉宾各个出类拔萃，出席者人数众多，气氛热烈活跃。冯定香博士是主讲人之一，她结合自身经历，讲述文化休克在不同阶段的具体表现，以及如何克服文化差异，达到身心健康。演讲中，她简短透露的经历勾起我的好奇，在 12 月的一个周末，我来到慕尼黑郊区拜访冯定香博士。听她讲述自己的成长历程，她的人生如何徐徐绽放。

那天天气预报会风雨交加，我特地带上一把雨伞，可是事实证明天气预报大错特错，那天阳光灿烂蓝天湛湛，颇有小阳春的意思。我站在一栋带花园的宅院前，按响门铃，冯博士开门热情欢迎。步入室内，明亮整洁的客厅中，餐桌上摆好两副精致的杯盘，冯博士居然准备了草莓和李子两样蛋糕，准备了茶和咖啡两种饮料，热情周到，春天般温暖。我们相对而坐，冯博士徐徐回忆。阳光照进客厅，照亮那曾经的岁月。

冯定香，她成长的环境先天不足，童年实在难以称为"幸福"。20世纪60年代末，她出生在湖北宜昌山区，上面一个哥哥两个姐姐，家庭成分不好，孩子众多，糊口不易，父母被生活的重担压迫无暇旁顾。小定香的童年，丁香一样地忧愁哀怨。为了能有不一样的明天，她刻苦学习，时常躲在河边的树下读书。

有心人天不负，小学毕业时转机出现。1980年改革开放的春风吹到宜昌农村，县教育局从农村小学选拔优秀学生到当地最好的中学学习，小定香凭着小学五年保持全校第一的成绩，被选送到宜昌一中学习。

到宜昌一中是她人生的一个转折点，一个幸运的转折，却也带来一段苦涩的青春年华。到宜昌一中需要住校，住宿、吃饭、交通都需要钱。钱，现钱，即使少到不能再少，对拮据的农村家庭也是沉重的负担。那时，定香非常害怕周末回家，害怕向父母伸手，害怕……

初中三年，面对农村和城市生活的巨大鸿沟，她一直生活在捉襟见肘的阴影里，自卑使她的成绩大幅度下滑，各种窘迫让她更不自信。整个初中，她真的是丁香花，忧愁而哀怨。生活的压力，学习的困难，暗淡的青春，可是她没有被压倒压垮，没有放弃努力。她想方设法勤工俭学，尽可能减轻家庭负担，加倍努力学习，成绩稳步上升。自强不息的她，在高中绽放蓓蕾。到了高考时，这棵丁香花儿开始吐露芬芳，她如愿以偿考入同济医科大学。

大学时期，丁香花儿全面绽放香气馥郁。定香在大学时期神采飞扬，成绩出众，人才出众，在在为人瞩目。1991年，大学毕业后来到北京的大医院工作，成为人人艳羡的白领。待遇优厚，工作稳定，可是冯定香，这个从偏僻乡村走到首都医院的姑娘，眼光看得更远，她没有安于舒适的生活，而是放眼海外，争取出国留学的机会。

1997年，她拿到香港大学的入学通知，然而回归前夕因私到香港的签证非常难申请，单位不批。冯定香拿出磨人的耐力，一连三个月，天天一早跑去静坐申请。三个月后，批准终于被磨了下来。那天，她回到宿舍又哭又笑。

1998年，在大学开学七个月后，她终于获准来到香港深造。在这里，她又一次经受考验，三重考验。语言考验，在香港要学习两门外语，英语和粤语。生活考验，在香港白居不易，为了生活她帮人带孩子，教人中文，同时打几份工。学习考验，她晚来七个月，要把落下的课程赶回来！感谢童年的磨难，她经受住了这一切考验。两年后，她不但拿到硕士学位，而且被国际公司聘请到悉尼工作。

2000年，她来到悉尼，在公司担任科研工作研制新产品，帮助失聪者重新听到天籁之音。一段时间后，她被派回国开发国内市场。在国内她成了空中飞人，到处跑推介产品，在医院协助住院医生同台手术。每一次看到失聪者，特别是孩子，手术后第一次听到声音的场景，定香跟患者家属一样感动得眼泪哗哗。

继学业之后，她在工作中盛放，成为一枝独秀。2002年夏天，因为业绩出众，公司奖赏她和几名同事到新西兰游览。他们乘坐小型直升飞机飞行，冯定香见到她终生难忘的美景：头顶蓝天上云朵飞腾，脚下树林中碧波荡漾，前方雪山冰封白雪皑皑，后面山岚起伏草原铺展。冯女士惊诧莫名，不仅仅因为景色秀丽，更因为那景色跟她在香港读书期间所做的一个梦一模一样。

那天她明白了，梦想不是白日梦，而是灯塔，是希望。只要你相信，只要你敢于做梦，梦想终有成真的一天！

抱着这个信念，冯定香愈发努力工作。几年后，被丹麦公司挖角，做过一段时间的培训工作，后进入管理层，成为企业高管。在此期间，她代表公司联合其他生产商，联合政府，联合医院，启动大型公益项目"畅听未来"，旨在帮助更多失聪者走出孤独，重获听力。她担任这个项目的执行理事长长达八年，帮助多少人再次听到花开的声音。为此，她于2012年11月获得行业十大贡献奖！

此时的冯定香如花绽放，工作中有魄力，生活中有魅力。花儿盛开，蝴蝶自来。某年正月初二，她在公寓大楼对面一间安静的酒吧工作时，邂逅偶然来到那里的一位德国男士，她生命中的 Mr. Right 出现了。人生最幸福的，莫过于在正确的时间，正确的地方，遇到正确的人。一对已经成熟的成年人坠入情网，半年后步入婚姻殿堂。

婚礼在德国的公婆家举行，公公婆婆用心为中国媳妇筹备了一场浪漫婚礼，住宅的每一个房间内都摆满玫瑰花团锦簇。一片花海中，最美丽的是身穿礼服的新娘。她缓步走过，走过苦难的童年，走过拼搏的青年，走到心上人的身边。那时那刻，她听到花开的声音，感受到花开的喜悦。旋即，孩子出生，让她经历生命中另一次花开，又一次感受花开的喜悦。

功成名就，家庭幸福，可是她没有裹足不前。孩子出生后，冯定香一如既往地工作，坚持学术、管理、科研三方面同时并进。不但如此，她在四十岁高龄，拖着怀孕的身体，带着嗷嗷待哺的婴儿，继续在追梦的路上大步前进。为了儿时的博士梦，她投入两年时间，远程授课和现实上课相结合，拿到了美国 A.T.Still University 听力学博士学位。

转眼孩子四五岁了，他们夫妇开始为孩子上学制定计划，几经考虑后他们决定到德国定居，给孩子最大限度自由成长的环境，为此她甘愿放弃了国内的工作。到德国定居前，他们一家三口用一年多的时间环球旅行。一年多，一家三口天天在一起，美美地享受天伦之乐。

三年前，他们一家来到慕尼黑定居。冯定香博士也转换身份改变生活，不再是大型企业的高管，不再是人人瞩目的行业领袖，不再有每天紧迫的行程，甚至不再有熟悉的生活和语言环境，生活从绚烂归于平淡。在这里她从头开始，从头开始学习一门陌生的语言，从头开始适应陌生的环境。这期间她经历文化休克，对德国的天气，对德国的饮食，诸多不习惯。她理智地面对这些改变，努力适应。她也主动改变生活，为生活增添新的内容。如今，她继续开展为听障人士的服务工作，一方面和慕尼黑大学医院联手开展中德合作；另一方面，她继续致力于公益项目，在喜马拉雅开设公益课程，并创立"活出生命品质工作坊"这一公益组织。

上次举办的活动是如此成功，使我以为"活出生命品质工作坊"成立已久。这次细谈，才得知工作坊成立不过三四个月。成立缘于2018年9月中另外一个协会的一次活动，她出席活动，察觉留德华人们有此需求，萌生成立公益组织的念头。从组织成立到第一次举办活动，不过短短的一两个月！她介绍说，参与活动的工作人员都是在9月后认识的，想到活动的盛况，我惊讶不已。

在一个多月的时间内，为了筹备活动她全力以赴，通过微信、邮件、电话邀请嘉宾，联系志愿者，敲定主题，准备PPT，准备宣传海报……

　　为什么要成立公益组织，举办这样的活动呢？我问。冯定香沉默片刻说，她小时候怎么也不敢想象她这样出身偏僻农村的姑娘，能够考上一流学府，到海外留学工作，成为企业高管行业翘楚，有幸福的家庭、疼爱她的先生、可爱的孩子，博士梦，周游世界梦，儿时不敢想的梦想一一实现了。她一再感受到人生中花开的喜悦，盼望其他人也能体会到生命绽放的喜悦，一生中至少一次。"活出生命品质工作坊"的宗旨是开启华人跨文化生活旅程中心灵的碰撞，通过无数个渺小个体智慧的汇集和时间的积累，汇聚力量，温暖世界，改变世界。她希望炎黄子孙的生命之花在世界各地绽放！她愿意为此而努力。

　　傍晚我告辞回家，手中拿着始终不曾打开的雨伞，走在通往轻轨站的路上，想着冯定香的故事。凝神注目，没有悠长的雨巷，没有寂寥的石板路，没有细密的雨丝。一阵风儿吹来，温暖恍似春天。哦，春天这条路上也会开满丁香吧？紫红的花蕾挨挨挤挤，一朵一朵又一朵，一簇一簇再一簇，一棵棵丁香相继盛放，绽放生命花开的喜悦。

2019.01.

刘岭：翻山越岭，走向光明

给孩子取名字是门学问，从中隐约可以看出父母的学识修养，甚至其人出生时的时代背景。作为文字爱好者，我对认识的人的名字一向比较关注，偶尔见到典雅别致的名字，如同欣赏一首简短的诗歌，会品味再三。见到不流于俗的名字，则耳目一新击节称叹。当我第一次见到"刘岭"这个名字的时候，就赞赏不已。"山岭"的"岭"，作为一个女孩的名字，真不多见。"岭"，不是为女孩取名惯用的花卉，也与容貌或者品德无关，相对中性。崇山峻岭，横峰侧岭。奇峰突起，大气别致。刘岭，我默念这个名字，很想知道她的父母为什么给她取了这样一个名字。

刘岭是一位律师，一位年轻有为的女律师，一家国际大律所在慕尼黑的中国业务主管。第一次见到她，是在"活出生命品质工作坊"组织的一次公益演讲活动上，刘岭是主讲人之一。那天她的演讲题目是：跨文化职场成长之路。演讲中刘岭简单回顾自己的职场之路，细数在德国作为华人律师经历的几次风口，从潮水般涌入德国的光伏公司，到接踵而来争取在德国主板上市的中资公司，到争先恐后踏足中国市场抢购的德资企业，再到响应国家"走出去战略"，来到德国或开发技术、或开拓市场、或投资并购的中资企业。一波波浪潮涌起消退，一桩桩轶闻化为笑谈。随后她话锋一转从哲学角度分析，说明在职场追权逐利本质上的需求是自尊与自我实现，通过不断突破边界认知，满足自己的求知欲望，通过公平交换，看到自己工作在社会上的价值赢得自尊，进而达到自我实现的目标。她的发言风趣幽默，博得满堂喝彩。

律师这职业本身要求口齿伶俐，因此她演讲活泼生动，我并不感到意外。可是她从哲学角度分析，从人的基本需求出发，逐步推进，条理清晰，头头是道，让我惊讶。80后女性，到德国不过十年，在职场能有这样的成就，对人生能有这样的认知，让我不能不感叹，真是长江后浪推前浪！

她是如何走到今天的呢？带着这个疑问，我跟她十二月初会面促膝长谈。

那是一个寒冷的冬日，周六上午我送孩子到中文学校后，乘坐地铁来到施瓦本区。那是我曾经非常熟悉的大学区。按照地址找去，走了足有一刻钟，才在施瓦本区的深处，在我不熟悉的一个广场旁，找到约好见面的那家中文学校。会和后，我们老友般挽手并肩而行，路遇一家小小的咖啡店走了进去，在一个温暖的角落里相对而坐。那是一家主要卖面包的咖啡店，叮铃叮铃，不断有人推门进来买面包。叮铃叮铃，门铃声声敲打刘岭记忆的大门。透过她的回忆一个又一个刘岭的身影向我走来，从小到大一个又一个跋涉的身影。

刘岭，原籍湖北荆州地区，是一对姊妹花中的姐姐。她母亲本是老师，后跟随父亲一起下海经商。刘岭入学非常早，三岁多开始念小学，九岁稚龄便升入初中。她父亲见女儿身体单薄，而且因为入学早，在班级中年龄非常小，于是父亲在她十岁那年做出一个惊人的决定，让她休学一年，到少林寺下属的一家武馆学习武术。

学武的这一年对刘岭的人生影响至巨，现在看来不能不说她父亲非常有远见，可在当时小小年纪的刘岭为此吃足了苦头。武术学校的学生大多是青年人，中间夹杂不少中年人。刘岭只有十岁，年龄最小，懵懵懂懂地开始习武历程。武馆一年的课程分为：三个月基本功，三个月拳术，三个月器械，三个月散打。老师要求非常严苛，练习姿势稍有不对，便绝不留情地举棍就打！很多人受不了，中途偷偷离开。一起入学的上百名学生，毕业时仅剩十几名。经过武校严酷的锻炼，她的体力和意志力大幅度提高，以崭新的面貌归来。

谈起这段特别的经历，她说年幼时学的那些招式和套路大部分都生疏了，更多的是在品格上打下了坚韧的印记，遇到再大的困境，也坚信自己一定能度过，用现在的话说，算是抗挫力强，逆商在线。我问她曾经遭遇过什么样的困境，她笑着说一言难尽，身体抱恙、认知欠缺、环境不适、人情冷暖、亲人突发事故，也包括职场上的阻碍和困扰……，生活总是这样吧，栽进一个坑里，好不容易爬出来，又掉进下一个坑里，但是不断的磨砺才能生出百折不挠之志。

休学习武一年，归来她没有继续初中学业，而是回到小学毕业班复读。事实证明刘爸爸的这个决定同样英明，有时候退一步是为了进一步的飞跃。回到小学，刘岭智力、学识远远超过同学们，其意志力更是不可同日而语，她的成绩从此一路遥遥领先，同学们望尘莫及。2001年高考，她是当地的文科状元。

为什么会选择学习法律呢？我随口提问。她谦虚地说自己文采平平，没有考虑专攻文学。当时恰巧看过一些有关律政的影视作品，向往主持正义的法官、律师这样的角色，因而选择了法律系，进入中国政法大学国际经济法学院。

大学时期，初到北京，经过一段时间适应，刘岭更是全面爆发，成为同学们口中"变态"学霸，考试经常拿到不可思议的高分，包揽各种竞赛大奖，获得高额奖学金，包括被称为法大诺贝尔奖的"江平民商法奖学金"，本科毕业时以全年级第一的成绩被保送读研。司法考试，人人闻之色变的全国第一考，刘岭不但一举通过，而且取得了全国前十名的好成绩。

选择研究生专业时，中国政法大学刚刚成立中德法学院，对中国和德国的法学进行比较研究。受好几位法学教授和师长的影响，她从入学之初就开始接触德国民商法的概念和体系，一直非常向往，因此选择了中德法学院，修比较法学硕士。

读研期间她开始学习德语，为日后到德国交流学习做准备。她学习德语的方法很特别，比如对于复杂的德语语法，她从不做语法练习，而是先看完一本语法书，理解了所有的语法规则之后，直接精读质量高的文章，然后复述出来，如果能够复述得准确无误，那么语法关就过了，而且词汇、句型、语感、口语全部同时训练了。零基础起步，仅仅用了一年时间，她就以接近满分的成绩考过德福。

在中德法学院学习两年后，她通过学校办理到德国留学的手续。在老师的推荐下，她选择了慕尼黑大学，于 2007 年来到德国。留学期间，有奖学金，经济无后顾之忧，而且琐事也有学校安排。每个留学生都会头疼的宿舍问题，没用她费一点心，学校早早给安排好了。刘岭心无旁骛专注学习，在德国的名牌大学，使用外语学习德国法律，同样门门成绩优异。

从国内到国外，一路过关斩将，学习有什么诀窍呢？我抓紧机会向学霸请教。刘岭谦虚地认为，学习本身就是一通百通的事情，这些过往的高分算不了什么，最多说明掌握了应试的套路和方法而已，离真正意义上的成长和教育还相差甚远，甚至南辕北辙。我好奇地问她，那在她看来什么才是真正的教育呢？她说，这也是她有孩子之后一直在思考和探索的话题，就目前的体会而言，她认为强大的内驱力、永无止境的好奇心、终身学习的乐趣、深度思考的能力和专注力才是真正重要的，有了这些"法宝"，随时随地都能以任何形式高效学习，学习会源源不断地带给我们幸福，而且还能轻松应付考试的要求。这么理想化的教育听起来当然迷人，但是能实现吗？她觉得德国的教育环境相对自由宽松，想让孩子走一条"真正教育"之路，而不是"应试教育"之路。可以肯定没有哪一条道路会是一帆风顺的，但是她还是愿意抱着坚定的信念去实践。

从慕尼黑大学毕业后，她进入一家律所工作一两年，积累一定工作经验后，跳槽到她现在供职的安睿顺德伦国际律师事务所，一家全球顶尖的经济律师事务所。刘岭负责中国事务部，经历几次职业生涯的风口，协助中资企业在德国上市、并购，在风浪中成熟起来。刘岭的工作要求她不仅要做好传统的律师事务，例如撰写法律文书、提供专业意见、参与谈判等，同时要懂得市场营销，为律所找到高质量的客户和项目，并且要学会如何统筹和协调一个项目。一个上市或者并购项目需要多方参与，仅仅在律所内部，也需要多个不同专业方向的律师同时参与。如何掌握进度、安排人手、解决冲突、做好管理，让项目顺利运转，这又需要管理的智慧。经过几年实战，几番摸爬滚打，如今的刘岭律师成熟稳健，自信从容。

事业稳步发展，那么家庭呢？身为职业女性，又如何处理好工作与家庭的关系呢？我转入职业女性共同关心的话题。刘岭甜甜一笑，甜蜜的笑容预告甜蜜的答案。

刘岭是一位幸运的姑娘，另一半一直非常支持她的事业发展。如何处理职场和家庭的关系呢？她认为其实非常简单，最主要是分清场合。职场属于社会领域，在职场上讲"理"，遵从交换规则，其运作机制是竞争与合作。娴熟地掌握并果断地使用交换规则，会让一个人在成功的路上奔跑得更加迅速。配偶、孩子、亲人、知己，属于私人领域，在私人领域中用"心"，遵从珍惜规则。也就是用理解和接纳，让我的本真和你的本真相遇。只有珍惜规则，才能构建爱，才能找到心灵的归属感。家庭和事业是人生的两面，在职场上得到自尊与自我实现，在家庭中享受爱与归属，两者相辅相成，形成良性循环，能够同时拥有喜爱的事业和幸福的家庭，这样的人生何其幸运。

听一位比自己年轻十多岁的人侃侃而谈，真惭愧自己当年可没有这么深刻的认识。谈话间已是中午，孩子打电话催问我在哪里，刘岭的女儿也早已下课，被她先生接走去上钢琴课了，于是我们起身离开。

谈话愉快，不舍得马上分别，刘岭陪我一起再坐一段地铁。临别我想起名字的问题，刘岭回答说，是她母亲取的名字。她母亲曾经在哪里看到，"岭"字含有"通向光明""通向幸福"的意思。通向光明，通向幸福？我琢磨着。

下午我在家中上网搜索，找到"岭"字的解释：岭，山道也。顶上有路可通行的山。相连的山，山脉。

顶上有路可通行的山。相连的山脉。我坐在电脑前沉吟。关山难越，母亲祝福她终能找到属于自己的道路，翻越人生中的一座座高山吗？回顾刘岭成长的道路，我仿佛看到她一路走来，翻过一座座山梁，越过一道道山岭，不停跋涉，向着更高的山顶攀登，向着终极的光明境界进发。

2019.03.

马小娟：女教授图解人生

人生是一个极其复杂的大课题，极难在短时间内阐释明白。可是非常意外地，去年十一月我听到一场演讲，主讲人没拿稿纸，没用投影仪，没有 PPT，仅仅用几张卡片，便在介绍自己的同时，生动形象地阐释了她的人生观，给我留下了极其深刻的印象。几个月过去了，闭上眼睛我还能看到她手持卡片轻言慢语的样子。

她，就是马小娟教授。

那是"活出生命品质工作坊"在慕尼黑组织的一场公益演讲，马小娟教授是主讲人之一。我在活动预告上看到这段文字介绍：马小娟教授，德国慕尼黑大学工商管理硕士，组织心理学博士，埃森经济管理应用大学慕尼黑分校国际管理教授，国际教练联盟（ICF）认证 PCC 专业教练，培训师及企业顾问，拥有十五年国际领导力和跨文化合作经验的顶尖专家。文字介绍配有主讲人照片，一位戴眼镜穿一套浅灰色套装的女士面对镜头淡淡微笑，照片中的她知性优雅端庄大方。

那次活动，马小娟教授是最后一位登台的主讲人。时间不早，我的注意力有些松懈，可是当我看到马教授仅仅手持小小的卡片便开始演讲，惊讶之余立刻坐好竖起耳朵。卡片不大，听众看不清楚，只能专注地听讲，注意力反而更集中。

第一张图片是一只奔跑的猎豹，身后扬起一片尘土。马教授介绍，这是她多年来的人生信条，认定目标，不懈追求，不达目的誓不罢休。第二张图片是漫天晚霞中，一座灯塔静静屹立。这座灯塔代表自己要达到的目标，意味着要认清自己的方向，清楚自己真正想要的。第三张是一座建筑物，它是一个结构繁琐复杂却按照规律一再重复的拱顶。这是葡萄牙里斯本的一座被定为世界文化遗产的建筑物，象征做事要有条有理，事前做好规划，确定格局，然后有条不紊地展开。第四张是一只老鹰展翅在空中翱翔。寓意是要从高处看问题，纵览全局，抓住重点，不纠结于细节。第五张是无边无际的大海中一座小小的孤岛。马教授告诉我们她要静下心来做自己，勇于保持自我，像孤岛一样任凭巨浪滔天我自岿然不动。第六张是一匹庞大的河马背上几只小小的犀鸟。这张图片喻示，身处异国他乡要准确地给自己定位，认清和欣赏彼此的长处，接纳异国文化并取长补短。第七张是一个在旷野中奔跑的人。这一张代表要选择适合自己的业余生活，马教授和家人周末喜欢远足，置身大自然中舒展身心。第八张是一棵参天大树，浓密绿茵亭亭如盖。马教授解释，她是一位教育工作者，非常热爱自己的工作，希望像一棵大树一样快乐地将知识给予她的学生或客户。

活动结束后，我和马小娟教授以及徐维东女士共进晚餐，谈笑间加深了彼此的印象。道别时意犹未尽，相约他日再聚。因彼此工作繁忙，直到今年二月我们才再次坐到一起，利用周六孩子们上中文课的时间在咖啡馆畅谈。

早春二月，窗外难得地阳光灿烂蓝天如洗，室内我和马教授相对而坐。马教授面前一个透明的玻璃杯，热水中三四片薄荷、一两片姜片微微打转。轻盈和凝重，鲜绿和姜黄，相映成趣。我安坐静听，马教授娓娓道来，声音柔和波澜不惊，在平静的叙述中鲜活的青春岁月再次闪亮。

马小娟教授，七十年代中期出生于革命圣地延安。外祖父曾是老红军，因伤没有跟随部队南下，留在了陕北工作。马教授的母亲是家中长女，自幼酷爱学习，勤奋努力，成绩出众，毕业后在本地留校担任中学老师。父亲生长于陕西关中，自学考入延安大学，来到心目中的圣地延安学习，毕业后遇到了她母亲，两人一见钟情，为了爱情毅然留在贫穷的陕北跟她母亲一起做了人民教师。

谈话中我们一再探讨原生家庭，特别是父母，对其人一生的影响。马教授回首前半生，由衷地感谢父母。她认为母亲做事情特别专注，自己认定的事情就一心一意地做下去，不理会旁人的看法，不问收获默默耕耘。她母亲特别好学，爱好文学，喜欢写作诗歌和散文。如今年过七旬的老母亲，喜好也不同于大多数同龄人，天天泡在图书馆读书写作，每天的生活单纯而丰富。父亲的长处是他看事物透彻，并且非常善于待人接物，跟很多人都能处好关系，让人如沐春风。长期耳濡目染，父母亲的优秀品质春风化雨润物无声。母亲的坚定、专注和持之以恒，让她在学习和工作中稳步提高。父亲的胸襟和格局，设身处地推己及人的作风，对她后来学习心理学以及现在的工作帮助非常大。

中国有句老话，三岁看大，七岁看老，每个人的童年对其一生的影响都是不容忽视的，很多良好习惯和优秀品质都是在儿时一点点培养起来的。马教授回忆她小时候并不是特别勤奋用功的好学生，但是成绩一直保持良好。这得益于母亲传授给她的学习方式，每天晚上考虑一下今天学习的内容，总结重点，在脑子里过片。通过这种方式她学会总结，善于抓住重点，掌握知识事半功倍。

儿时有一段经历，马教授至今记忆犹新。幼年家中经济困难，她受父母影响喜爱读书，可是无力购买。那时街面上有一位老人摆摊出租连环画等书籍，一分钱一本，可以坐在小板凳上看。马小娟没有钱，便侧身站在租书看的人身后偷偷跟着看，经常一站就是很久。到了收摊的时候，她看到老人年纪大了，就主动帮老人搬桌椅、收拾书籍。善良的老人看着好学勤劳的小姑娘，微笑说，你以后想看什么书就坐下来看好了。从此以后她就每天帮老人搬桌椅、收拾书籍，每天免费阅读课外书籍。这件事情教会马小娟心怀善意地对待他人，积极跟人沟通，设身处地为他人着想，从而达到共赢。

　　马小娟是家中幼女，深得父母宠爱，成长为一个开朗自信的女孩。从小担任班级干部，从小学到中学、大学，学校有什么文娱活动，马小娟是当仁不让的主持人选。她活泼大方，深受老师和同学们的喜爱。受到曾为教师的父母影响，大学她选择了教育专业，同时她对法律也有浓厚兴趣并修读法律课程，于1995年成功通过全国法律职业资格考试，拿到国内的律师资格证书。

　　人生的道路虽然漫长，但紧要处常常只有几步，特别是当人年轻的时候。著名作家柳青的名言，在马小娟教授的人生中又一次被验证。

　　1994年大学毕业后，马小娟进入体制内到当地外事办工作。某天偶然到西安看望两位老同学，那两位同学正要到人才交流会去应征，恐怕她独自在陌生的地方感觉无聊便拉她一起去。在毫无准备没有任何思想包袱的情况下，她走进人才交流会，在两家公司的展位上随意交谈，并留下自己的联系方式，哪想到没过几天她就收到这两家公司的聘书，其中一家就是大名鼎鼎的中兴新通讯集团。

中兴开出优厚的条件聘请她到深圳市场部工作。当时她和父母一样半信半疑。连简历也没有准备，这样的大公司，这样优厚的条件，可能吗？公司为什么会聘用她呢？虽有疑惑，可是她没有退缩，毅然接受挑战奔赴远方。后来她才了解到当时中兴的市场部老总，公司的第三把手是西安人，那几天恰巧在西安，临时动念去了那场人才交流会，时间不长，却恰巧遇到她。二人谈话，马小娟落落大方，善于交流，老总一眼看中这个年轻女孩是可造之才，亲自拍板聘用她加入市场部。

马小娟本人不是学习销售出身，看到同事都是名牌大学对口专业毕业，下定决心要做得更好。她上班时主动请缨，接受任何有挑战的工作，踏踏实实，兢兢业业，晚上下班后埋头在公司内部的图书馆学习，看到公司一把手侯为贵老总也经常到图书馆学习，她就以此为勉，更加勤奋努力。在中兴，她工作非常拼命，带病连续出差，经常为了节约时间连夜赶路，留下许多故事，一年后被评为全国优秀先进工作者。

在中兴的工作拓展了她的视野，激起她了对企业管理的兴趣，萌生出国深造的愿望。她极其诚恳地和公司总裁交流自己的想法，侯为贵老总一句"学完后你可以随时回公司来"给她吃了定心丸，她毅然辞去待遇优厚发展前景一片光明的工作，来到德国又做起了穷学生。

她在德国的第一站是奥尔登堡。留学初期，经济拮据，为了挣钱养活自己，她到工厂打工。工厂三班倒，有时候夜班从晚上十点开始一直工作到清晨六点，然后骑车五六十分钟回到宿舍，吃点东西，马上赶着去上课。工作上课之余，她几乎一直泡在图书馆学习，以致当时的同学人人知道要找她直奔图书馆那个"马小娟固定位置"就好。凭借不屈不挠的信念和超强的自制力，她在奥尔登堡大学以优秀的成绩快速取得企业管理学士学位，两年后被大学选送到美国留学一年，继而转到慕尼黑大学，在那里取得工商企业管理硕士学位，同时被选拔参加并出色地完成在慕尼黑理工大学两年的巴伐利亚精英项目：数字科技管理。多年来她一直清楚自己的发展方向，信念就像一座灯塔静静屹立。

硕士毕业后，马小娟有意攻读博士，心仪 HR 人事管理，可是当时慕尼黑大学的企业管理系没有人力资源教授，她要坚持自己的梦想，只能毅然决然地调整专业，开始攻读慕尼黑大学组织心理学博士。跨专业读博士，缺乏基础，难度相当大。为了尽快充实心理学基础知识，她利用教授每周公开的辅导时间，诚恳地请教授建议并安排学习内容，克服重重困难必定在一周内完成老师推荐的大纲内容。博导看到她如此努力进步神速，非常欣慰，对这个跨文化跨专业学习的学生更加关心。由于她情商高，交流能力强，乐于助人，她和整个教研室的同事建立起良好的合作关系，教研室对她来说就像一个在德国的大家庭。她的博士论文课题是跨文化的国际领导力及激励体制，博导封·豪仁施题教授给她的毕业论文打出极少给出的最高分，1.0！而且第二位指导哈好福教授，现任马普研究所的创新与竞争所长，也给出了最好的成绩 1.0. 她体会到老师们对她的重视和激励，愈发努力学习勤奋工作，终于不负老师的厚望，成为本专业的后起之秀。在自己做大学教授后不忘初心把这份鼓励回馈给自己的学生，激发学生内心动力，奋发上进。

她的博导封·豪仁施题是德国非常著名的教授，原慕尼黑大学副校长，授课之余跟多家大公司合作培训公司高管，她作为助理参与配合这方面的工作。因缘际会在教授的带动和鼓励下，她开始自己开培训课，并且一炮打响，非常受欢迎，这一做就是十几年。十几年间她为多家公司培训大量的中高层管理人员，有团体培训，也有一对一教练，教练对象主要是奥迪、宝马、库卡、慕尼黑国际博览、德克斯米尔等这些国际集团高层以及决策层领导。

她忠于理想，坚持目标，为实现自己的愿望不畏艰险，后来抓住机遇，离开安稳的慕尼黑大学，并在三十四岁时成为科隆商学院的国际管理教授，几年后转到慕尼黑埃森经济管理应用大学继续做国际管理教授。多年来她一方面在大学教书育人，一方面继续坚持跨文化领导力及跨文化团队建设的咨询、培训和高管一对一教练，两者相辅相成。通过咨询和教练，她掌握了大量实战事例，为她授课提供了精彩的案例。通过教练，她也积累了大量的高层人脉，经常可以邀请到行业内的大咖来大学举行精彩讲座，学生们能有机会近距离接触大咖，兴奋之余对老师愈发信服敬仰。

今天的马小娟教授拥有一个幸福的家庭，一双可爱的儿女。她和先生比翼齐飞，都拥有成功的事业。在工作之余，她采用专业方式安排家庭生活，家中分工清楚，一切井井有条。每个家庭成员都可以发挥自己的特长，为家庭的良好发展贡献力量。孩子的中文学校学习由她负责，保证每晚的中文亲子阅读，亲自接送并积极发展女儿的音乐爱好。孩子的德国学校学习则是先生的责任，保证大量的共同学习时间，用心培养儿子的数学天赋。周末坚持全家远足出游，在大自然中共度美好亲子时光，乐享天伦。

谈话间日光移动，我提出最后一个问题，"您经常使用图片做演讲吗？为什么会选择这种形式？"马教授回答说，"是的，经常使用，这是心理学及教练范畴内的技巧，能够更形象明了地表达主题。""那如果让您用一张图片来形容幸福人生，您认为什么图片合适呢？"我追问。

"一座大厦，一座有四根稳固支柱的大厦。"马教授思索片刻后说。"一根支柱是热爱的事业，一根支柱是幸福的家庭和孩子，一根支柱是健康的身体，一根支柱是丰富的心灵世界。四根支柱同样重要，应该均衡发展，共同支撑幸福人生。"马教授端起茶杯，杯子内翠绿和姜黄同样舒展。"我每年年底都会总结和规划自己的人生，从四个方面做出具体调整安排。如果上个阶段一根支柱过于强大，造成另外一根支柱萎缩了，我会及时用'加法'或'减法'做出调整。"她笑着补充。

告别前片刻我注目窗外的蓝天，快速整理马教授的人生故事，在头脑里勾画她的人生轨迹，定格一张张图片。奔跑的猎豹，稳定的灯塔，翱翔的老鹰，安静的孤岛。收回目光，正视马教授，在她的双眸中看到一座坚固稳定的人生大厦。站起身来，我向马小娟教授伸出手，我们相视微笑。

2019.03.

枭帆：雷根斯堡的中国"大侠"

雷根斯堡是德国南部的一座美丽小城，窄窄的石板街巷，尖尖的教堂塔顶，蜿蜒而过的多瑙河，吸引多少游客慕名而来徜徉其间。游览小城最不可错过的是横跨多瑙河的石桥。这座古老的石桥曾被称为"世界第八奇迹"，修建于十二世纪，是世界上该类型桥梁中规模最大者，也是世界多座著名桥梁的范本。古老的石桥恍若一道平缓的彩虹连接多瑙河两岸，十四道拱形桥洞倒映水面，粼粼波光中千年历史载沉载浮。

生活在慕尼黑三十多年，我不止一次来过雷根斯堡，每次都会到多瑙河边散步，近看碧柳轻拂野鸭戏水，远眺黄墙红瓦小楼如画。雷根斯堡的悠久历史如画风景，吸引我一次次前来，一次次流连忘返。今年阳春三月，我又一次踏上通往小城的道路，不过这一次吸引我的不是小城美景，而是居住在此被人称为"大侠"的枭帆女士。

枭帆，畅销书作者，育儿导师，全职主妇带俩娃，顺便还教会上万名学生学会画画！一个人身上有这么多标签，每一个标签都亮闪闪的，可信吗？经朋友介绍添加微信好友后，我静静观察她的朋友圈，看她晒一双儿女的生活点滴，满满的都是母爱，看她贴学生的绘画作品，呆萌可爱阳光活泼，再看她鼓励学员的话语，满满的都是正能量。数月过去，她在朋友圈的一言一行让我愿意加深对她的了解，终于安排时间前去拜访这位"大侠"老师。

三月的一个周末，我搭乘火车前往，时近中午才找到郊区的一片斜坡上，按响一座小楼的门铃。大门打开，一张在朋友圈已经熟悉的面孔冲我微笑。她不施脂粉，白衣白裤，上衣长袖无领，小小 V 开口，颈项上一串蓝色珠子项链。全身打扮简单随意，却不失艺术气息。在她身后一条白色的大狗跑出来，率先同我打招呼。我们拥抱问候时，"迪哥"，一位一望可知是欧亚混血儿的英俊少年，从楼梯上走下来，礼貌地问候"青青阿姨"，出门找朋友去了。

　　枭帆首先领我到顶楼她的画室参观。画室中间一张大大的平台，一个长发微卷有着洋娃娃面孔的女孩，一个名副其实的"甜妞"，停下画笔抬起头来冲我微笑。枭帆说她家中任何人只要喜欢随时可以上楼画画。靠墙一张书桌一台电脑，那是枭帆制作视频点评作业联系助手的地方。

　　参观过画室，我们下楼到厨房，查看冰箱，讨论中午做什么寿司，煮上饭就站在厨房里随意聊天，听枭帆讲她成长的故事。

　　枭帆，70 后，河南濮阳人。父亲经商，母亲持家照顾四个孩子，枭帆是长女。她从小海量阅读，小学时已经读遍武侠，中学时迷上琼瑶、三毛和唐诗宋词。若不是在高中遇到绘画启蒙老师，她或许会成为一名专职作家。

　　人生的道路总是那么奇妙，在不经意间悄悄转折。高中时期的某个暑假，枭帆偶然报名参加一个绘画班，遇到她命中的恩师。师生一见如故，老师慧眼识英才，看出她的绘画天赋，鼓励她报考艺术专业，特别是老师向往的上海的艺术院校。高考时枭帆没有让老师失望，顺利考入东华大学，（当时称为"中国纺织大学"），攻读服装设计专业。

　　1996 年大学毕业，她没有选择回故乡成为体制内一员，过上结婚生子安安稳稳的生活，而是听从系主任的建议，接受一家职业中专的聘请，留在有更多发展空间的上海。

回忆起在职业中专的那几年，枭帆凝视远方双眸晶亮。从一开始她就明确知道，职业中专不会是她待一辈子的地方。那几年她与其说是在职业中专做老师，不如说是在做媒体自由撰稿人。枭帆自幼喜爱文字，大学一年级就开始撰写与服装设计专业有关的时尚文章。第一次投稿就被采用，拿到不菲的稿费和长期稿约，为时尚杂志撰写专栏。在中专任教时，她最多同时为四个专栏写稿，内容涵盖时尚、家居、摄影以及名车。学校在浦东，当时交通不便，要转三趟车才能到上海市区。为了采访写稿方便，她通常不住在学校宿舍，自己在市区租了一套房子，每天下班后过江采访，连夜写稿把最初印象形成文字。很多时候，凌晨两三点才上床休息，五点多就必须起床，冲出门赶车过江争取准时到学校。

为了完成采访任务，她曾经在一天之内打十几次电话联系名人，迂回说服对方接受采访。曾经从上海跑到杭州，跟着名人行程转一两天，在深夜才有一两个小时的时间提出自己的问题。曾经跑到机场接机，利用从机场到市区的时间进行采访。为了采访各路神仙，枭帆留下太多太多故事。

那时精力怎么那么好，能够长期坚持如此生活呢？回首往事，枭帆自己也感到惊奇。我站在对面，听她动情的回忆，从她眼眸的光彩中找到答案。这么专注地投入，这么兢业地工作，让她一再遇到贵人，多少难搞定的名人最终接受了她的采访，成为她的人脉，为她打开一个个大门。数年后，她离开职业中专到北京的《中国企业家》杂志工作，成为职业媒体人。两三年后，她再"杀回"上海，来到上海电视台担任吃重工作。

有人说工作中的女人最美丽，在上海电视台期间，努力工作的枭帆偶然邂逅一位在中国经商的德国男士。他对她一见倾心，不动声色地以普通朋友身份展开追求，终于凭细心和体贴赢得芳心，数年后二人携手步入婚姻殿堂。

　　米饭煮好了，打开饭锅，让米饭冷一冷，我们继续聊。如果说直到结婚时枭帆在学习和工作中取得的成就是她孜孜追求有意栽花的结果，那么之后的转型可谓无心插柳柳成荫了。

　　婚后时间不长孩子来报到了，他们夫妇爱孩子如珍宝，枭帆尤其享受母亲的角色，下决心做一位好母亲。她开始在新浪写博分享育儿心得，可爱的混血儿兄妹吸引了众多粉丝，没多久她的博客成为新浪育儿类博客中的大腕，出版社找上门来邀请她出书分享自己的经验。受西方教育观点影响，枭帆更注重亲子互动，注重孩子在身心全方位健康成长，被新一代妈妈们信任追捧，她的书很快晋身畅销书行列。出版社再接再厉，枭帆也欲罢不能，接二连三地出书，至今已经有三本育儿书籍问世。随着孩子的成长，每天都有新经验，新体会，她的下一本书正在筹划中。

　　如果孩子不听话拒不合作，该怎么办呢？我提出困惑多少母亲的问题。枭帆坦然说起她的亲身经历。她曾经和众多海外华人一样要求孩子学习中文，年幼的孩子不能理解，双方为此拉锯数年，直到有一天甜妞为了不愿上中文课而抗议痛哭。枭帆硬拉着孩子来到学校门前，看着车内哭成小花猫的女儿瞬间顿悟，还是顺其自然吧。学习语言任何时候都不晚，长大了自愿学习会事半功倍，何必为此弄得家中鸡飞狗跳呢？如今的枭帆真的想通放下了。

　　说话间，枭帆开火摊了一张金黄的鸡蛋饼，划成一条条，拿出黄瓜交给我削皮，切开牛油果，打开一瓶虾仁，拧开两种鱼子酱。可以开始了，我不曾做过，先看枭帆动手。只见她摊开竹卷，上铺紫菜，把调好味道的米饭平摊上去，随后拿起一根黄瓜条，放到米饭上面，挑起紫菜边缘，卷起竹卷，麻利地推动。不到一分钟一长条寿司放入盘中，暗紫色的外皮莹白的米饭中间绿玉似的黄瓜，真漂亮！来不及学画，那就学做寿司吧。学着她的样子，我也动起手来。

因为做了母亲而成为育儿导师，那么又怎么走上绘画以及教人画画的道路呢？我一边卷一边问。也跟孩子有关，枭帆展颜微笑。对她而言，跟孩子一起成长不是一句空话。

2010年儿子五岁女儿三岁时，枭帆辞职跟随先生来到德国，在雷根斯堡定居。儿子上小学，学习用美术体书写字母。迪哥用心学习，写得不错，被老师封为书法王子。小迪哥回到家不无得意地拿出本子给妈妈看。儿子工整漂亮的字体激发了枭帆学习的欲望，她当天就上网购买字帖，自己练习，很短时间内掌握全部二十几个字母的写法，"得意洋洋"地把自己的书法作业贴到网上，引来一片叫好声。众多粉丝纷纷要求她开课教授大家练习。发现了市场需求，枭帆索性尝试在网上授课，象征性收取一杯茶水费。没想到供不应求，100个位子在一天内被一抢而光！

学会写德语字母还不够，铁粉们知道枭帆专业学习艺术有绘画专长，进一步要求枭帆教授绘画。枭帆联系两位德国画家，三人一起筹划，制作了一套绘画教程，于是"写画时光"诞生了。通过四五年的摸索，几次课程迭代，枭帆很笃定地说，只要愿意，任何人都可以在一个月内通过八节课程掌握水彩画基本技巧，完成毕业作品雷根斯堡石桥图。

四五年间有上万名妈妈们报名学习，每一次看到妈妈们从奶瓶尿片柴米油盐中抬头抽身，拾起画笔涂抹，绘画小白一天天蜕变，完成之前无法想象的作品，成为孩子的榜样家人的骄傲，内心变得更强大而从容时，枭帆都感动不已。为了鼓励她们在毕业后继续成长学习，枭帆成立原创绘画团队，组织商画，为儿童书籍制作插图，自己编写画童书，带领一批妈妈们走在专业绘画的道路上。

　　如今的枭帆，虽然辞职在家带娃，可是通过"写画时光"，她在家庭之外为自己找到了生活重心，过得忙碌而充实。她把每一天一分为二。上午属于自己和"写画时光"，她画画，录视频，批改作业，跟学员和助手们互动。下午的时间属于孩子，她专心陪伴孩子，做司机送孩子去打球，去学舞蹈，去骑马。

　　家庭事业双丰收，全职妈妈能够做到经济独立，那对未来还有什么期望呢？我打量着刚刚卷好的寿司条问。枭帆说曾有人问她"如果你有三个愿望，你现在愿意为实现愿望做什么样的努力？"她回答说她没有愿望，但是有目标，三个可以实现的目标。第一，健康活到一百岁，并力争工作到一百岁！为此她勤于学习，坚持运动，常年保持好心情。第二，"写画时光"能够帮助更多的妈妈们实现"能写能画能领跑的人生目标"。现在付费学员已经超过万人，但是期待能有更多的妈妈们一起成长，目标五年内能有一百万妈妈学会画画。第三，携手"写画时光"优秀的同频妈妈们，打造一个健康阳光富有社会责任感的"成长社区"，在国际范围内联合媒体和教育品牌，给妈妈们舞台，让妈妈们发光，影响和带动更多优秀家庭和孩子！

　　听到这么宏伟的目标，我卷寿司的手停顿片刻转过头，枭帆她自顾低头卷寿司，铺米饭，放好鸡蛋条，挑起紫菜卷动，用力收紧。不过半分钟，一条寿司卷好，放到盘中。见此我收回目光专心卷寿司，两人一起动手，盘中的寿司条一条条增加。卷好两大盘，枭帆再把寿司条切成一段段，精心摆放到盘子里，在上面点缀鱼子酱，一点橙红，一点墨玉。开饭了，我们和甜妞三个人坐到客厅吃起来。不知道是时间不早饿了呢，还是寿司太好吃了，那天午饭我着实吃了不少。

饭后我们出门到山坡遛狗。枭帆通常利用这段时间，在山坡上运动健身。那天下午阳光不错，我们站在斜坡的草地上，身边狗儿在撒欢，近处一家农人在花园里劳作，斜坡上绿草如茵，几排房屋次第而立，一幅闲适的田园景色静静展开。没有高楼大厦，没有滚滚车流，没有闹市喧嚣，这里跟枭帆曾经打拼的上海多么不同呀。我思忖。这是完全不同的世界，枭帆承认。当初她要辞去相当不错的工作，带孩子到德国做全职主妇，父母朋友不无担心。可是现在的她开开心心带孩子，高高兴兴教画画，经济独立，干劲十足。每次回国，她红润的面颊，闪亮的双眸，蓬勃的朝气，不必开口人人都能看出她的选择没有错。

今天的寿司比我想象的好吃多了，没想到今天还有意外收获居然学做寿司了！傍晚坐在回程的火车上，我暗自微笑。学画的经历也类似吗？回忆今天见到的枭帆，最难忘她的一双眼睛，特别灵动有神。眼睛是心灵的窗口，透过这个窗口热情和朝气一览无余。为什么被人称为"大侠"呢？枭帆自己也说不清具体原因了，从大学时代起闺蜜戏称她为"大侠"，通过博客传播，现在人人称她为"大侠"老师。或许和她的豪爽大气，和她时时传递正能量有关吧，我猜想。又一次翻开微信，点开有关帖子，翻看一张又一张雷根斯堡石桥。每一张确然是雷根斯堡，细节处却各有不同。遗憾这次竟然没有时间到河边走走，我靠到座位上眯起眼睛，火车平稳地行进。

　　呀，这不是石桥吗？一位白衣女侠站在桥上笑着挥手，招呼同伴们跟上。是叫我吗？我迟疑着迈动脚步。那白衣女侠伸出手指在空中涂抹，手指到处色彩流动，一幅画卷在空中展开。我不敢相信自己的眼睛，侧身伸出自己的手指在空中晃了一下。啥？空中出现一盘寿司，白白的米饭上一粒粒橙红的鱼子酱？……

　　我哑然失笑，睁开眼，火车缓缓进站了。

2019.04.

陈一恺：游弋中德的弄潮儿

来了，来了！快看，快看！

极目远眺，海天相接处一条细细的白线翻滚推进，瞬间壮大，掀起几米高的巨浪。一浪接一浪，后浪追赶着前浪，伴着闷雷般的潮声，挟排山倒海之势，汹涌澎湃而来。白花花的浪头，亮闪闪的潮水，势如万马奔腾，呼啸着扑向海岸，扑向观潮的人群，扑向阻挡它前进的任何障碍物。人们惊呼着，纷纷后退。

钱塘一望浪波连，顷刻狂澜横眼前。看似平常江水里，蕴藏能量可惊天！我站在稍远的地方蓦然想起古人诗句。原来这就是钱塘江潮，真是声势惊人！九十年代中我新婚归国，恰巧在中秋节后到杭州，曾在钱塘江边目睹江潮奔涌的场面，暗暗心惊。

过了二十多年，今年三月初，为了德国华人系列采访活动，我跟陈一恺博士约好见面，路上搜索有关陈博士的记忆，偶然忆起钱塘江大潮。长忆观潮，满郭人争江上望。来疑沧海尽成空，万面鼓声中。弄潮儿向涛头立，手把红旗旗不湿。别来几向梦中看，梦觉尚心寒。弄潮儿向涛头立，手把红旗旗不湿——，可惜无缘，不知道古代弄潮儿是何等风采呢，默念两遍，心中暗暗遗憾。

钱塘江，杭州，那是陈一恺的故乡。我跟陈一恺博士相识于八十年代中，彼时我是德国中学生，他是慕尼黑学生会外交部长，因为学生会活动而相识。之后的二三十年间，我深居简出，除了来往密切的朋友，其他朋友们都是偶尔遇到，辗转听说一星半点的消息。有关陈博士的消息，先是说他在西门子高就，后来又离开了西门子，具体事业发展并不清楚。记忆中他出身浙大，身材颀长风度翩翩，完全是小说中的江南士人形象。而今总有十来年没有见过，算起来他也人到中年了，不知道变化可大，从风华正茂的学生到成熟沉稳的中年，不知道他经历了怎样的故事。

下了地铁，我徒步走在慕尼黑西南的一条大街上。大街初时宽阔繁华，逐渐变成安静的住宅区，路旁是一幢幢小楼。就是这里了，查对门牌后我按响了门铃。

来到二楼，一道房门大开，陈一恺博士站在门口微笑。多年未见，他面目依稀如昨，仍然风度翩翩。

走进房间，迎门一张国画，一幅雍容典雅的牡丹图表明主人的品位。挂好衣服，他带领我参观这套他专门办公用的房子。这是一套两居室的公寓，宽敞明亮。进门左手边是厨房，里面放了一张深红樱桃实木圆桌。逢年过节，朋友聚会，可以在这里做饭聚餐，他介绍。

进门右手边是书房，靠墙一面书架放满了书，前面一张书桌，是主人读书写字之地。侧面墙边放一张有玻璃橱门的展示柜，里面摆放中国青花瓷器。对面墙上一张淡雅的写意兰花，下面红木桌子上放一张茶台，供主人品茗下棋。

进门左手边是工作室，角落里摆放一套黑皮沙发，一张小小的茶几。迎窗一张大书桌，笔架上悬挂的几支毛笔告诉我主人是书法爱好者。

陈博士烧水泡茶，我们分坐在两张沙发上。看看他递给我的名片：陈一恺博士，泰华集团董事。端起茶杯，我开始听故事。陈博士叙述平缓，语气波澜不惊。他是这么开始的，我的故事很平常，就是追随时代大潮的一朵小小浪花。

陈一恺，60后，认识三十年第一次听说他祖上是山东聊城人，曾祖辈闯关东，落户锦西。抗战时期炮火连绵，他父亲四处迁徙辗转求学，在杭州安定下来，从浙江大学激光专业毕业后留校任教。母亲是浙江青田人，在杭州红十字医院工作。五十年代末，国家筹备成立哈工大时，从全国各地调派人手，陈一恺父母双双被选调来到哈工大工作。陈一恺在哈尔滨出生，是陈家次子，十多岁时跟随一直不适应东北气候的母亲回到杭州，几年后父亲也从哈工大调回浙大继续任教。

我很幸运，童年在父母庇荫下长大，青少年时代赶上了改革开放的好时光，陈博士说。他上高中时，"文革"结束，恢复高考。追随父母的脚步，他顺利考入浙大，就读生物医学仪器专业。八十年代中，即将大学毕业时，他又赶上中国国企改革扬帆起航，他和其他十四名浙大应届毕业生被国家教委和德国汉斯赛德尔基金会选派到德国学习德国企业管理和社会市场经济，以协助德国专家为浙江省国企改革提供咨询，轮训浙江经济管理干部。

1985年他来到慕尼黑，德国机构安排他们这批中国一流大学的毕业生到慕尼黑高等专科学校学习。当时国家教委并不要求他们拿下学位，可是这批优秀学生们个个努力，两年时间读完这里四年的课程，用了一半时间读完学位。八十年代在德留学期间，语言是最大的难关。他们来到德国前接受了几个月的德语培训，短短几个月时间，不足以掌握一门完全陌生的语言。上课听不懂怎么办？那便下课后到图书馆学习，一个字一个字查字典，直到弄懂吃透。幸好公费生每个月有七八百马克的生活费，生活不用担心，可以把全部精力放在学习上。宿舍狭窄，他习惯到图书馆学习，对市内各家图书馆开门时间摸得一清二楚，至今还记得周日只有德国自然科学博物馆的图书馆开放。

学习之余，他积极参与学生会活动，后被选为学生会干部。八十年代留学生数量不多，大家普遍经济拮据，思乡情切，那时既没有微信，也没有网络，邮递信件周转需要一两个星期，国内电话还不普及，国际长途电话费昂贵，更不可能每年回国探亲，所以学生会组织的各种活动深受欢迎。学生会活动不限于留学生，我小小年纪也经常和姐姐们参加活动。他和我一家就是那时认识的，断断续续三十年保持联系。

两年后学习结束，他和其他同批留学生按时回国服务，到浙大任教，并主管在杭州的德中管理培训中心。他们那批留学生是重点培养对象，省计委希望他们到县里挂职锻炼。当时改革开放还处于摸索阶段，他们刚刚踏入社会，书生意气，不懂中国共产党培养干部的途径，也没有到基层吃苦耐劳的精神，因而错过仕途。八十年代末又遇社会动荡，国家政策变动，他于九十年代初再次出国留学。

这次是自费留学，他选择到慕尼黑大学的国民经济系学习。这时语言已经不是问题，他学期埋头学习，硕博连读，学习之余到西门子中国业务部销售部打工锻炼实际工作能力。因为八十年代的经历，他对中国体制市场化变革、国资运营、国企治理等课题非常关注，博士研究选择了中国投融资体制改革、资本市场发展和国企治理的课题，并于 1996 年以优异的成绩拿到慕尼黑大学经济学博士学位。

九十年代中，国内改革开放方向坚定，步伐逐渐加速，但基础设施老旧，完全不能适应时代需要。电力、通讯、交通等需要长期投资的基础设施亟须更新，西门子等国外大集团蓄势待发，然而国家缺乏外汇，国家外债额度有限。如何能在不增加国家外债的情况下，得到国外银团贷款，建设国家基础设施，是当时国家投融资领域的一个极其热门的课题。就在此时陈一恺博士毕业了，受聘于西门子总部，直接被派往中国。陈一恺博士又一次整理行装，告别第二故乡德国，回到自己的祖国。

在中国他为西门子服务六年，就职于西门子项目投资公司，担任中国区总经理。在任上他为众多电力和通讯项目融资绞尽脑汁，既要使基建项目尽快开工投产，又要避免国家马上支付外汇，还要保证西门子的设备款和投资本金按时顺利回收。他的工作内容主要是代表西门子，奔走于国家电力和电讯公司，德中政府的各部委及国内外银团之间，磋商细节，谈妥合同，监督执行。虽然工作辛苦，可是亲眼看到一个个基建项目上马，完工，投入使用，大大改善了当地的生产和生活条件，心中也不无成就感。

到世纪之交，国内的基础设施已经更新换代，国家生产力和国民生产总值大幅度飞跃，外汇储备雄厚，市场上不再需要高级融资人才，而同时，在西门子这样的跨国集团之后，德国一批中型企业把目光投向中国，一方面看到中国市场的巨大潜力，另一方面看中中国日渐提高的加工能力，非常需要了解中德两个国家和市场的人才。陈博士感觉回到德国继续留在西门子工作已经没有什么挑战性，于是他选择了离开西门子这样的巨无霸，转而担任一家中型德国企业的亚太区总经理。之后的几年里，他为这家公司在上海征地建厂，开拓其亚太地域的销售网络。回忆起这段时间，他详细为我介绍产品，用手机上网寻找相关图片给我看，那是不同种类相当高端的工业产品。

斗转星移间大批中国民营企业崛起，他们不再满足于只做来料加工，贴牌生产，而要立足中国放眼世界，创立自己的品牌，设立自己的研发中心，建立自己的全球销售网络。应国内最大的工业软包装生产厂业主加盟邀请，陈博士于2006年开始和国内厂家一起投资，组建泰华集团，在中国、欧洲、美国建立自己的销售团队和销售、物流网络，提升原生产线的工作流程，全方位实施标准化、模式化管理。

　　随着泰华集团全球业务的蓬勃发展，始料不及的是国内的人工成本突然大幅度提高，劳动力短缺，他又被迫率领自己的团队下南洋，到越南和柬埔寨办厂，派遣国内从来没有海外工作经历的工厂管理干部到当地培训当地员工，把控生产和质量流程，和地方官员斗智斗勇，在国外设厂经历种种艰辛，他喟叹"是真不容易"。

　　这十年来随着全球工业化的大潮，泰华集团随波逐流平稳地运行。他平时尽量待在慕尼黑办公室办公，通过微信电话和电子邮件决策于千里之外。每个季度他会飞亚洲或美国，讨论企业发展的战略问题。他之所以这么安排，主要为了保证家庭生活的质量。他有一位贤惠的德国太太，汉学系学生，中文说得非常棒。太太曾经陪他在中国生活多年，随着年龄的增加日渐思恋家乡，更希望在德国安定下来。

　　相识这么多年，一直以为他们是丁克一族，这次见面才了解到他们原来有一个女儿，已经成年了，在慕尼黑大学攻读法律专业，今年在伦敦大学（UCL）法律学院做交换生。陈博士笑着说，目光里满是骄傲。

　　谈笑间三十年时光流逝！然而陈博士没有虚度年华，当年风华正茂的大学生，如今是博士，投融资高手，事业有成的实业家，幸福的丈夫，自豪的父亲。

"你虽定居海外，但和国内社会没有脱节，人生每个阶段都跟中国社会当时的浪潮环环相扣息息相关"。听完他的介绍，我由衷感叹。确实如此，他说。八十年代改革开放之初，公派留学到国外学习，回国尝试尽一己之力践行改革。九十年代加入自费留学大军，博士毕业后回国为基础建设略尽绵薄之力。新世纪，先是帮助德国中小企业繁荣国内市场，然后协助国内企业走出去。"改革开放的每个阶段无不在我的人生历程中有所体现。"陈博士微笑着端起茶杯。

薄暮时分，我告辞回家。为了整理思绪，放弃了直达的地铁，选择弯来绕去的公车。坐在靠窗的座位上，直觉天色一点点暗下去暮色降临，可是我并没有留意窗外的景色，脑海里一直在回忆陈一恺博士的人生之路，整理他的人生故事。哈尔滨，杭州，慕尼黑，北京，上海，慕尼黑。出生，成长，求学，工作。中国，德国，德国，中国，时空轮换间成长，时光流逝间成熟。

该如何组织这篇文章呢？我思索着把头缓缓靠向窗户。薄暮冥冥中一道白光闪过，脑海闪现钱塘江观潮的景象。长忆观潮，满郭人争江上望。来疑沧海尽成空，万面鼓声中。弄潮儿向涛头立，手把红旗旗不湿——

弄潮儿向涛头立，陈一恺博士不就是这样的时代弄潮儿吗？好，题目有了：游弋中德的弄潮儿。在时代的浪潮中游弋中德的弄潮儿，这当是一个恰当的总结和概括。

长忆观潮，满郭人争江上望。来疑沧海尽成空，万面鼓声中。我默念着追忆当年观潮盛况。

2019.05.

丁恩丽：水血交融一家亲

　　旅行可以开阔视野,登山能够荡涤心胸,沿途赏阅人文奇观,一路见识天地大美,实为人生乐事。我喜欢旅行,也喜欢登山。倘若在旅途中偶遇山峰,少不得要亲自登临一探究竟。每次登山总充满期待,微笑着迈出轻盈的第一步。山路蜿蜒,山风习习,随着脚步的移动,视角的变换,山峰以千变万化的姿态呈现眼前。在气喘吁吁地登上峰顶之前,永远不知道还有怎样的风景在前路等待,登山的趣味正在于此。我时常想山峰不同于好客的平原,不会直截了当地敞开心胸,拥抱每一位路人。他是一位促狭的主人,只邀请有缘人登堂入室,掀起层层面纱,揭去重重迷雾,发现面纱遮掩的秀色,迷雾掩映的风光。倘若你视山路为畏途,不愿跋涉攀登,那么对不起,你将永远无法屹立山巅,脚踩满山青翠,胸抱猎猎山风,挥手间把尘俗撒落风中。

　　认识一个人,了解一个人,一如旅行,有时候如履平原,有时候如登高山。对丁恩丽女士的采访如同登山,一路上峰回路转柳暗花明。

　　认识丁恩丽女士,迈出登山的第一步,缘于我在 2018 年加入中欧跨文化作家协会,丁恩丽女士是协会副会长。她在微信群里表示热烈欢迎,我们相互添加微信,后互赠文集,开始最初的接触。作为文友,首先要从文章中了解对方。收到她的文集《永远的漂泊》,我迫不及待地翻开来,读后两篇作品给我留下深刻印象。其一是中篇小说《永远的漂泊》,文中描述越南华裔被迫离开家园漂泊异乡艰难融入的故事，确切地说是因为难以融入而成为永远的漂泊者的故事。读后我最感兴趣的问题是，她为什么选择越南华裔作为文章主角而且对他们的生活如此熟悉呢？其二是系列散文《瓷器的故事》，文章讲述她的德国先生及其先人跟中国瓷器的渊源，从文章中了解到她先生在改革开放之初就履足中国。他们是在某次旅途中认识的吗？我暗自揣测。

其后信步登山，边走边看。丁恩丽女士是德国《华商报》的专栏作者，我在她的专栏"文化之旅"读到一篇文章《你今天拥抱你的孩子了吗？》，题目和题材都让我好奇。文中匿名写到一个移民家庭的遭遇，那个家庭孩子多，父母为生计奔波，语言沟通有困难，以致于德国学校和德国青少年机构误以为父母不关心孩子，对孩子疏于照顾，考虑剥夺父母对孩子的抚养权。文化冲突是海外写作者共同关心的题材，可是这篇文章的角度太罕见了，不是一般人在生活中能够接触到的。作者在文中透露她以翻译者的身份直接介入这个案例，莫非她在社会福利署从事针对华裔移民的翻译工作吗？我猜想。

一步步前行，不断发现全新的风景，让人对后来的风光充满好奇，渴欲一窥全豹。然而丁恩丽女士生活在德国西北部的奥斯纳布吕克附近，而我生活在德国东南重镇慕尼黑，遥远的距离使我们不容易坐到一起。结成微友半年后，德国《华商报》组织第六届作者编辑联谊会，借此机会我们在去年十一月初第一次在现实中见面了。

为了方便长谈，我们约定同住一室。初次见到的丁恩丽短发圆脸，笑起来一双弯弯的眼睛透着温暖，令人如沐春风。了解她精力旺盛勤于笔耕，看她外貌端庄不见风霜，我没有顾虑便直接询问她的年龄，得知她竟然是 50 后，已经年过花甲，真的让我大吃一惊。50 后？经历"文革"洗礼和改革开放，阅历丰富，这些在她的容貌上没有丝毫体现。有人说四十岁之后要对自己的容貌负责，想到她在新浪写博使用的笔名"老来天真"，不禁暗暗颔首，保持童心应该是最好的养生之道。

聊天中谈起各自的家庭情况，得知她有两个女儿，一个是亲生，跟我的阳光王子同年，一个是养女，比亲生女儿年长一岁。亲生女儿跟阳光王子同年？那……，我暗暗心算，四十多岁生女？真是高龄产妇了！怎么还会有养女，比亲生女儿大一岁？她的人生经历显然充满惊喜精彩迭起，我脑子里画满问号。虽然十分好奇，可是联谊会安排异常紧凑活动十分精彩，每次回房都时间不早没能深入长谈，我只能耐心期待后日。

终于，终于山巅在望，谜底揭晓。今年五月中旬，中欧跨文化作家协会与中国世界华文文学学会联合主办第一届欧洲华文文学国际研讨会，我们得以在美因河畔的法兰克福重逢。研讨会日程安排紧凑，我们见缝插针约好星期天早早起床，赶在早餐之前长谈。清晨六点钟，当大多数客人仍在酣睡时，我们在酒店一楼会议室外面的大红沙发上相对而坐，听她娓娓道来，无限风光尽收眼底。

丁恩丽是江南女子，出生于南京。父亲是汽车技师，母亲是幼儿园老师，家中有哥哥、姐姐和妹妹四个孩子，她在一个清贫而温暖的家庭长大。从小父母忙于工作，工作单位距离较远，中午无暇返回照顾孩子，比她仅仅年长三岁的姐姐自动承担起家务，利用上午课间时分，回家安排炉火淘米，放学后煤球烧得正旺，姐姐麻利地煮饭炒菜，让几个孩子及时吃上热乎乎的饭菜，饭后赶去学校学习。回忆往事，她对大姐满怀感激。

1975年丁恩丽女士高中毕业，按照当时政策规定上山下乡。"文革"末期，对这一政策的执行已经不太严格，各个单位在附近寻找协作的农村公社，职工子女可以就近下乡，节假日回家探望父母非常方便。她自己坦言，下乡两年没有像老知青们那样吃很多苦。

　　或许真的是缘分未到，看她秀丽的外表，很难想象她在大学以及工作期间一直没有恋爱，也没有结婚成家。作为"老姑娘"，免不了忍受旁人的纷纷议论，好在她母亲和家人从来没有给她施加压力，没有催婚逼婚。时光步入九十年代中，已是中年的丁恩丽渴望改变自己的生活。一个偶然的机会，命运开启了她的德国之旅。

　　1997年来到德国是她人生中的一大转折，经历初到德国的挫折，在这里遇到她的真命天子，并且在高龄成为一名幸福的母亲，经营一方属于自己的幸福天地。

　　丁恩丽女士在国内学习中文，到德国申请汉学系。来到德国学习德语一年，顺利通过语言考试，可是当时奥斯纳布吕克大学汉学系还没有成立，她不得不改为古德语专业，开始啃德国人都望而却步的古德语。上天是公平的，在一边打工一边学习的艰难时光，健忘的月下老人终于想起了自己的职责，巧妙地安排她去看牙医，认识了一位非常热爱中华文化的德国牙医。这位德国牙医多次去过中国旅游，在学习中文，请中文专业出身的丁恩丽女士担任他的中文老师。在频繁接触中，他们双双坠入爱河，决定携手终生。可是正式结婚，办理各种需要的证件，繁文缛节耗费他们的时间和精力。直到2003年，终于手续齐全了，他们喜结连理。她在高龄自然顺产生下可爱的女儿，使作为女人的她再无遗憾。

似乎是为了弥补前半生对她的疏忽，后半生上天对她特别眷顾，她中年以后的生活格外多姿多彩。结婚生女后，她一心一意相夫教子，一边抚育女儿，一边到丈夫的诊所工作，跟丈夫一起面对生活中的琐碎，同时尽己所能回报社会，义务为社会福利署担任中文翻译。闲暇她重新拾起自己对文字的爱好，在新浪开始以"老来天真"的名字写博，记录女儿生活点滴，记述海外所见所闻。她到德国留学之初，在小镇上结识多位越南船民。这些越南华裔在排华的浪潮中背井离乡在公海漂泊，幸而被国际组织救起，幸运地来到德国，然而重新扎根融入陌生的文化并不容易，他们衣食无忧却并不快乐，在心灵上仍感觉漂泊无依。她拿起笔来写下他们《永远的漂泊》的故事，贴到新浪博客，引起《华商报》主编——修海涛先生的注意。修主编慧眼识英才，在报纸连载这篇作品，丁恩丽从此正式走上写作的道路，在文字中找到心灵栖息的港湾。

　　女儿一天天长大，上幼儿园，上小学，结交同学，女儿的一位好友最终加入这个家庭，成为她的养女。

　　在这次欧洲华文文学国际研讨会期间，中欧跨文化作家协会隆重推出该协会的第一本合集《走近德国》。这部文集的第一篇就是丁恩丽女士的《丽莎的母亲自伤之后》，写的就是她的养女"丽莎"如何来到她家的故事。"丽莎"的亲生父母是越南船民，婚姻失败，母亲精神受创，失去女儿的监护权。青少年福利署本来可以安排她去亲戚家，她的外婆和姨妈就在同一小镇，可是"丽莎"却请求要到好友"真儿"家，也就是丁恩丽女士家，经过一段时间的相互适应和青少年福利署的审查，丁恩丽夫妇正式获得"丽莎"的监护权，成为"丽莎"的养父母。

　　相信现代父母人人对教育子女有诉不尽的酸甜苦辣，亲生子女尚且如此，养子女更加轻不得重不得，丁恩丽女士如何适应养母的身份呢？我直截了当地提出问题。教养养女和亲生女儿一样，既不虐待，也不溺爱，而是一视同仁，该管就管，该说就说，该爱就爱，一切为了教育她成人，成为社会上有用之人。她微笑举例说，养女加入这个家庭后，她马上为养女布置了一个房间，跟女儿的一模一样。任何东西，女儿有的，养女必然也有，决不让养女感觉自己是这个家庭的二等孩子。刚刚来到这个家庭时，"丽莎"才十岁，夜里想妈妈，哭泣着来到她的床前。即使半夜她也会爬起来，抱紧养女对她说：我了解你，明白你想妈妈，可是你也清楚深更半夜不能够去找妈妈。现在你好好睡觉，明天白天我陪你去看望妈妈。在她的抚慰下，养女情绪渐渐平息。养女学习遇到问题，她多方开导鼓励。为了更好地照顾养女，她开始自学心理学，发现情况见招拆招，马上正面处理解决。

几年过去了，女儿课堂成绩优秀，课外是踢踏舞健将，养女情绪稳定，踏踏实实地学习，两个女儿花样绽放。研讨会前夕，她携全家回国探望九十二岁的高堂老母，在朋友圈贴出照片，一双花季少女围绕银发祖母，三个人都笑靥如花，根本看不出这一对姊妹花并没有血缘关系。

今年春天，我在她的朋友圈看到几张照片一段话：七年前的今天，养女来到我家。七年后的今天，她为我们做了一顿晚餐表达她的感恩之情。这顿饭从昨天就开始准备了，今天放学回来一个下午都在厨房里忙碌，不允许我进厨房。晚餐桌上有她送给我们的鲜花和巧克力，还有一张她亲手制作的感恩卡片，卡上写着：若要问我这几年学到了什么，那就是我懂得了一个家庭的组成不必非有血缘关系不可，彼此有爱，彼此需要，彼此理解，这才是一个幸福家庭的基石。七年来，我想不出比你们更好的寄养家庭，通过你们我成长为今天这样的我！我永远无法用语言或行动表达我对你们的感激之情，谢谢你们为我所做的一切！

从贴出的照片中可以看到养女一笔笔精心描绘的图片，一行行用心写下的文字。晚餐看起来色彩诱人，想来味道一定不会差。丁恩丽女士留言说：读了养女的卡片，我热泪盈眶。下面微信好友们纷纷留言表示感动，为这段没有血缘的母女情缘感动，为这样的养母点赞，为这样的一家人点赞！

看着一张张图片，一段段留言，我也不禁热泪盈眶。能不热泪盈眶吗？在脚步日益忙碌亲情日渐淡漠的今天，遇到这样一个不是因为血缘关系而组成的温暖家庭，怎能不感动呢？坐在法兰克福大酒店的红沙发上，听她亲口叙述收养女儿抚育养女的故事，我又一次眼眶潮湿。丁恩丽女士的故事，让我想起八十年代初在国内看到的一个电视剧《但愿人长久》。故事讲述一个五口之家，五个不同的姓氏，年迈的婆婆，孀居的儿媳，年幼的孩子，一家三代遇到一个孤儿以及他的养父，最终组成一个家庭的暖心故事。多少年过去了，没想到在异国他乡在现实生活中遇到这样暖心这样感人的真人真事。

血，一定浓于水吗？未必。水和血能够亲密无间交融在一起吗？可以的！丁恩丽女士和她两个女儿的故事就是活生生的证明。祝愿这水血交融的一家人能够长长久久地相亲相爱，幸福生活直到永远。

屹立山巅，我久久无言。天地有大美，人间有温情。

2019.06.

杨悦：漫步人生，悦读德国

你的气质里，藏着你走过的路和读过的书。第一次见到杨悦的时候，我想到这句话，知道她走过很多路，也读过很多书。

那是2018年的秋天，德国《华商报》组织第六届编者·作者·读者联谊会，见到多位神交已久的文友，杨悦是我第一眼就认出来的一位。她圆脸短发，清纯洁净一如少女，然而举止沉静安详，不经意间散发经过岁月沉淀的书卷气，正是我心目中《悦读德国》专栏作者的样子。物以类聚，人以群分，直觉气味相投，自然并肩而坐，交谈之下，得知还是同年，愈发相见恨晚。

时隔半年，今年五月我们一同参加两个文学研讨会，先在法兰克福再度聚首谈笑晏晏，继而畅游南法，鲁纳河畔并肩散步闲话里昂，阿维尼翁品尝美食微笑举杯，留下更多美好回忆。

杨悦的散文集《悦读德国》今年春天正式发行，在法兰克福她赠送我一本样书。打开扉页，我愣了一下，不是因为题词内容，不是因为笔迹工整，而是两枚印章以及整个扉页题赠的构图。中间五行题词，右边正中稍下的位置一枚印章刻着篆书"杨悦"，左下角的那一枚则刻着"杨悦赠书"。整个画面显然经过精心设计，赠书人的艺术修养跃然纸上。

旅途中展读文集，更加深了对她的了解。从文章内容不难看出，杨悦喜欢美术，爱好音乐，会驱车上百公里参观心仪的画家展览，会沉浸古典音乐浑然忘我乐不知返。当然杨悦不是方外之人，她身在红尘对德国社会细致观察，作为母亲对教育问题，作为子女对养老问题，作为创业者对商场职场，皆有自己独到的体会和看法，她的文集是深入了解德国社会的极好途径之一。

五月相约，六月下旬，我从慕尼黑北上，来到杨悦生活的杜伊斯堡附近的小城，我们一起度过一段愉快时光。

清晨，杨悦开车到酒店接我，我们先去参观她的公司。她和先生创立的公司在小城的工商园区，一座独立的楼房，有仓库，有办公室，颇具规模。

踏入公司大门，立刻眼前一亮，整座楼粉刷成橘黄和天蓝两色，色调明快亮丽柔和，完全不同于公司常见的白色，令人耳目一新。楼梯间一盆巨大的绿植，枝干从底楼伸入二楼，不久当能触摸天花板。杨悦介绍说，这是公司开业时朋友赠送的礼物，本来是小小的一盆，跟着他们几次搬家，不知不觉长成现在的规模。

迎门一个不小的屏幕临墙而立，循环展示着不同流派的世界名画。这个设计对于一家科技公司太特别了，我站在那里观看几分钟，多次看到法国印象派大师莫奈的作品，我早从杨悦的文集中得知这是她极其欣赏的画家，所以并不意外。见我非常喜欢这与众不同的安排，站在身边的杨悦露出幸福的微笑，补充说，这是公司搬到这里时，她先生，杨悦口中没有艺术细胞的"理工男"，悄悄为她安排的惊喜。此后她每次跨入公司，都会停留片刻，体会最初的那份惊喜和感动。偶尔他们夫妻会并肩站在这里欣赏名画，并跟与他们一起成长的绿植无声对话。

参观过楼下的办公室，我们踏着特制的橘黄色楼梯板上楼，来到同样黄蓝两色的二楼，见到了杨悦口中的"理工男"，公司总经理卢序，一位儒雅帅气的中年男士。卢杨同年，才貌相当，一对璧人。若干年前办理来德签证时巧遇，数年后在德国并蒂花开结为连理。卢先生的办公室里悬挂多幅他们的女儿送给爸爸的画，在一条走廊里见到更多二人掌上明珠的作品。笔法或许稚嫩，构图也许简单，但勾画出的幸福既不简单，更不稚嫩。

走进杨悦自己的办公室，办公桌对面柜子里放置各种工作文件，其中一格放着一摞子 CD 和音响设备，办公桌左面柜子里放了两排刚刚寄到的散文集《悦读德国》，右面临窗挂着著名的歌德油画像，左面墙上有几张美术展览的海报。环视办公室，我形象地看到杨悦的生活，一边兢业工作，一边勤勉写作，一边徜徉美术天地，一边沉浸音乐世界。

参观过楼下的仓库，跟几位员工简单谈话后，我们到小城步行街闲逛，走过街心拍拍雕塑，路过市场看看摊档，最后走进一家河边的咖啡馆，在临河的露天花园里停下脚步。微风轻拂，层层叠叠的爬山虎荡起层层涟漪，悠悠绿水挽起条条垂柳凌波起舞，河边的空气清新似初生的嫩叶。一张小小的方桌旁，我们相对而坐。以手支颐，我静听杨悦讲她走过的路，读过的书。

面对杨悦，我会想到"恬静""淡然""温柔"以及诸如此类的形容词，我最不会想到的形容词可能是"辛辣"，然而杨悦却是地道的重庆妹子，生于斯长于斯。她出身学术名门，父亲杨武能教授是德语翻译界的泰山北斗，曾经获得德国总统颁发的德国功勋奖章，母亲王荫祺女士同样是知名的德语教授。杨悦在这样的书香之家长大，妹妹比她小九岁，她好些年是家中独生女，是父亲母亲的掌上明珠，爷爷奶奶外公外婆的心肝宝贝，可是她自立自强自爱，丝毫没有沾染公主病，她在德国自主创业生存打拼的经历便是最好的证明。

儿时，杨悦有段时间跟着爷爷奶奶在重庆厚慈街生活，父母亲住在位于郊区的四川外国语学院。一次父亲回家，见到爷爷奶奶在街上追着还没有上幼儿园的小杨悦喂饭，立刻决定要把杨悦领回川外，不让她再跟祖父母生活。在祖父示意下，叔叔护驾抱着她回家，小杨悦一路哭喊回到父母家中。在家中父母并不严厉，对她没有诸多苛求，既没有要求她做多少家务，也没有强迫她读多少书，但是父母对子女的影响身教更胜言传。杨悦父母买了很多少儿书籍放在家中，任她自己选择阅读。母亲当时在川外教授学生德语口语，天天在家中手拿德语书籍朗读，一句句录音，反复听，反复更正。上课前请男学生来把那庞大的录音机搬下楼，搬到教室，下课后再搬回来。父母勤奋学习严谨治学的态度自然而然地影响了杨悦，她从小聆听德语经典，长大后顺理成章地子承父业攻读德语。

杨悦父母皆在川外德语系任教，杨悦就近在川外附中读书，毕业后放弃了保送北外或上外的机会，选择留在川外学习。杨悦在青少年时代便展现写作才能，她从小喜欢写作文，文章曾被刊登在川外院刊上。大二时，在全国范围内举办德语征文比赛，要求学习德语的学生用德语写作。杨悦参加征文比赛，初试啼声获得一等奖。法兰克福来的外教把她的获奖作品推荐给《法兰克福汇报》，在德国报纸上刊登，一时传为川外佳话。杨悦来到上海领奖，引起组织方和其他获奖学生的注意，大家好奇地询问她"是否熟识川外的杨武能教授？"，从此德语界人士皆知杨武能教授后继有人，杨家夫妻父女都是德语界的佼佼者。杨悦大学毕业后，被分配到成都华西医科大学担任德语老师。在此期间，她跟父亲一起翻译《格林童话》，她负责大约三分之一的工作，跟母亲合译歌德的成名作《少年维特之烦恼》，一跃而成为德语翻译界的新秀。

1992 年杨悦负笈海外，来到马尔堡留学深造。虽然杨悦父母都是大学教授，可是工资不足以负担女儿留学生活所需，而且好强的杨悦在大学毕业工作两年后也坚决不愿意再向父母伸手。为了生活，杨悦在留学之初做过各式各样的工作，从私人家庭到中国餐馆，不一而足。不久为了找工作方便，转到杜塞尔多夫大学，同时也来到办理签证时认识的心上人身边。杜塞尔多夫是一个华人比较集中的城市，有很多台湾人开的公司，杨悦经来自台湾的好友介绍，加入一家电脑公司工作。她非常珍惜这个工作加学习的机会，努力工作，努力成长，力争把工作做得更好。在短时间内她熟悉了业务，凭实力创下业绩，获得同事好评客户赞誉，积攒下广大人脉。

1996 年为了生存和定居德国，学文出身的她几经考虑，决定自己成立公司，从事与电脑有关的贸易工作。创业伊始，父亲是最大的支持者，提供了大半的注册资金。为了省下律师费，她自己跑各个部门，办理各种繁琐的申请手续。开业之初，杨悦单打独斗，独行侠，一个人负责全部事务，从联系客户，拿下订单，采购货物，接收订货，打包发货，收取货款，支付账单等等，全部亲力亲为。她说衷心感谢信任她支持她的客户，公司成立第一个月就实现了盈利。

公司一路发展良好，开业半年后她先生卢序辞去在台湾公司的工作，加盟自家公司，小夫妻并肩作战。第二年公司聘请了两位员工，扩大经营项目，六七年后搬离第一家没有仓库的办公地址，来到小城的工商园区，随后建立自己的生产线，创立自家品牌，公司稳步发展，规模不断扩大，几年后再次搬迁，搬到现在的地址。

杨悦的先生同样出身学术名门，双亲都是大学教授。他本人计算机专业毕业，是专业对口的人才，夫妻经营公司有商有量，杨悦尊重先生的专业意见，卢序欣赏妻子的经营才干，两人合作，公司业务蒸蒸日上，现在他们为超过三十名员工提供就业机会，承担起企业家对社会应尽的责任。

2003年他们的爱情结晶降临人间，生活相应出现转变。成为母亲后，杨悦渴望拥有更多时间陪伴女儿一起成长，几经讨论她改为半天工作，不再过问公司的采购、销售等细节，把工作重心转移到财务方面。经过一段时间的适应，卢序也习惯了妻子不是时时在身边，帮助参谋具体事务，但是遇到重大事情还是会征求妻子意见。

"你这么做，真是非常明智！"听到这里，我由衷赞叹。不放弃工作，就不会跟社会脱节，不会跟先生没有共同语言，同时一定的距离给彼此更多的自由空间，是非常理想的生活方式。

随着女儿的出生和成长，杨悦的生活也增添了更多内容。为了陪女儿学钢琴，她开始接触古典音乐，不可救药地沉醉其中，会开车数小时去听音乐会。一路陪伴女儿学习，参加比赛，尽量不给女儿压力，不让孩子失去学习的乐趣。想起在办公室见到的她女儿的绘画作品，我有理由相信，杨悦夫妇对女儿的教育是成功的，他们的女儿兴趣广泛，全面发展，具有相当的独立生活能力，上个学期独自到美国做交换生。虽然这次没有见面，可是我相信她是一位可爱阳光的女孩。

旅居海外多年，享受古典音乐，享受大师名画，杨悦萌生分享的念头，她从2010年中秋节开始在新浪写博，分享海外生活点滴，分享欣赏名画的感受，分享聆听经典的喜悦。她的博客引来众多粉丝关注，点击量节节攀升，现已超过120万。

自 2011 年起，她开始为德国《华商报》撰写专栏《悦读德国》，从多方面多角度切入，分享自己在人生路上悦读德国的体会和随想，获得广泛好评。

2018 年，她整理历年文稿，出版散文集《悦读德国》，由四川文艺出版社发行。出版社对她的作品相当重视，组织了隆重的读书会推介新书。她父亲杨武能教授亲自出席，并称女儿为"自己最好的作品"。

幸福的家庭是一样的幸福，美好的日子也是一样的完美。我们见面那天，温度宜人，不冷不热，清风徐徐，河水潺潺，花香氤氲，小鸟啁啾。在这样的一天，打量对面眉目姣好温柔微笑的女子，深觉世界是可爱的，人生是美好的。

结账离开，想再去散步时，猛然发现时间已经不早，我该赶火车奔赴下一站了。携手湖边悠然漫步的约会，只能期待日后了。

杨悦开车送我到车站，火车徐徐开动，带我奔向远方。倚在窗口，我又一次打开杨悦文集，浏览各篇题目，回忆文章内容，字里行间杨悦身影翩跹，文字以外杨悦语笑嫣然。"读书多了，容颜自然改变。许多时候自己可能以为许多看过的书籍都成为过往烟云，不复记忆，其实它们仍潜存在气质里，在谈吐上，在胸襟里，当然也可能显露在生活中和文字里。"轻拂发丝，回想三毛的话，我由衷颔首。

火车奔驰，书页翻动，窗外掠过大片大片的草地，各色野花烂漫盛开，一瞥而过的印象俨然莫奈笔下风光，恬静且安然，心头响起一曲巴赫，宁静而明澈。

2019.07.

朱校廷：手托夕阳的老三届

　　"老三届"是新中国历史上产生的新名词，与"文革""知青""上山下乡"等名词密不可分，与"回城""恢复高考"等名词血肉相连。在特定的年代，这批在新中国成长起来的一代人经历之丰富，之沉重，使他们成为那个时代永远的话题。人生中的磨难，可能是一座沉重的大山，把一个人压垮，也可能是筑造阶梯的垫脚石，被人踩在脚下走向顶峰。因之有的老三届人生是一杯苦酒饮之不尽，有的老三届却苦尽甘来把酒临风。

　　人生天地间，白驹过隙尔。转眼"文革""知青"都在历史的浪潮中沉寂，如今我们即将迎来二十一世纪的二十年代，"老三届"已到晚年，他们现在会有怎样的心态，怎样的生活呢？假如他们有机会到了海外，又会经历怎样的人生呢？我忽发奇想。

　　恰巧身边便有一位文友朱校廷老师，他就是曾经的老三届，南京大学的德语教师，时代的浪潮把他送到了莱茵河畔的杜塞尔多夫，曾经的知青朱校廷成为今天的"杜塞村民"。

　　认识朱老师，缘于我在 2018 年加入中欧跨文化作家协会，在协会的微信群里认识了网名"杜塞村民"的朱校廷先生，人人称他为"朱老师"。在微信，经常读到朱老师的诗歌，既有自由奔放的自由体，也有规矩严谨的格律诗词。写诗需要激情，抒发作者内心澎湃的情感，印象中写诗歌的人以年轻人居多。到了朱老师这个年龄段，仍然写诗歌的人，真的不多。因此，看到朱老师新作必然拜读。

去年朱老师突发心脏疾病，幸好抢救及时，恢复得非常好。复原后，他写下一首诗歌《还有多少月光》，抒发与死神擦肩而过的感慨：

致命一击／把月光打落一地／疑是唐朝霜雾／床前淤积

撕开一丝丝月光／找寻岁月的蛛丝马迹／窥探一个个牛角尖／破解云天雾罩的梦呓

儿时的月照东墙／不再清晰／已近古稀／出走后回家的路／不再常走／月疏星稀

还有多少月光可以聚集／还有多少月光可以清洗／还有多少月光可以用来重逢／还有多少月光可以用来找回自己

月光／钻进了城堡／瞬间／已是古埃及的木乃伊／等待揭秘

第一次真正见到朱老师是在德国《华商报》的联谊会上。联谊会晚上组织助兴活动，节目名单中看到朱老师的节目是"小品：杀鸡"。小品？朱老师还能表演小品？我十分惊讶。

联谊会晚会节目精彩，高潮迭起，轮到朱老师了，只见他手拿二胡登台，坐下来介绍，他在中学时代特别喜欢拉二胡，曾经参加"毛泽东文艺思想宣传队"。好些年不练了，这次为了联谊会找出来，在家中练习。技艺生疏，声音刺耳，被妻子戏称为"杀鸡"。报节目时，不知怎么联系人没有听清楚，误以为是"小品"了。"杀鸡"就"杀鸡"吧，朱老师起立抱拳，请大家海涵。听到此，大家哄堂大笑！

朱老师开始拉二胡，两首曲子，有模有样，虽不能媲美二胡名家，也绝对不能说是"杀鸡"。晚会后，想起朱老师的风趣自嘲和老两口的亲密幽默，我时常会心微笑。

今年春天，中欧跨文化作家协会联合中国世界海外华文文学学会，在美因河畔的法兰克福举办第一届欧洲华文文学研讨会，与会者名家云集，大家热烈讨论，从不同角度阐释分析欧洲华文写作的发展和现状。会上我第二次见到朱老师，这一次他留下的印象截然不同。

会议第二天，大家参观歌德故居，五六十位海内外华人瞻仰文豪遗物，遗憾没有讲解员。在南京大学任教期间，朱老师曾在江苏电视台世界文学栏目介绍过歌德。旅居德国后，曾经专程来参观歌德故居。作为《歌德全集》翻译者之一，他对歌德的生平事迹知之甚详。即兴为同行的几位文友讲解，指点品评信手拈来。朱老师侃侃而谈如数家珍，不知不觉间在他身边聚拢越来越多的与会人员，众多与会学者对朱老师渊博的学识竖起拇指。

今年六月下旬，趁便到北威州一行，拜访朱老师。那天中午跟两位朋友在杜塞尔多夫一家中餐馆吃午饭。朱老师开车来接我，餐厅老板见到朱老师立刻起身迎候，态度亲切，尊敬有加。

午后来到朱老师家，一座安静的小楼，迎面一扇玻璃门隔开客厅。透过玻璃门，我的目光即刻落到对面，落地窗前十来盆花，绿叶滴翠红花竞芳，高低相间错落有致，好一片锦绣花园！我暗暗喝彩。走进客厅，右手边的餐桌上插着一束蔷薇，小朵小朵的粉色花儿细腻而有质感，莫非是主人在锦缎上精心刺绣插入瓶中？左边的一组沙发旁，对面的壁炉上，足有数十张照片，放在大大小小的镜框中。不同年代的全家福，逐渐成人依次成家的子一辈，一天天成长的孙一辈，一张张笑脸告诉来客主人有一个多么幸福的大家庭。

朱老师夫人王阿姨微笑着迎上来，客厅的照片太吸引人了，站在那里请他们介绍，这是长子、长媳，那是次子、次媳。一一介绍几个孙辈，讲到孩子趣事，两位老人喜上眉梢。

　　随后我们坐到餐桌旁，一边品茶，一边听朱老师回首青春，王阿姨不时从旁补充。

　　朱老师是江苏省邳州市人，在农村长大，根红苗正，多才多艺，"文革"初期参加毛泽东思想文艺宣传队，学会拉二胡。朱老师和王阿姨是中学同学，二人皆是老三届，知识青年上山下乡运动中，二人各分西东，可是命中注定的缘分躲也躲不开，月下老人的红线把两人紧紧系在一起。

　　中学结束，朱老师作为回乡知青回到村里务农。公社干部下乡听到他拉二胡，选他加入公社的文艺宣传队以及后来的公社贫宣队，后幸运地成为一家工厂的临时工。临时工一般录用三个月，三个月后朱老师因为工作出色，当选为江苏省第四届工会代表大会代表，被破例留用，后又一次幸运地被借调到当地政府机关。朱老师在工厂做临时工时，中学同学王阿姨也应招来到这家工厂，被分配到同一家工厂同一车间，且同一班组。后来二人在大学读书期间鸿雁传书，确定了恋爱关系。

　　七十年代初，"文革"以来紧闭的大学校门打开一条窄缝，根据工作表现朱王二人获得单位推荐，参加文化考试。1973年的考试造就了一位"白卷英雄"，朱老师差一点与大学梦再一次失之交臂，幸而他家庭出身好，工作表现佳，考试成绩优异，才得以进入南京大学学习德语，王阿姨也进入徐州医学院学医。朱老师1973年入学，1977年毕业留校任教。他翻译出版的《现代简明德语语法》成为一代又一代德语学生的语法指南。

　　20世纪80年代，被某些人戏称为"中国科尔"（德国前总理科尔的姓氏 Kohl，意思可以是"白菜"，八十年代从前少见的中国大白菜逐渐流行开来，最后进驻德国超市，成为超市的常见蔬菜品种）担任德国总理时期，中德关系蜜里调油，达成并发展多项交流合作项目，其中包括中德高校教师交换教学。1987 年以国家教委的名义南京大学派遣朱老师到波鸿大学汉语中心任教。后来经历虽然一波三折，但还算顺利，他离开讲台，进入商界，成立公司和翻译社，在德国安定了下来。

初到德国，一切都是那么陌生，那么新鲜。多年后朱老师撰文回忆：

1987 年 11 月 8 日清晨，飞机进入德国。机窗外，一轮旭日呈蛋黄状喷薄而出，瞬间牵起万丈霞光，照亮了半边天。在慕尼黑机场换乘航班飞法兰克福，蓝蓝的天空如同一池碧水悬挂苍穹，又有莲花般的朵朵白云相衬，美轮美奂。俯瞰大地，映入眼帘是片片绿色树林和橙色田野，呈几何图案精致无比，高速公路河流房舍点缀其间，错落有序。我在空中俯瞰这大自然神来妙笔给地球绘制出如此精美的躯体肌肤，不由怦然心动，脑海里油然冒出"鲜肤一何润，秀色若可餐"的美妙诗句。这是我第一次在德国上空获得对德国的第一美好印象。

当年公派出境，随身只允许携带 50 马克。到德国第一天，用十几马克买一张车票，让他咂舌不已。那天晚上，没能抵抗住饥饿和美食的诱惑，到一家饭店第一次吃牛排，花去十几马克。那时的十几马克相当于国内几乎一个月的工资，一餐吃掉这么多钱，朱老师自责不已。多年后，他对餐后的负疚感仍记忆犹新。

1991 年回国前夕，他到布拉格短暂旅游，查理桥上一再徘徊，探访查理大帝曾经的辉煌，小巷内再三流连，寻访浮士德故居，墨菲斯托幽灵飘荡，写下诗歌《游布拉格，探寻浮士德旧居》：

冬日黄昏点亮了／查理石桥的灯／疑似墨菲斯托／永远否定的精灵／浮士德的象牙塔式追求／最终落进了魔鬼的陷阱／求索被戳瞎了双眼／执着遭遇讽刺与否定／魔幻妖术现海伦／填海造田惠众生／恶行与善举同在／皆如真理一样永恒

古老的传说触发心灵悸动／踏上浮士德旧居小径／为了验证真善美／欲把整个世界装进蒸馏瓶／炼金术幽蓝的火舌／引爆了与魔鬼较量的憧憬／浮士德豪赌赌上了灵魂／墨菲斯托诱惑邪术得逞／然天庭之上／爱在掌控

贴近门缝侧耳聆听／漂泊心儿按下了浮士德门铃／试与墨菲斯托打赌／小赌一个平台／大赌重走一趟人生／我辈灵魂太卑微／不见魔鬼踪影／空中陡然飘落雪花／古堡深处／撕扯着／纠缠不清拧巴着的风

多年后，这首诗歌在一次诗歌大赛中荣获一等奖。

回国一段时间，他再次出国。人到中年的朱老师，上有老人需要赡养，下有孩子正在读书。为了保障家人的生活条件，朱老师权衡再三决心下海经商，动用他担任翻译认识的人脉，顺利成立自家公司，做进出口贸易，亲力亲为，首战告捷。

做了几单生意后，效仿者众，价格抬高，没有利润空间。他审时度势放弃公司，到一家台湾公司做销售经理，凭业绩拿工资，曾经创下一个月签单一百万马克的骄人业绩。几年后，他第二次创立贸易公司，去年因为健康原因才收山。

1994年春，王阿姨携带两个儿子来到德国全家团聚。两个儿子在德国成绩优异，继承了母亲的医学事业。去年一家三位主治医生为朱老师的健康保驾护航，终能化险为夷。可能与濒死经验有关，也或许仅仅因为公司收山，今年在微信不断见到老两口四处旅游的照片，身影双双令人羡慕。

在工作和经营公司的同时，朱老师一直是德国法庭认可的中德翻译，他尽可能用自己语言便利的长处，帮助遇到困难语言不通的同胞，因此朱老师在杜塞尔多夫一带知名度很高，声誉良好，从中午吃饭的餐厅老板对朱老师的态度就可见一斑。

谈谈说说，回忆往事，朱老师起身找出一些泛黄的文件来看，有在波鸿大学做讲师时德国报纸采访的报道，有成立第一家公司的许可证，有德国法庭翻译证书，有曾经的诗文。陈旧的纸张记录一位老三届在海外攀登的足迹，一块块石头踩到脚下，一级级阶梯蜿蜒向上。

数十年人海浮沉花开花落，谈到人生感悟，朱老师拿起手机点开他的一首诗《家的味道》：

小时候，家的味道是父亲的老烟袋 / 母亲的怀 / 呛人的烟味一锅清水野菜

长大后，家的味道是村头的老槐 / 母亲在那里翘首等待 / 父亲打开了老酒瓶盖

以后啊，家的味道是喂婴儿的奶 / 床下一双绣花鞋 / 十八平方米住三代

再以后，家的味道飘忽云天外 / 一千八百多个日日夜夜 / 天路迢迢长满了青苔

春华秋实，家的味道聚一块 / 含饴弄孙乐 / 清零路上终释怀

现在啊，家的味道是二人白发世界 / 舌尖上的东西方 / 小院春风燕归来

读了两遍，抬头看朱老师，若有所悟。

傍晚，王阿姨下厨准备晚饭，朱老师陪我到花园走走，欣

赏一棵棵花卉，品鉴一畦畦菜蔬，并邀我登楼远眺。德国虽然以工业产品闻名于世，但是注重环保，在大城市中也鲜少国际都市的喧嚣。朱老师的家在杜塞尔多夫市中心外围，闹中取静。站在阳台上，近处各家花园里玫瑰飘香，蔷薇斗艳，远处一抹抹深深浅浅浓浓有致的绿色，一片片草坪碧绿如茵，一丛丛灌木蓊蓊郁郁，一棵棵乔木浓荫如盖。更远处，树林后面，朱老师指点，莱茵河，哺育德意志民族的父亲河静静流淌。

晚饭，王阿姨大显身手，变戏法似地端出几盘色香味俱佳的菜肴。饭后两位老人步行送我到最近的电车站，我们依依惜别，相约他日重聚。

七月初，正当我为文章题目费神，寻找足以概括朱老师一生并能描绘他精神状态的切入点时，我在协会群里看到朱老师分享的一张度假照片。

傍晚时分的沙滩，一半画面黯淡，潮水退去的沙滩，留下一串串脚印，一半画面明亮，银色的海水波光粼粼。地平线的尽头，一轮晕黄的太阳在橘黄的晚霞怀抱中淡然微笑。沙滩上显露一个人的轮廓，仔细看那是朱老师回首凝望，右手伸出托起一轮夕阳。

太好了！看到照片，我轻呼，这正是朱老师的写照，一位远走海外的老三届手托夕阳，淡然回望。

2019.07.

蓝镜：从"蓝精灵"到"照妖镜"

公元 2019 年 6 月 19 日，星期三，德国中部小城波鸿，子夜时分，幽静的街头走来两位女子。若是在白天，若是在热闹的街道，路上的行人一定会频频回头注目这样两位女子。然而，那时已是深夜，极少数行人匆匆走过没有留意。

这两位女子的打扮在德国街头都不常见。左边的一位，戴一副宽边黑框紧贴眼睛的眼镜，上身一件简简单单的白衬衣，上面写着德国人眼里异常复杂的汉字，一行行竖排的大字小字错落相间，下身一条黑色短裤，脚上是一双被灰色的袜子连同鞋底一起包起来的鞋子，既看不清鞋子的样式，也看不清鞋底的厚度。头顶上面部分是不到一厘米的短发，下面全部剃光，是俗称的"壶盖头"。白衬衣、黑短裤的搭配显得英气勃勃，与彰显个性的眼镜、发型很搭配，这样的打扮使路人通常不会留意到这位女子原本面容姣美，唇红齿白，女性特征十足。

右边的一位，长发，眼镜，身上一件白底黑花的旗袍，配一件黑色镂空针织的外套，娇小玲珑。

左边的这位，是著名旅德艺术家蓝镜女士，以特立独行而著称。右边的这位便是笔者。子夜时分，波鸿街头，在不同寻常的时间，不同寻常的地点，我开始对蓝镜这位不同寻常的女子进行采访。

那天我照常工作到中午，没吃午饭就匆匆赶往机场，乘飞机到杜塞尔多夫，在机场洗手间换上带在身边手提纸袋里的旗袍，立刻转乘火车到波鸿，再打的来到一家装潢气派的饭店，恰好来得及出席蓝镜的德国朋友，一家机械制造厂的主人，为公司举行的百年庆典。

庆典开始前我们在饭店门外初次照面，蓝镜热情拥抱。虽对蓝镜女士闻名已久，但我也不能免俗地打量起她那身极为特别的装扮。领子竖起的白衬衣，风格飘逸的毛笔字，洒脱中洋溢书香。蓝镜告诉我那是著名旅德华人钱跃君博士的手笔。吊带短裤的吊带没有吊起来，而是自然垂落腰间成为别具一格的装饰。腰间一条宽宽的皮带，束起纤细的腰肢，前面用金属链条挂着一个不大的皮包。蓝镜说，她经常丢三落四，索性把随身用的东西这样挂在腰间。醒目的红唇、别致的白衬衣、利落的短裤、锃亮的链条、被袜子包成了马靴样的鞋子，这一切明明白白地宣告主人的艺术家身份。

那天晚宴高朋满座，特邀嘉宾是自民党主席林德纳先生。这位年轻的政治家拒绝了默克尔的组阁邀请，成为 2017 年德国政坛上最为轰动的事件。因为艺术上的默契与共鸣，林德纳和蓝镜成为挚交。应蓝镜邀请，林德纳专程从柏林赶来出席庆典。晚会高潮是蓝镜赠画仪式，画面上茫茫雪野中四匹骏马扬蹄驰骋，"马力时代"这一名称点明百年机械公司的庆典主题。揭幕前蓝镜简短致辞，引来阵阵掌声。晚会上同时见到蓝镜的先生，一位年轻英俊的德国学者，在一所大学任教并主持大学教研所的工作。

晚宴十一点结束，我们结伴离开，在晚宴上几乎没吃东西的蓝镜感到饿了，想到市中心吃一碗牛肉面，所以我们两个人徒步走到地铁站，边走边聊。

蓝镜，1970 年出生于东北的一个山城，父亲是老革命，母亲是街道干部，作为父亲第二次婚姻的第一个女儿，出生在已经有了三个女儿的家庭。蓝镜直言自己童年时代顽劣不堪，比调皮男孩还要调皮，整天别出心裁地捉弄老师，最严重的一次把老师气得晕倒在课堂上。可能是内心潜在的"多余感"导致蓝镜要不断地以各种方式证明自己的存在，在调皮捣蛋中她找到了挑衅权威的快感以及"打败"权威的成就感，这种快感和成就感后来成为驱动她艺术事业发展的原始动力。

蓝镜六岁时，有一天妈妈出去开会，把她锁在家中。百无聊赖中她随手拿起粉笔在地上涂鸦，画的是当时流行的宣传画场面。妈妈回到家大吃一惊，由此发现女儿的艺术天赋，送她到县里的文化馆学习。在那里她师从一位大连来的知青，接受绘画基础训练。这位名叫刘仁杰的知青，后来成为沈阳鲁迅美术学院油画系的主任。启蒙伊始遇到名师，可谓幸运。

蓝镜的名字非常特别，是艺名吗？我好奇询问。不是。想起往事，蓝镜哈哈大笑。蓝镜，本名"蓝晶"。上小学时经常被同学们戏称为"蓝精灵"，中学生物课本上讲到蓝鲸，世界上最大的动物，还特地标明了体重相当于一千五百头猪的重量，从此"一千五百头猪"又成了蓝镜的第二个绰号。为此她把自己名字改为"蓝镜"，印度传说中的一面镜子，能照出世界的本来面目。"翻译成汉语就叫作'照妖镜'吧"，蓝镜自嘲中不无自豪。

她现在使用的外文名字"Jiny Lan"，则完全是中外官僚主义相结合造成的结果。出国申请护照时，工作人员一时马虎，把"Jing"打错了一个字母，成了"Jiny"。来到德国后才发现，想要更改护照上的名字几乎是不可能的，来来回回折腾了几个回合，最后将错就错从此使用这个名字。

1988 年高考，蓝镜违心地听从师长的建议放弃申请艺术院校而参加了普考，考试失利阴错阳差地进入了她丝毫不感兴趣的经济专业。勉强毕业后，蓝镜争取到杭州中国美术学院学习第二专业的机会。学习期间，她结识了一位从旧金山美院来的留学生，开始了一场当时人人侧目的跨国之恋，两个人的交往虽然遭遇到多方面的阻碍，但是蓝镜的英语口语却得以迅速提高。1994 年毕业后，她凭着外语、写作和绘画三项技能考入了《人民日报》社，成为广告部的美术编辑。在报社工作期间，因为英语流利经常出席外事活动，认识了许多外国企业家，于 1995 年接受一家德国企业的聘请来到德国，并计划在实习期满后去旧金山与美国男友团聚。

　　不料命运再一次和蓝镜开了一个玩笑，那段靠信件和电话维持的异国之恋并没有她想象的那么浪漫。果断终止这段关系后，蓝镜决定放弃已经办理好的美国签证，留在德国，开始学习德语，随后成为多特蒙德大学艺术教育专业的学生。

　　这期间蓝镜曾有过一段短暂的婚姻，对方是一个极端左派的人道主义者和环保主义者，婚姻以和平方式结束，两人至今还是偶有互动的朋友。

　　大学期间在学生宿舍里蓝镜认识了她现在的丈夫，一位比她自己小九岁的德国男生。当时这位全校年纪最小的新学生渴望学习艺术，但是屡次申请屡次被拒。在蓝镜的指导下，几个月后他顺利通过了考试，两人也因此结缘，成为艺术和生活上的双重伴侣。

　　在德国的最初几年，为了开阔眼界，蓝镜投入大量时间环游世界。旅费哪里来呢？很简单，一个画架和一支画笔。蓝镜在少年时代就擅长肖像画，屡屡让被画者吃惊。来到欧洲留学，她索性把这项技艺当成谋生的手段，在城市的游乐节、音乐节上支起画架，为路人画十分钟一张的炭笔肖像。到外地旅游也带着画夹，往往成为酒店里最受欢迎的顾客。通过这种"游学"方式，她不仅了解了世界各地的风土人情，也为她的留学生活提供了足够的经济保障。

不过她真正声名鹊起是在美国。21世纪初，蓝镜接受当时的男友现在的先生的邀请来到纽约，男友每天去曼哈顿的公司上班，蓝镜就躲在布鲁克林的公寓里画画。美国是一个开放宽容的社会，也是一个不吝啬赞美的社会，蓝镜随心所欲创作的作品意外地得到高度赞誉。她首次展出作品时，一位小有名气的喜剧演员买走了三幅作品，并且在当时一个全美收视率最高的真人秀节目上展示了其中两幅，主持人的溢美之词让蓝镜在短时间内收到很多积极的反馈。德国电视一台联系她计划拍摄专题报道，美国的金融家联系她商讨合作项目，最后虽然因为种种原因没有实现，但是大大增加了她的自信心。

从美国回到德国，蓝镜和先生定居于波鸿，并于2005年走入婚姻殿堂，大儿子随后出生，2010年蓝镜又成为一对龙凤双胞胎的母亲。如今的蓝镜事业有成，儿女双全，家庭幸福。那——，孩子怎么看你呢？我很想知道。蓝镜爽朗大笑，大儿子经常说：妈妈，你快点成名吧，让大家都知道你是谁，那样我就不用总是跟人解释为什么我妈妈是这个怪样子了。

结婚成家，有了孩子，蓝镜需要稳定下来，于是联系美术馆，为当代知名艺术家策划展览，从2005年到2009年，蓝镜在莫伊郎德美术馆兼职做了四年项目协调人。莫伊郎德美术馆拥有当代著名艺术大师博伊斯的最大收藏，她因而得到与大师作品零距离接触的机会。博伊斯对她最大的影响是，让她打破了艺术理解上的条条框框，她开始明白任何艺术表现方式都是被允许的，作品在内容和形式上都开始有了质的飞跃。

2012 年，蓝镜和肖鲁、李心沫在北京 798 艺术区联合举办画展，她的作品集体作业在展览开幕前被强行撤下，因此引起诸如《纽约时报》等国际媒体的关注。在那次展览的开幕式上，三位"秃头戈女"当众相互"剃度"，成为现实中的秃头女郎。后来另外两位再次续留长发，唯有蓝镜保留光头，秃头从此成为她鲜明的标志之一。

作为画家、行为艺术家、女权斗士，近年来蓝镜的名字频频出现在西方主流媒体上，几乎她的每一次展览都会在社会上引发一场争论，2016 年在法国巴黎的展览如此，2017 年在奥地利维也纳的展览如此，2018 年在德国科布伦茨的展览同样如此。

在 2019 年年初的艺术博览会上，蓝镜的作品在开展的首日被一售而光， 不久后收到在威尼斯圣马可国家图书馆举办展览的邀请，在当年拿破仑举办庆典活动以及茜茜公主用作舞厅的礼堂里举办展览，这无疑会成为蓝镜艺术生涯中一个新的里程碑。

我们一路走一路谈，穿过街道，搭乘地铁，走到闹市，旁若无人。找到那家她想吃牛肉汤粉的越南店，却发现时间太晚那家饭店已经关门了，其他饭店同样已经打烊，无奈打道回府。下去乘地铁，居然错过最后一班车，只好步行到波鸿火车站，再搭乘电车来到她家，走过一条幽静的小路，来到一座独立的房子。几分钟后，我坐在厨房里手捧一杯热茶，看蓝镜用勺子和叉子，像德国人吃意大利面一样静悄悄地吃一桶方便面。

那天晚上她的双胞胎儿女被孩子的教母接走了，我就住在双胞胎的房间里，躺在高架床上消化对蓝镜的第一印象。

次日清早醒来，蓝镜夫妇还没起床，我打开大门在他们的花园里闲步。那是一幢普通的独立宅院，砖铺的小路，入口处一大蓬薰衣草迎风舒展。后花园封闭的露台上摆放一排排作品。透过落地玻璃窗，可以看到客厅地上放着一幅尚未完成的画作，四壁悬挂堆积着作品，这里显然被她用作画室了。

那天早餐，蓝镜亲自下厨为我做了一份煎蛋加吐司。饭后，我们出发到奥博豪森去看她的画展 Meisterwerke（大师之作）。

中午时分，我们来到蓝镜在北威州首府杜塞尔多夫的工作室。那是一座二战晚期伪装成民宅的军用建筑，赭红色的外墙上轰炸留下的坑坑洼洼清晰可见。杜市政府特地不予修缮，作为文物保留原貌，以低廉的房租租给艺术家们作为工作室。蓝镜的工作室在三楼，靠墙放着几幅正在创作的作品，地上放着一幅刚喷过颜料底色在晾干的半成品。颜料气味刺鼻，所以在工作室做初步处理，晾干后再搬回家继续创作。我跟蓝镜一起一人搬起一幅画，放到她的车内。在上上下下爬楼梯时，蓝镜告诉我，因为很多外地来访的客人时间紧张，为了提高效率，她特地在首府离机场不远的地方租下这间工作室。

中午我们共进午餐，下午分手道别。晚上在酒店，我坐下来仔细翻看今天上午在美术馆展览现场拍摄的照片。

这组作品题为：Meisterwerke，大师之作，以德国当代最具代表性的八位艺术家为题材，展现蓝镜对他们作品的分析以及所处时代的思考。

翻看照片，回忆上午情景。走进展览厅，我环视四周，那些寓意复杂的蒙太奇画面纷至沓来：人头上昂首挺立的公鸡，顺流而下的倒立裸体，捆绑吊起的男子，安详微笑的观音伸出蒙娜丽莎的玉手，水面倒影上下相对的大胡子，黑布遮挡的德国议会大厦，挡在男性生殖器前面的德国雄鹰……

这些鲜艳的色彩，出人意料的画面组合，给人以强烈的冲击。我一时不知所措，转头去看蓝镜。今天的她依然是昨天那身打扮，简单的白衬衣，俊逸的书法，利落的短裤，腰间的皮带，苗条的腰身，一幅——，我思忖着，活生生女战士的画像。

走过一幅幅画作，聆听蓝镜讲解。这里的八幅画分别展现八位德国战后最重要的艺术家：博伊斯、里希特、巴塞雷兹、基佛、伊门道夫、吕佩尔茨、珀尔克和朋克。与当年在游乐节上所画的肖像不同，蓝镜对这些大师的刻画重点不在大师的外表形象，它们甚至是传统意义肖像的反义词。蓝镜以为大师塑像为名，揭示的是德国当前社会所面对的各种问题。风云一世的艺术大师即将被载入史册，而未来的艺术史正在被蓝镜这样的艺术家们继续书写着。

这组作品同时在德国的奥博豪森和意大利的威尼斯展出，因为作品触及了时代的脉搏和痛点，引来众多媒体竞相报道，德国著名艺术杂志《Monopol》(《垄断》艺术杂志)和著名的左派报纸 TaZ（《日报》）都做了长篇解读。偏左和偏右的媒体不约而同地推崇同一位艺术家，是艺术界比较少有的事件。Meisterwerke，大师之作，一语双关，既意味画面中所表现的艺术大师，同时也暗指画面后的作者本人，如此机智而顽皮地玩弄文字游戏，再次体现出蓝镜不拘一格的个性。

蓝镜，一位与传统女性形象截然不同的女艺术家，用蓝精灵一般的纯真和热情去创作，作品像一面面镜子，照出当代社会的千姿百态。她以超出常人的想象力打造一个神话故事，故事的主角，正是那面让妖魔鬼怪们现出原形的照妖镜。

2019.08.

刘瑛：书籍铺设人生路

2019 年 5 月 18 日午后，美因河畔的法兰克福，在丽笙酒店淡蓝色月饼形状的大楼里，一楼会议室内六七十个座位座无虚席，大家抬头注视前方。正前方墙上高挂红色横幅：第一届欧洲华文文学国际研讨会暨第五届中欧跨文化作家协会年会。横幅下是淡蓝色的屏幕，屏幕前一位中年女士，黑色上衣，红色长裙，一头秀发优雅地扎到脑后。她一手紧握话筒，一手举起一本书。我坐在第二排凝目注视，那是一本旧书，边角磨损了，封面松散。

台前的这位女士，便是中欧跨文化作家协会的会长刘瑛女士。今年又到协会两年一度召开年会的时候了，从去年她便开始筹备工作，联系国内外学者专家，确定借此机会与中国世界华文文学学会联合举办第一届欧洲华文文学国际研讨会。为了此次会议，数十位从事海外华文文学研究的学者从大陆及美国赶来，多位会员从欧洲其他国家赶来，在德国的会员更是来自四面八方，大家齐聚一堂，对欧洲华文文学各抒己见。

会议议程安排充实，发言精彩纷呈，有的概括回顾海外华文文学发展历程，有的评论知名作家，有的点评、比较欧洲华文作家的作品，有的回眸自己的写作历程。作为与会者，我深觉不虚此行。此刻刘瑛高举这本显然已经有年头的书，又安排了什么好戏呢？我抬头注目屏息以待。

刘瑛开口了，她说"这本书陪伴我二十多年了！"会场里响起轻微骚动，大家都想看清这是什么书。这是《曼哈顿的中国女人》，九十年代的畅销书，一本对我人生影响至巨的书！刘瑛很快揭开了谜底。

1993 年底，阴冷的冬季，刘瑛乘坐南昌至北京的列车到德国大使馆申请签证，临行前心中不无忐忑。为了家庭团聚，要放弃待遇不错的铁饭碗，带着孩子走进一个完全未知的世界，奔向遥远的欧罗巴，陌生的德意志，以后的生活会怎样呢？前途未卜，心中不免七上八下，各种问题萦绕脑际。

两天一夜的车程，除了吃饭，她几乎一直躺在卧铺车厢的小床上，夜以继日地读着一本随身携带的书。那是当时在国内引起巨大轰动的旅美华人周励的自传《曼哈顿的中国女人》。南方的列车里缺少必要的暖气，越往北越寒冷，然而刘瑛的内心却升起热浪。她被书中主人公周励的传奇经历所吸引，周励在美国的打拼以及后来的成功给了她极大的启发。

当年在列车上一路通读的那本书，便是二十五年后刘瑛在法兰克福高举的那一本。二十五年间，这本书跟着她一路辗转，从南昌到北京，从中国到德国，从长江到莱茵河。书页磨损了，封面松脱了，她仍珍爱不已。二十五年间，刘瑛立足莱茵河畔，下海经商，继而踏上文坛，成为海外知名的女作家，一个兴旺的作家协会的会长。今年主办这场高水平的文学研讨会，在美因河畔迎来了多年前认识的偶像，《曼哈顿的中国女人》的作者周励女士。

为这次聚会，她特地带来了珍藏身边二十五年的这本书，请作者周励女士现场签名。"这是一场迟到了二十五年的签名"，她激动地说。听到此，坐在前排的周励女士起身上前，拥抱刘瑛，接过书低头签字，再把书递给刘瑛，两位海外女作家合影留念，全场掌声响起。

刘瑛，江西南昌人，在饥荒年代出生于一个知识分子家庭。父亲是高级农业专家，早年从事改良水稻品种研究，颇有成果，后来服从组织安排专攻辣椒种子的研究，留下多个以他名字命名的品种。母亲是医术高超的妇产科医生。

父母的专业都与文学无关，可是冥冥之中自有一双无形的手指引刘瑛走上文学之路，与书本结下不解之缘。20世纪70年代初，父母在鄱阳湖畔的生产建设兵团工作。刘瑛上小学，刚刚开始成长，睁大一双眼睛观察世界。一天放学路上，刘瑛无意中看见厂部办公室旁边一间小平房的窗户玻璃打破了，好奇地探头向屋里张望，发现里面堆着许多落满灰尘的书籍。身体瘦小的她顺着低矮的窗台爬了进去，在那个小小的房间里她发现了一个前所未知充满魅力的大世界。她至今清晰地记得拿起的第一本书是莎士比亚的《威尼斯商人》，没有任何文学知识和地理概念的小刘瑛不知道莎士比亚是何许人，也不知道威尼斯在何方，她只是被其中的情节所吸引，看鲍西亚如何在法庭机智地把犹太商人夏洛克引入自相矛盾的境地，无法如愿割掉安东尼奥胸口的那一磅肉。那时，她做梦也想不到有一天她会来到威尼斯所处的大洲，并亲自下海经商。

此后在将近一年的时间里，刘瑛几乎天天光顾那间挂着铁锁无人问津的小房间，偷读作为毒草被封的禁书，把那一屋子的书囫囵吞枣几乎全部读遍。多年后，在大学中文系外国文学课上老师开出的长长一列必读书单里，刘瑛惊讶地发现，那一本又一本的中外名著居然都是她在小学时代爬窗偷读过的书！

这段特殊的阅读经历对刘瑛的影响慢慢显现出来。中学时代，她的作文常被老师当作范文朗读和讲解，作文参赛屡屡获得各种奖项。

七十年代中，"文革"结束，学校逐步恢复秩序。学习成绩一直优异的刘瑛一心想考上心仪的名校，哪知道高考前夕的一场意外却使她与心心念念的学府失之交臂。

高考前几天，其他同学回家了，女生宿舍里只剩下她和另外一位女同学两个人。一天夜里一位流氓闯入女生宿舍图谋不轨，两个女孩吓得惊恐大叫，引来管理人员，入侵者匆忙逃走。饱受惊吓的两个女孩考试发挥失常，刘瑛最终走进了省重点大学江西师范大学。

大学时期，从小先天不足身体瘦弱的刘瑛如花绽放。她健康，活泼，大方，是学生会干部，深得老师和同学们的喜爱，大学毕业后分配到另一所高校任教。那时的大学不允许在校学生恋爱，循规蹈矩的刘瑛在大学期间没有跟任何人牵手。大学毕业后，恩师见爱徒尚无伴侣，便为她介绍了一位当时已经小有名气的青年翻译家，两个人一见钟情，相互欣赏，很快步入婚姻殿堂。

刘瑛的先生毕业于国内外语院校德语系，曾被借调到省第一家外资企业工作，隔三岔五到国外出差，得以见识外面的世界。工作几年后，他下定决心来到德国留学，继续提升自己，寻找更合适的发展机会。

留学期间，他一边学习一边工作。杜塞尔多夫有很多台湾公司，大多经营在九十年代崛起的个人计算机。他利用自己的语言优势，担任销售工作，成绩卓著，不仅挣下自己的生活费，还为后来的事业积累下经验、人脉和一定的资金。三年后，他注册成立了一家欧亚进出口有限公司。随后刘瑛带着大女儿来德团聚，学习德语，注册入学。

她先生最初选定的目标是计算机行业，可刘瑛受《曼哈顿的中国女人》启发，希望经营具有鲜明中国特色的产品，他们转而锁定纺织品行业。经营公司最初并不顺利，经验不足，德国市场不接受他们选定的产品，他们熬过一段艰难时光。后来他们下功夫研究德国市场，利用在国内工作积攒的人脉，联系国内厂家，精心选择产品，终于一炮打响，拿到了第一张订单，实现了从零到一的突破。之后的发展顺理成章，他们的经营规模越来越大，产品进入德国主流销售渠道，并成为一些公司的固定供应商。德国的零售巨头 Kaufhof、Karstadt 等公司都从他们这里订购精美的中国纺织品。多年后，她实现了在绿皮火车中朦胧产生的愿望，成功把国人引以为傲的产品介绍给德国社会，也为自己打下了坚实的经济基础。

若是生活按照既定轨道运行下去，那么刘瑛会一心经商，也就不会有文章开头写到的法兰克福研讨会，不会有那场激动人心的签名会了。

大约在 2009 年，国内一个作家代表团到法兰克福参加书展，顺道到刘瑛居住的城市杜塞尔多夫，举办了一场作家与读者见面会。会上一位作家得知刘瑛是中文科班出身，又在德国生活多年，有商场打拼的经历，于是鼓励刘瑛把这些都写出来，一席话唤醒了刘瑛早已沉睡的文学梦。

此时的刘瑛人到中年，从中国到德国，从行政单位到下海经商，从风华正茂的青年学者到两个孩子的母亲，沉淀了一定的人生阅历。在德国生活数年，她观察德国社会，思考两个国家的文化差异，有了一定的生活积累，于是坐下来提笔写作，接二连三地在国内大型文学刊物上发表作品。同时她在新浪开辟博客，通过网络分享海外生活点滴，网名"刘瑛依旧"。

刘瑛能够熟练驾驭多种体裁，她写散文，写诗歌，但是她广为人知的作品是小说。2016 年，她的中篇小说集《不一样的太阳》入选海峡出版发行集团和鹭江出版社联合出版发行的"新世纪海外华文女作家丛书"。2017 年 5 月，她的中篇小说《不一样的太阳》在美国被拍成电影首映，当年入围美国第 25 届 cinequest 等多项国际电影节。

在自己勤奋写作的同时，刘瑛意识到在德国有不少文学爱好者，苦无交流平台，于是她在 2011 年发起成立了"中欧跨文化交流协会"，旨在联系文学爱好者，推广宣传中国文化。刘瑛担任会长，为会务跑前跑后。虽然有过一些波折，可是协会发展势头良好，会员们辛勤笔耕，纷纷出书。2018 年 7 月，"中欧跨文化交流协会"正式更名为"中欧跨文化作家协会"。2019 年法兰克福年会上，她辞去了会长一职，随即被推举为终身名誉会长。

在法兰克福的研讨会上，刘瑛谈到了组织研讨会的初衷，并展示一张不太清晰的老照片。照片上，刘瑛站立台前手执麦克风，不远处两三位学者在交头接耳。

这张照片拍摄于 2014 年。那年在南昌召开首届新移民文学大会，那是一场海外华文作家的盛会，邀请众多海外知名作家出席。刘瑛因多次在国家级文学杂志上发表带有鲜明特色的文学作品而受到关注，成为受邀嘉宾，第一次回国参加文学类的国际会议。

会议上各位专家学者就海外华文文学发展畅所欲言，作为新人她静静聆听，直到大会总结发言完毕。她发现几乎各个大洲都提到了，甚至连新加坡、中国香港都提到了，唯独漏掉了欧洲。于是她站起来举手发言，询问为什么学者们独独没有研究欧洲的华文创作？她认为，在世界华文文学创作的版图上，不应忽略甚至漏掉欧洲。她介绍了在德国新成立的以写作为主要目的的"中欧跨文化交流协会",同时介绍了协会中几位有代表性的作者。

她在台上即兴发言时,主席台上的著名学者教授纷纷探头打听这位陌生面孔的新人是谁?一位文友及时抓拍,留下了这历史性的镜头。

在那次会议上,刘瑛痛切地感觉到欧洲华文文学创作太不为人所知了!欧洲的华文作家在努力写作提高自己水平的同时,很有必要加大力度宣传推介,要让研究海外华文文学的学者们了解,在欧洲同样有一批热爱中文醉心写作的海外华人。为此,她利用自己的人脉,推介文友作品,积极宣传和介绍年轻的"中欧跨文化交流协会",最终促成了这次在法兰克福举行的第一届"欧洲华文文学研讨会",向与会学者展示欧洲华文文学的创作成果。

这是一场断断续续的采访。去年我首先通过《刘瑛小说散文集》从文字中认识刘瑛,并曾通过微信交流。五月在法兰克福第一次会面,遗憾刘瑛为了会议忙碌未能长谈。六月下旬我到北威州一行,约好时间我们在一家中餐馆相对而坐,听她回顾自己的人生之路。

谈话间,我再一次打量对面的女子,她面容姣好,打扮得体,言谈大方,举止优雅,侃侃而谈,数十年往事如流水。

每次采访,我必在当天晚上整理采访资料。那天也不例外,整理完毕后,我起身在房间内来回踱步,在脑海重温刘瑛的人生之路。

少年时代的小刘瑛爬过窗户,爬进一个小小封闭的房间,也爬进一个未知的广阔天地。青年时代的刘瑛躺在绿皮火车摇摇晃晃的床铺上，捧读那本横跨中外生活的《曼哈顿的中国女人》，踏上走出国门走向欧罗巴的旅途，踏上经商之路。中年时代的刘瑛经商之余提笔写作，《不一样的太阳》为国人开启一扇窗，认识窗外不一样的世界。成熟的作家刘瑛组织协会为同好组建交流平台，拓宽视野走向国际交流，在南昌研讨会上走到台前抒发己见，策划、组织法兰克福研讨会，在德国成功举办一次大型华文文学研讨会，举行一次别开生面的签名仪式，留下一段文坛佳话。

走到房间尽头，我回过头来。

蒙尘的《威尼斯商人》开启刘瑛的文学之旅，热销的《曼哈顿的中国女人》升起刘瑛经商的风帆。刘瑛的人生被文学作品影响，而她自己的作品《不一样的太阳》不但以文字的方式呈现给读者，更以电影的形式广泛接近更多的观众，说不定也会对不知名的读者、观众产生巨大的影响。

我抬起头，眼前展开一条由书籍铺设的道路，刘瑛踏着前人的足迹走过来，在她身后也有人踏着她的足迹前进。

2019.09.

李红：风雨后的彩"红"

细白的石子路弯弯曲曲，蜿蜒环抱一池碧水，水面上两三群睡莲铺开翠绿罗裙，以手支颐托起娇美的红颜，几尾金鱼欢快地划开水面，荡起一圈圈涟漪。池塘一角，一个四角形木制亭子伸入水面轻轻拨动绿水。池塘一边，四五朵白色的帐篷蓝天下盛开。抬起头，蓝天，白云，绿树，红花呢——？哦，在这里，花园小门两边红蔷薇盛开。

目光回到石子路，一个苗条的身影正踩着石子向池塘另一边的帐篷走去。她，名叫李红，是我今天午后邀约访谈的对象。我缓缓坐回池塘边的椅子里，一幕幕回想今天听到的故事，一个跨越国界跨越年龄的浪漫故事，一个经过风雨始见彩虹的故事。

三年来我致力于对旅德华人的采访，计划走访一百位旅德华人，写下他们的人生故事。友人为我介绍在德国中部经营亚洲文化博物馆的李红女士，恰巧我在某个微信群听过这个名字，知道她是一个仪态培训班的"微笑女神"，仪容端庄，曾荣获"风姿卓越奖"，心怀向往，欣然赴会。

六月中，正是德国美好的夏天，乘火车来到科隆附近的小镇史韦尔姆，李红如约开车来接我。车门打开，我即刻眼前一亮，走下车的女子身穿一套色彩鲜艳的连衣裙，图案是各种不规则的几何图形，颜色各不相同，脖子里系着一条同样款色色彩艳丽的小块丝巾，一头长发随意地挽成一个马尾，在脑后轻轻晃动。

虽然是初次见面，可是并没有陌生感，我们拥抱问候，上车，李红开动车子向她生活的小镇拉德佛姆瓦尔德开去，那里有她和夫君共同经营的亚博园。我们沿着乡间公路开去，迎面草地和树林接踵而来，野花野草烂漫其间。山路左弯右绕，李红显然对地形非常熟悉，而且善于利用时间，她一边熟练地开车，一边开始讲起她的故事。

李红是上海人，70后。九十年代初，李红在上海一家著名酒店工作，她的故事在那里开始，初始浪漫迷人。

九十年代初，刚刚踏入社会的李红如花绽放，吸引了众多追求者，其中包括酒店的一名客人，一位来自德国的工程师。他因为工作关系到上海住了一段时间，在酒店遇到李红，一见惊艳，再见倾心，展开热烈追求。李红跟大多数少女一样憧憬浪漫的爱情，二人开始交往。1994年秋天，李红到德国访友，跟工程师相处半年，于1995年春天结婚。

结婚时，她感觉走在云端的彩虹上，然而婚后浪漫的面纱被风吹落，露出生活的本来面目。丈夫依旧在全世界游走，公司在那里有项目就到那里工作。李红陡然从上海这样一个国际大都市，来到德国一个中型城市伍珀塔尔，颇感失落。在一个陌生的国度，心上人不在身边，李红婚后深感孤寂。1998年孩子出生，丈夫基本不在身边，李红独立抚养孩子，越来越觉得孤独，感觉自己像单身母亲，越来越肯定这不是自己希望的生活。经过反复思考，她痛下决心在2002年离婚，一段浪漫恋情就此画上句号。

风雨袭来，满地狼藉。婚姻失败，骄傲的李红愿意放弃赡养费，愿意放弃一切，唯一不肯放弃的是孩子的抚养权。她一个人带着孩子，租了一套小公寓，四处找工作。没有德国承认的学历，语言也不是很好，多少次失望而归，回到冰冷的公寓，抱紧孩子默默无语。幸好天无绝人之路，李红一向喜欢健身，之前常去的健身房老板聘请她做健身教练，接受短期培训后上岗，生活初步有了着落。其后为了给孩子提供更好的生活环境，李红学习按摩，但是只为女性客户服务，跟一些按摩女郎划出明确的界线。

经历人生低谷，生活困窘时也不是没有想过回国，可是想到回国要面对的各种状况，要强的她选择了咬牙在国外坚持。慢慢守得云开日出，生活一步步稳定下来，儿子一天天长大，笑容重新回到李红脸上。经过风雨的洗礼，李红褪去青涩，散发成熟的芬芳。三十出头，正是一个女人最美的年龄，也曾经考虑重新开始，可是一直没有遇到合适心仪的人。经过一段失败的婚姻，好不容易走出来站稳脚跟，如今她再也不愿轻易冒险重蹈覆辙了。就在她抱着宁缺毋滥的心态计划独居下去的时候，命运再一次敲响她的门扉，阿波罗射出一支红箭，一支她没有马上接受的红箭。

2008 年年底一位开饭店的女友突然打电话来，要给她介绍一位饭店的客人，一位中年丧妻的德国人，故意没有提男方的年龄，让她自己看。她不好拒绝，抱着姑且看看的心态，答应了男方登门拜访。

2009 年 1 月初，在约定的时间，一位德国先生非常准时地按响她的门铃。打开门见到一位老先生，她大为错愕，立即否决了，但是出于礼貌没有当场闭门谢客。既然来了，就一起喝杯茶吧。老先生坐下来就不肯走了，茶水喝了一杯又一杯，滔滔不绝地谈天说地。在谈话中她察觉到对方其实没有那么老，至少心理年龄相差不大。即使不能成为恋人，也可以作为普通朋友来往吧，她想。

　　这位比李红年长二十多岁的先生显然对李红一见钟情，为了接近意中人，选择孩子作为"突破口"。得知她儿子是足球迷，征得她的同意，他多次带她的儿子去踢足球，赠送各式各样跟足球有关的礼物，几次下来儿子回家便跟母亲唠叨彼得长彼得短。彼得是他的名字。但是这一切都没能打动她。命中注定的转机在二月份，他们第一次正式约会时出现。

　　二月，德国仍没有丝毫春天的气息。到了他们约会那天，突然下起鹅毛大雪，纷纷扬扬。彼得触景生情，马上请人驾着马车出游。他们两个人坐在马车里，盖着厚厚的毛毯，行驶在茫茫雪野里。雪花飘飘洒洒，草白了，树白了，房屋白了，天地间是白茫茫一片。在这片银装素裹的童话世界里，马车缓缓行驶，车内暖意融融。他取出刻着心形的酒杯，为她斟下一杯琥珀色的香槟，两人举杯共饮。上坡，下坡，车轮碾过白雪，车夫挥动马鞭，碰到杉树枝条，积雪扑簌簌落下来，露出白雪掩盖的绿色轻轻颤动。此情此景，天醉了，地醉了，她也醉了，他趁机俯身一吻。她感觉微甜，并不抗拒，就此在冰天雪地里一吻定情。

　　五月，彼得手持鲜花跪地求婚。秋天，在他的生日前一天她穿起白色婚纱，坐上马车，到婚姻登记处公证结婚。

　　第二天他们举行了盛大的婚礼。为了迎接中国来的新娘，彼得花了好多心思，亲手在自家花园里搭起大大的婚宴帐篷，装上中式大门，挂起红色的灯笼，帐篷里一盆盆白色蝴蝶兰轻舞，花园里一丛丛翠竹摇曳，池塘里一尾尾金鱼游弋。一顶中国轿子抬着公主般高贵仪态万千的新娘，她从掀起的轿帘中向观众挥手。少女时代的美梦成真，曾经的风雨便算不得什么了。

回忆起十年前的婚礼，李红伸手指点，这边的小路，那边的田野，都是婚礼当天她经过的地方。说话间，她目光蒙胧嘴角含笑。

童话故事一般以婚礼结束，王子和公主从此过着幸福的日子，可是现实生活并不如此。婚礼不是一个故事的结束，而是另一个故事的开始。李红的故事从此进入下一章。

李红的丈夫彼得•哈特（Peter Hardt）先生跟亚洲渊源极深，他在青年时代受一本畅销书《骑自行车环游世界》感染，放弃了稳定的工作，跟当时的女友后来的妻子（她不幸于 2005 年去世）跨上自行车开始环游世界，期间在阿富汗逗留时间较长。三年后回到德国，他开始在大大小小的市场出售从东方带回来的各种纪念品，没想到纪念品颇为抢手，他就此走上经商之路。此后他一次次远游，以阿富汗为中心，收购各种文化产品，带回德国出售，在德国的文化纪念品市场稳站一席之位。

因为业务需要，他经常参加各种展会，认识了出身各界的收藏人士，其中包括肯策乐兄妹。肯策乐先生是医生，酷爱亚洲艺术，家中有数量庞大的私人收藏。二人因此结为好友，数十年往来不断。肯策乐先生日渐年老后，彼得帮忙打理各种事务。老人晚年生活不能自理，彼得和李红夫妇把老人接到身边，李红悉心照料，让彼得十分感动。

肯策乐先生遗愿，希望自己的收藏品能够在博物馆长年展出，与更多爱好者分享。在肯策乐先生生前身后，彼得多方奔走联系，始终没能找到博物馆愿意长年展出。几经考虑，为了达成亡友遗愿，彼得跟他年轻的妻子李红毅然决定自己动手，成立自己的私人博物馆，于是便有了亚博园 (Museum für Asiatische Kunst in Radevormwald)。

说起来令人难以置信，亚博园是彼得跟妻子李红两个人亲自设计并指挥建设的。亚博园的前身是一个颓败的农场，彼得买下已是危房的老屋，亲自改造，架起支柱，再修屋顶，并利用房屋的高度，在空中搭建二层楼阁，增加建筑面积。

　　如今的亚博园长年开放，在五百多平方米的展览面积上展出数百件来自亚洲的民俗文化品，有大大小小的佛像，各式各样的经筒、经幡，有各种手工纪念品，琳琅满目。最著名的展品是肯策乐先生收藏的珍品，一尊十四世纪巴基斯坦的佛像。最美丽的展品无疑是一楼展厅一角的一幅彩色沙画，那是六位大师花了一周时间，一毫米一毫米地用五彩缤纷的沙子描绘的佛教乐土。

　　参观过博物馆，我们来到亚博园的花园，那里的景色令我心醉神迷。在博物馆成立之初，他们夫妇也曾考虑请专业人士设计，可是了解之下费用高昂，二人便决定发挥德国人自己动手的传统自行设计。某天他们两个人坐在一家餐厅，在一个啤酒杯纸盖上涂涂画画，商讨自己喜爱的中国园林因素，再一步步推敲可行性，有些设计点子难以合乎德国严苛的法律不得不放弃了。夫妇二人一起动手，一点点开始建造，部分工作由专业人士施工，花了两年时间，蓝图变成了现实，一座具有鲜明东方意蕴的园林出现在德国贝格尔山区的碧树绿草间。

　　2014年亚博园正式对外开放，李红从酒店管理、健身教练、按摩师转身成为博物馆经理，她边做边学，边学边做，如今她迷人的微笑早已成为博物馆的活招牌。李红带我参观博物馆时接到几个电话，有人来预约时间请李红引导游览，有人来询问何时可以在博物馆举办庆典。李红对我介绍说，周末人们可以来博物馆悠闲早餐，平时也可以租借场地举办家庭或者公司的庆祝活动，亚博园的花园很受欢迎。

　　谈话中我直接问到博物馆经营情况如何，李红表示并不理想。这样的小型私人博物馆地处偏僻，很难吸引大量游客从远方来访，并不能盈利，反而月月亏损。为了增加博物馆的知名度，李红费心组织各种文化活动，亚博园的中秋古装游园会是一年中的盛事，来宾可以欣赏中国音乐、功夫、舞蹈，品尝特色佳肴。李红穿起典雅的皇后装束，彼得穿上皇帝装，夫妇二人笑迎来宾，李红在友人中因此获得"娘娘"的美称。中秋游园会有一个保留节目，"皇帝"亲自登台讲中秋节的来历，讲嫦娥奔月的故事，讲月宫里的玉兔，听得德国来宾悠然神往。

　　夏天李红组织各种露天音乐会，我们见面的周末就有一场露天轻歌剧晚会。客人们可以在篝火的映照下，欣赏轻歌剧，品尝各种烧烤，度过一个愉快的周末。因此在我们见面的下午，亚博园的花园里异常忙碌，彼得和几名员工正在摆放座椅，一样样打理活动需要安排的事项。李红带我参观过博物馆，我们坐在池塘边谈话。一会儿有人送饮料来，一会儿有人打电话订票，一会儿有人来问什么事情该如何做，李红一一作答。后来彼得呼唤妻子，她便起身走过去，跟先生讨论如何安排座位更好，一边说一边亲自动手搬起活动椅子摆放。我站在池塘边我们谈话的地方，看不清她连衣裙的图案，只见一团鲜艳悦目的彩色在穿梭来去。

　　趁他们工作，我又一次打量亚博园，池塘，睡莲，木亭，经柱，佛像……，一时间我糊涂起来，迷惑自己到底身在何方。

　　傍晚要离开了，恋恋不舍举步欲走，目光划过花园小门旁的一块金属牌子，上面非常艺术化地写着一行字，"Auch aus Steinen, die einem in den Weg gelegt werden，kann man was

Schönes bauen"，中文大意是：路上踢到的绊脚石，或许正是建造大厦的奠基石。这句话竖行排列，弯弯曲曲的，形成一条延展的小路。

我读了两遍，走出亚博园花园的小门，坐到李红的车上，扎好安全带，抬起头正对他们私人住宅的入口处，一道圆拱门，红色蔷薇盛开，一道红色彩虹跌落人间。

李红发动车子，在亚博园私家道路的入口处巧遇她开车回家的儿子。儿子已经长大成人，小女友坐在副驾座位上面露微笑。

到了火车站，我站在路边目送她的背影远去。一个苗条的身影，裹在一条色彩缤纷的连衣裙里，恍若天边坠落的一段彩虹。不，不是彩虹，应该是彩"红"，李红的"红"。

2019.10.

彦杰：捡拾的艺术

　　二十一世纪是一个比以往任何时期都更多元化也更为包容的时代，王德顺老爷子的风采能够倾倒世界，"大衣哥"能够一曲成名，这在过去是很难想象的。因此人们有了更多选择，有的人第二次选择落点，重新出发攀登事业新高峰，有的人苦心钻研业余爱好，达到甚或超过一般专业水准，继而走上专业之路，丰富了生命色彩，丰盈了人生之歌。华人摄影师彦杰女士便是这样一位华丽转身的佼佼者。

　　今年夏天一位朋友给我介绍彦杰女士，说她是清华毕业的摄影师。清华毕业和摄影师，这两者的组合引起了我强烈的兴趣。七月初，我特地抽出一天时间了解彦杰女士，亲自看她现场拍摄，充当模特请她拍照，并来到她的彦杰摄影工作室，听她讲述如何从爱好走向专业的故事。

　　那是七月初的周末，一个美好的夏日，阳光温热而不暴烈。早饭后我找了几套衣服带上，乘车来到市中心的开元活动中心，应邀参加书画展的开幕式。

　　因故迟到了几分钟，我走进去时开幕式已经开始，前边有人在讲话。那是一位年轻女士，象牙色的面庞洁净清爽，一头长发侧面分开自然披落肩头，黑色连衣裙勾勒出匀称的身材。她手持麦克风，讲话不快不慢，态度落落大方。我们添加微友数月，经常在朋友圈看到她的照片，所以我毫不困难地认出她就是我今天约会的摄影师彦杰女士。

讲话结束，她走过来跟我打招呼，随后拿起相机记录活动现场花絮。我手持一杯矿泉水，一边跟相熟的人谈话，一边留意彦杰女士，看她在人群中穿梭来去，有时候从远处不动声色地悄悄拍摄，有时候走近几个人请他们站到一起合影。她黑裙轻飘长发微扬，宛如蝴蝶满场游走捕捉精彩瞬间。

午饭后，活动高潮结束，她招呼我走近，看过我带来的衣服，思索片刻，请我换上白色上装白色小外套黑色长裙，束起本来披落肩头的长发，跟她一起走出开元活动中心，走到不远处的一幢建筑物外围的一排台阶上。那排台阶好几十级，高高的，宽宽的，竟有几分中山陵的气派。她请我站到右边从台阶中间的高度往下走，她咔嚓咔嚓不停拍摄，然后低头察看效果，请我这个业余模特再走一次，笑得自然一点，再走一次，眼睛看向某个方向，再走一次……，直到她感觉满意为止。

下午我们开车来到彦杰摄影工作室。工作室在慕尼黑南部一个区域，摄影室临街，打开门，艺术气息迎面而来。踏进门，我即刻被右手边的一盏灯吸引。那盏灯的灯架是一根略微自然弯曲的木棍，高处分叉，叉头挂着一盏圆圆的灯笼，灯笼罩是一幅国画。那个灯架显然是一根天然的树枝，剥去树皮，经过打磨，发出淡淡的光泽。我对这灯架着了迷，前后左右绕着看，从不同角度欣赏拍照。那灯架朴拙天然，原来绝对是一根树枝，可是哪里得来这样的奇思妙想，又如何做成这样一个天然去雕饰的灯架呢？看出我的疑问，彦杰开口介绍。这是她某次在树林散步时发现捡起来的，经过会木工的朋友打磨，再配上一个圆墩墩的木头底座，做成一个稳固的灯架。作灯罩的国画是她某次参加朋友组织的华人书画展随手购买的小展品。这样稍花心思没花什么钱她就拥有了一个独一无二的灯架。随意散步也能捡拾到这样的艺术精品，让我佩服她眼光独到。

灯架前边摆放一张古筝，一个古色古香的坐墩。墙上黑色木制的多宝格，格子内摆放艺术品。里面靠墙一个原木柜子，两扇对开的柜门中间淡黄色的圆心装饰颇有中国韵味。

我移动目光扫过整个摄影室，从右到左，从前到后，再从后看到前面，扫过角落里的办公桌，绕过隔开器材的屏风，目光停留在左手进门处。那里是一张原木茶桌，桌上的茶盘、茶壶、茶杯、古风式的电磁炉告诉我主人是茶道爱好者。茶桌背后立着几扇门样的东西，陈旧的木色，古朴的样式，吸引我走近。这是清末民初的旧门和旧窗户，从老房子里拆下来的。她在淘宝上淘到，再通过海运运来。木门旁边墙上还有四幅卷起来的竹帘，她拉动机关缓缓放下请我观赏。那是四幅国画，淡黄色的竹帘上，荷叶半卷，荷花迎风，莲蓬饱满。四幅画并排展现一幅荷塘风光，荷香淡淡，清韵幽幽。

纵观整个摄影室，布置非常之艺术化，简而不凡，东方神韵伸手可触。目前这个地方还没有好好利用起来，彦杰女士说她有意在这里组织茶艺、古筝等与文化有关的活动。随后她烧水泡茶，我们坐下来开始谈话。

彦杰女士，在沈阳出生成长，父亲祖籍山东，母亲是沈阳本地人。她在高中时期开始学画，本科在中央工艺美术学院学习环境艺术设计专业，后来中央工艺美术学院并入清华大学美术学院，她因此成为清华大学毕业生。如果说她拿到清华大学的毕业证是"偶然"事件，那她的毕业设计作品被学校收藏则全凭实力，绝非偶然了。

为什么会来到德国呢？她笑言是被闺蜜种草了。她的一位同学到德国留学后，回去对德国赞不绝口，天好地好人好，哪儿都好。她萌生来德国看看的愿望，在大学最后一年开始学习德语，为留德做准备。

在国内本科毕业后，她申请到斯图加特大学学习，最初计划用一年半载时间学好德语，然后就回国工作。学习期间，发现凭她的专业学历，在德国可以用两年时间读一个硕士，于是留下来继续深造。她在学生时期没有什么特别艰辛的打工经历，做教授的学生助理每个月挣几百欧元，俭省一点，足够维持生活，用不着向父母伸手。

大学期间，她被德国丰富多彩而且极其自由的生活吸引，她在国内时就喜欢各种球类，在德国发觉可能性太多了，网球，羽毛球，高尔夫球，登山，远足，跳舞，攀岩……，她从中选择了跆拳道。偶然参加一场学生活动，认识她现在的先生。她先生本来练习空手道，为了近水楼台先得月，转而学习跆拳道，最终赢得美人归。可是现在呢？结婚后他重新转回空手道。说到此我们对望一眼，会心一笑。夫婿毕业后来到慕尼黑工作，彦杰女士随之迁居慕尼黑。

步入新世纪，随着数码相机的兴起，手机时代的到来，二十一世纪俨然是全民摄影的时代，人人随时随处随手拍拍拍，摄影发烧友不乏其人，然而大多数爱好者停留在爱好的阶段，没能更进一步，摄影数量惊人，佳作寥寥无几。彦杰女士却是一个例外。作为爱美的姑娘，她一向热爱摄影，喜欢自己琢磨如何拍出靓照，厚实的艺术修养决定了她的品位不俗，朋友们看到照片大为赞赏，纷纷请她为自己及家人拍照。无心插柳柳成荫，她的摄影邀约络绎不绝。

为了提高技艺，在先生的鼓励下，她走进慕尼黑 Deutsche Pop 艺术学院学习专业摄影。在这里她学到很多专业知识，结识了很多同道，从大家的作品中汲取营养，收获良多。同学们都很努力，每一次老师布置作业，每一位同学都会献上自己别出心裁的作品，或许光线独到，或许构思特别，或许角度独特，一份份答案每每令人惊讶称奇。经过两年系统的学习，她的理论知识得到完善，摄影技术在实践中日益提高，成功从业余摄影爱好者迈向专业摄影师行列，并于 2015 年成立自己的摄影工作室，把兴趣与职业完美结合，走上专业摄影的道路。

开业之初她的工作重心是婴儿摄影，经常在一家妇产医院拍摄新生儿，用心捕捉每一位小天使的可爱瞬间。经过四年的工作经验积累，业务范围不断拓展，现在彦杰摄影师更专注个人写真、婚纱摄影和商务摄影活动。特别是在商务摄影方面，彦杰摄影师成绩卓著，得到广泛好评，几乎包揽了慕尼黑各种商务活动的摄影工作，为驰名世界的品牌诸如华为、奥迪、奔驰等公司的商务活动担摄影师，她为众多知名企业家拍摄的个人写真刊登在杂志封面。在书画展的次日，慕尼黑总领馆举行开放日，对外开放，展览书画，介绍茶道、香道等传统文化，那天中外嘉宾云集，彦杰女士应邀为活动留影。刚刚 2019 年 9 月中旬华为在慕尼黑展览馆召开 Mate30 的新品发布会，彦杰女士为活动现场摄影，部分片段被 CCTV 收入新闻短片。

摄影这么多年，有什么难忘的作品吗？我询问，彦杰女士想了一下说，有一次她在教堂前拍摄婚纱照。天公不作美，骤然电闪雷鸣大雨倾盆。这可怎么办呢？婚纱拍摄也不能临时改期。既然天气无法改变，索性把天气摄入镜头吧。她灵机一动，抓拍透过狂风吹起的婚纱隐约可见的道道雨丝以及雨帘后一对依偎的新人。这帧独具匠心的婚纱照后来荣获国内权威商业摄影比赛的"评委提名奖"。

至于著名的摄影对象，则太多了。彦杰女士拍摄过的各界大腕包括曾经的跳水女皇郭晶晶和夫婿霍启刚，飞人刘翔，影视明星吴建豪，舞蹈家金星等等。最近彦杰摄影师为施华洛世奇的"公主"维多利亚拍摄了一组身穿巴伐利亚传统服装的照片，这位曾经跟多少摄影师合作经常在报纸杂志亮相的影视歌星豪门名媛对彦杰女士的摄影技艺赞赏不已。

从事专业摄影四年来，毫无疑问彦杰摄影师已经取得了一定的成绩，但是她说在艺术追求的道路上才不过刚刚起步，要学习的地方还很多。她一直记得著名摄影家旅德华人王小慧教授在送给她的书上所写的赠言："彦杰，遥远的梦，走近它，别放弃，会成真！"别放弃，就会美梦成真。她以此勉励自己。

谈话中间，彦杰摄影师随手拿起相机为我拍摄两张喝茶的照片。等谈话告一段落，她让我再换上一套黄色套装拍摄。这次她卷起墙上的荷花莲蓬，放下中性的灰色背景，然后陆续搬来遮光板、背影灯、轮廓灯，蹲在我面前从不同角度试拍，反复调试，一再调整细节。为了达到满意的效果，我们足足拍了大半个小时，也许更久。彦杰女士用行动告诉我，什么是像素级苛求，什么叫锲而不舍精益求精。

傍晚我告辞走出摄影工作室，临别回眸一瞥，看见室内一身黑衣的彦杰女士在整理摄影器材，灯架挑起的灯笼静静相伴。

晚饭后我在家中整理今天的访谈资料，写到一半已经收到她筛检后的部分照片。她的动作可比我快多了，而且效果真不错！我一边看照片一边叹服。收起照片，继续整理初步印象，直到深夜。站起来活动一下颈椎，思索今天最深刻的印象——，是什么呢？她在人前发言的风度？她在人群穿梭抓拍的样子？她一次次提醒我调整姿势的声音？还是——

我思索着重新坐下去翻看彦杰女士发来的照片，仿佛重新回到她的摄影室，她蹲在我面前，低头看镜头，拍摄两张，挪动身体，修改角度，按动快门。一次次寻找那最自然的笑容，捕捉那稍纵即逝的瞬间，捡拾起时光长河里那特定的一秒，把它定格成永恒。

　　信步走到阳台上，斜倚栏杆。德国夏天的傍晚慵长，夜里十点天色还不黑，这样的夜晚真适合坐到花园里，仰望夜空，静听虫鸣，身旁挑起一根树棍做的灯笼。

2019.10.

陈恒思：八十年代的新一辈

　　20 世纪 80 年代是中国当代史上的黄金十年，在这十年里改革开放的国策确定下来，走出历史的暗影，社会朝气蓬勃，经济蓄势待飞，生活日新月异。在这十年中，物质丰富起来，生活亮丽起来，色彩斑斓起来，产生了诸如《白鹿原》《穆斯林的葬礼》这样厚重的小说，《红楼梦》《西游记》这样经典的电视剧。

　　在这样的时代背景中也产生了众多脍炙人口的歌曲，例如《年轻的朋友来相会》。这首歌的歌词和旋律恰当地描绘出那个时代蓬勃向上的气氛。当年我刚上中学，曾跟众多同学们昂首挺胸地哼唱，"美妙的春光属于谁，属于我，属于你，属于我们八十年代的新一辈"。那时我俨然以八十年代的新一辈自居，然而严格说起来我们不是八十年代出生的，不能自称"八十年代的新一辈"。如今流行某某后的说法，八十年代的新一辈应该是 80 后。

　　80 后，没有经历过往的沉重，没有经历后来的飘然，毋庸置疑是幸运的，也是幸福的。三四十年后，这一代人日渐成熟，他们怎样经历青春，现在又处于什么位置呢？在这个系列采访中，我已经介绍过几位女性 80 后，今年春天有幸再跟一位 80 后男士长谈，听他分享自己的人生经历以及对一些问题的看法。这位男士就是生活在法兰克福的陈恒思博士，现在一家德国 IT 公司担任要职。

初识陈恒思博士于 2018 年的秋天，11 月中我应邀出席在慕尼黑的一场活动。那是我在闭门读书埋头工作近二十年后首次出席类似活动，第一次近距离接触到年轻一代的留德华人，感到相当震撼。那次活动针对职场女性，名为"女性沙龙"，讨论华人女性在德国职场的挑战与机遇，相应地出席活动者九成以上为女性，她们各个衣着亮丽，妆容精致，与我曾经熟悉的八九十年代的留学生截然不同。

我置身其中举目四顾，发现少数几名男性，估计他们是体贴地陪同另一半出席活动的，没想到活动开始第一位上台发言的竟然是一位男性，他就是陈恒思博士。陈博士是活动主办方德国新能源协会会长，上台首先简单介绍自己是德国亚琛工大电力系统与能源经济专业的博士，概括介绍新能源协会的宗旨以及发展历史、合作项目，并具体介绍组织活动的几位女性干将，随后把话筒交给主讲大咖。

在我眼里那么年轻的陈恒思博士，站在台前却气度沉稳，让我暗中称赞真是青年才俊。那次活动如此成功，让我对主办方的组织能力和号召力竖起大拇指。活动后我们保持微信联系，约定有机会坐到一起谈谈。这个早就敲定的访谈，一直等到今年五月初，借陈恒思博士来慕尼黑公干的机会才终于实现。

四月中我们联系订下五月初的周末一起午餐，那天早上接到陈博士消息，时间提前改为 Brunch（早午餐）。匆匆出门，赶到市中心的皇家花园附近，陈博士发来照片，告诉我他在哪家饭店。走进去看，那是一家装潢简朴的饭店，室内摆设着长条桌椅，类似啤酒公园。陈博士一身休闲便装从一个角落里站起来向我招手。坐下来，各点一点东西，我们边吃边谈。

陈恒思博士，1987 年出生于湖南冷水江市。2005 年参加高考，在湖南省三十几万考生中脱颖而出，以全省第 120 名的成绩考入上海交大电气工程系。2009 年大学本科毕业，旋即留学德国，在亚琛工大攻读电力系统与能源经济，博士毕业后进入工业界。

对于每一位访谈对象，我都试图了解在公开履历之外的故事，他或她的成长环境如何，怎样遇到命运转折的契机，在人生的十字路口如何做出选择。这次也不例外，我们首先谈起他的原生家庭。

陈恒思父母是他们那个时代的励志典型。他的父亲聪明颖悟，曾经在全国物理竞赛中夺魁，从电大毕业后到中学担任物理老师，在时代的浪潮中争取到电厂工作的机会。在有了稳定的工作，成家有了孩子之后，仍然奋发向上，争取到华北电力学院学习的机会，拿到大学本科文凭。毕业后回厂工作，凭借知识的力量，凭借自身的努力，他一路晋升，从工程师、高级工程师到副总工程师，获湖南省优秀中青年专家称号。母亲也通过不断学习，从普通售货员成为公务员。经过不懈的努力，父母的学识不断提高，工作一路提升，相应地积累了一定的经济能力，为陈恒思的学习成长创造了良好条件。我毫不怀疑，这样的父母是他成长路上最好的榜样。

2005 年进入全国一流学府上海交大，陈恒思不是一头扎进书堆里，而是利用交大这样的学府能够提供的机会开拓视野。大学一年级，偶然看到上海交大跟柏林工大的一个交流项目，他毫不犹豫地报名参加，大一暑假来到柏林工大，实地了解德国的大学生活。初到德国的第一印象非常好，德国非常干净，大学自由开放，校园没有围墙，建筑本身就是开放的，学习完全自主自动自由，每一名学生自主决定他要以什么样的速度读完大学课程，跟国内在相对封闭的校园内按部就班的学习有很大不同。

第一次从德国归来，他萌生到德国留学的愿望，开始强化学习德语，为留学做准备。德语课程安排在晚上、周末和假期，为了学习德语，他基本上完全放弃了大学期间的周末和假期。某年寒假，为了上德语课，他预定很晚回家过年。哪知道遇到特大雪灾，很多火车班次取消，少数通行的火车一票难求。他耽搁很久，在最后一刻高价买下别人放弃的车票，乘坐绿皮火车回家。本来一天一夜 24 小时可到的班次走走停停，用了两天时间 48 个小时才到达目的地，之后再搭乘公车回家。踏进家门的那一刻，他深深感受到家的温暖。

陈恒思成绩优异，大学毕业前夕被名师青目得到保送读研的机会。那时他还没有参加德福考试，不知道能不能顺利申请到德国大学，在接受保送读研还是继续参考德福申请留学之间举棋不定。为此他打电话征求父母意见，父亲主张保守求稳，母亲鼓励他按照自己意愿决定，于是他选择了自己更为向往的广阔天地。不久他顺利通过德福，来到亚琛工大学习。

来到陌生的国家，语言是必闯的一关，每个人的闯关经历都不同，陈恒思博士的经历不无浪漫。初到德国，他申请一般德语专业，可是科系为了保持英语和德语专业课的步骤一致，很多课程安排是英语上课。他在国内学习英语多年，语言不成问题，英语课一路顺畅。德语课就比较困难，很多专业名词不是通过一般的语言班能够掌握的。为了解决这个问题，他采取课前预习课后复习的策略，顺利通过各种考试，然而德语口语在一段时间内一直磕磕巴巴的。

攻克德语关的转机是不期然而出现的。大学期间，陈恒思认识了一位同样攻读工科的上海留学生袁欣女士。在"女性沙龙"活动上，我曾见过袁欣女士，想不到长相甜美的她竟然是工科生。两位同专业的高材生展开一段浪漫史，袁欣女士硕士毕业后到法兰克福工作，陈恒思留在亚琛读博，两个人只能周末见面，于是陈恒思博士开始踏上每周在两个城市之间来来回回的旅程。为了节省费用，通常跟人拼车，三四个人分担汽油费用。数年间来来往往，他跟一个德国人和一个克罗地亚人结为好友，号称"亚琛三剑客"，经常结伴同行。每次来回数个小时，旅途无聊，大侃大山，天南海北，天上地下，无所不谈，语言关不攻自破，成为旅途意外的收获。顺便提一下，三剑客中如今两人在法兰克福定居，只剩下一位还在来来往往，不过改为乘坐火车了，在火车上可以工作可以休息，三剑客时代宣告终结。

大学毕业后，教授邀请他继续读博。在德国读博要担任博士导师的助教，分担教授的授课和研究工作，博士生有工资，虽然待遇不高，也生活无忧，从此正式踏入社会。在读博期间，学校指定他为学习指导，负责审核学生读研资格申请，帮助学生解决各种遇到的困难。

有数年时间他负责审核学生读研申请，详细了解审核内情，陈恒思博士对后来申请者提出如下忠告。审核有几项要点，第一是申请信，要真实具体地阐明申请动机，需要认真准备，了解授课教授或者研究团队的研究背景，提出充分的理由说明自己为什么对这个项目或者教授、团队有强烈的兴趣，甚或坦率承认自己喜欢亚琛处于三国之间的地理位置，有的放矢，证明自己的申请动力才能加分。第二是推荐信，推荐信大多泛泛，不会特地针对某所大学推荐，所以若其中有句子能够证明这封推荐信是针对亚琛工大而写的，能够为申请者加分。第三履历，要求符合规格，外观整齐漂亮，若有跟科系有关的经历可以为申请者加分。第四看申请者之前的学历，上过什么大学。第五是专业是否对口。五项综合，整体优秀者的申请才能顺利通过。

在担任学习指导期间发生了一件事情，考验并证明了陈博士处理意外事件的能力。外国留学生需要申请签证，按照学校规定硕士课程要在两年内完成，相应地给外国学生发放的签证也以两年为期。到期若要延长，需要学校提供证明，证明他确实在学习，并说明为什么需要更长时间。当时有一位尼泊尔学生，他在学习中遇到语言困难，而且经济拮据，需要很多时间打工，两年学习期结束没能如期完成学业。为了延长签证，他找到学习指导，编造事实，请陈恒思以学校名义开具证明。陈恒思选择相信学生，没有深入调查就开出证明。没想到政府部门细心打电话来核实，陈恒思接到电话敏锐地察觉出了差错。面临危机，他没有慌乱，没有急于推卸自己责任，而是解释自己或许了解得不够具体翔实，措辞不够精确，愿意复查后再回复。然后他马上调查，约尼泊尔学生见面，摆出事实，让他承认自己撒谎，再考虑他的具体困难寻求解决方案。经过反复考虑，陈恒思竭力从中斡旋字斟句酌巧妙回复。这件事情后来圆满解决，那名尼泊尔学生最终拿到了学位，完成了学业，前途不至因此被毁。

博士毕业后，陈恒思博士决定在法兰克福安家同妻子团聚，告别亚琛工大，加入德国公司工作。德国公司的氛围跟大学有什么不同吗？有，陈博士开始列举，在大学除了教授之外，大家都是 dutzen，互相称"你"，习惯了谈事情要提前写邮件预约时间，说明为了什么事情，给对方足够的时间。这也是德国惯常的作风，但是他进入的公司是一家 IT 公司，公司内部从上到下人人 dutzen，有什么事情不须预约直接过来谈就是了。我们讨论，两种作法各有利弊，无谓优劣。

为什么会加入新能源协会呢？新能源协会成立的契机是国内电力市场改革，电力商品化，打破过去电力局垄断的局面，而且适逢能源转型的世界性浪潮，国内很多企业希望了解国外，特别是德国的经验和教训。新能源协会成立，意在聚集在德华人人才，为国内公司提供各方面的咨询服务。协会于 2011 年成立，陈恒思博士于 2012 年经人介绍加入，2017 年 2 月当选为第二任会长。他为协会投入大量时间和精力，当天他就是为一场在慕尼黑的报告而来，题目是《能源转型之数字化变革》。组织协会工作，他认识了各行各业很多人，在摸索中积累了多方面经验和人脉，感觉很值得。

我们见面的时候，"996" 正是热门话题，海内外议论纷纷。陈博士在 IT 公司工作，对这个话题如何看呢？他认为工作不应该狭义地理解为公司的工作，应该是为自己学习成长的时间。他为协会工作也是工作，我写作也是工作。如此看来，我和他的工作量都超过 "996"，和国内区别不大。但是呢，我们在公司工作之余做的事情，不是为了挣钱，而是为了充实自己，丰富自己的人生，增加生活的层次，跟国内为了在职场的发展，而被迫 "996" 还是有本质上的区别的。自愿去做的事情，便不以为苦。

不知不觉谈了大约三个小时，时近中午陈博士要赶去参加报告会，我们一同走出饭店。临别时随口为他介绍周围名胜，陈博士忆起这是他们夫妇曾经拍摄婚纱照的地方，露出幸福的微笑。他们现在有一个可爱的小女儿，偶尔在朋友圈看到他们夫妇分享孩子生活中的趣事，显然这是一个幸福的家庭。

握手道别，回家路上我一直在思考陈恒思博士的成长之路，80 后出生的年轻人已经如此成熟稳重，成为社会栋梁，深觉可喜可贺，然而又惊觉时间流逝之速，不经意间想起小时候哼唱的歌曲：年轻的朋友们，今天来相会，荡起小船儿，暖风轻轻吹……

2019.11.

叶心：高山上的水晶

"水晶生长在高山上，至少要两千三百米以上。柜子里的水晶绝大部分是在瑞士高山采到的，小部分产自美国、中国和巴西。"冬日的阳光斜斜照进一间客厅，客厅里站着三个人，两位亚洲女士和一位欧洲男士，身材颀长的欧洲男士指着柜子用德语介绍。

"这些都是没有加工的天然水晶，它们不同于制作首饰的水晶，乍看不如水晶首饰那么璀璨夺目，但是内行人清楚制作首饰的水晶通常是边角料，真正品质优良的水晶大多被收藏家收藏了，不会出卖，也不会加工成首饰。"一位圆脸短发穿红毛衣的女士说，"这是紫水晶，这是烟水晶，这是石英。有的是安子自己采的，有的是我们一起采到的。你看，这个晶簇漂亮吧？"圆脸女子是笔者文友叶心，颀长男士是她的瑞士先生。叶心指着一块块水晶介绍，随后拿出一块纯白的水晶，总有十几条长短不齐六角形的长条斜斜树立着，插在一起形成一个别致的晶簇。我接过来托在掌心观看，晶莹透亮的一簇，在阳光下发出淡淡的光泽，通透润泽。太美了，我惊叹，像一颗星星！

初冬的一个周末，我站在一个设计新颖的大房间里，左边是开放式的厨房，右边一分为二，一半是吃饭的地方，放着餐桌，那里不但有落地玻璃窗，而且还有高耸敞亮的玻璃屋顶，另外一半放着一组沙发，对面靠墙是一组柜子。在厨房和客厅交界的地方，放着一个原木玻璃柜子，上下几层放满了大大小小形态各异的水晶。主人叶心和安子夫妇打开柜门，取出不同的水晶给我观看。

叶心是一位在德国生活的文友，我们同是德国《华商报》的专栏作者，中欧跨文化作家协会会员。曾经看过如下一段有关她的文字介绍：生物学家，出国前是北大医学院的老师，现定居德国二十年，是德国图宾根大学药理学博士，德国某医学公司高级科研人员。喜好冒险和流浪，迷恋舞蹈和写作。曾开设自己的舞蹈学校，并兼职翻译和写作。

一年前初次接触叶心，一度计划一起乘车参加《华商报》的联谊会，后来叶心因故没有出席。一年后的秋天听闻她身体不适，要动手术，心中震惊，暗想该去看看她。手术前后我们通过电话，她非常幸运手术后恢复得非常好，所以我就放下该不该打扰她休养的犹豫，在十一月中乘火车来到小城拜罗伊特。他们夫妇开车来接我，我们直奔他们温馨的小家。

这座他们自己参与设计的住宅很有个性，处处透露主人热情开放的性格。驶入住宅，他们的花园没有围墙，没有篱笆，界线只能从不同的植物中隐约看出。下车的车库颇有南欧的热带风情，前后开放没有封闭。走进房间，客厅不但有落地玻璃窗，而且一角安装玻璃天窗，整个房间显得格外阳光明亮。

进门我就注意到那个放满水晶的柜子，我第一次在博物馆之外的地方见到那么多水晶。坐下来喝茶时好奇地问起，这才得知叶心的先生安子是地质学家，这些都是他们自己采到的，珍重收藏。他们夫妇带我观赏一番后，安子告辞到实验室去继续工作，我和叶心坐下来品茗闲聊。

叶心是她的笔名，她是 70 后，湖南益阳人。她的父母在特定的历史环境中走到一起，母亲是知识分子，出身成分不好，被迫背负本不该有的负担，自幼成绩出众，却未能实现自己走进一流学府的梦想，于是把这个梦想寄托在女儿身上。叶心天资聪颖，活泼爱动，三岁看电影，能跟着旋律起舞，一度渴望报考艺术院校，没有得到母亲首肯。她高考成绩出众，却因为经济原因选择了师大，并且是路途最近的湖南师大。（师大不但不收学费，而且提供助学金。）因为喜欢花花草草，便选择了与此沾边的生物系。

叶心出国前的生活可谓一帆风顺一路高歌，她聪明美丽，才华出众，毕业后考研来到北大，顺顺当当地拿到硕士学位后留校任教，在国际专业期刊上发表多篇论文，走到哪里都是众星捧月。一生至关重要的转折点出现在九十年代。那时留学热潮席卷全国，叶心被潮流裹挟申请出国读博，凭她的成绩和履历，申请无一落空，她选择了德国的斯图加特。

1998年来到斯图加特，这座以奔驰闻名的城市是叶心来到西方的第一站，也是她从头学习生活能力的第一站，在这里她痛切地体会到国内和国外的不同，体会到国内教育体系在教授生活能力方面的不足。这一点首先体现在她想当然地以为单位会提供宿舍，行前完全没有考虑在哪里住宿，其次没想到单位没有食堂提供三餐，特别是晚餐，下班后时间已晚，那时德国超市六点半关门，如何采购食材，如何做饭吃饭，成为一大问题。在这里她不得不学习如何安排自己的生活，找宿舍，买炊具，选购食材，自己烹饪，一点点摸索解决现实生活中的问题。

或许是过去太顺利了，命运在斯图加特给她上了严酷的一课。公司老板待她极度苛刻，她抱着能忍则忍的心态尽量忍受，长期超负荷工作。第三年实在忍受不下去了，她愤而辞职，大睡三个月休养生息，然后再度出发，申请其他带薪的博士位置，无意中来到美丽的小城图宾根。

图宾根依山傍水，莱茵河的支流耐卡河横贯东西，七座山头环绕，建筑高低错落，街道蜿蜒曲折，古典风韵犹存，在这里时光老人潜入耐卡河脚步无声无息。小城静谧而美丽，面试前后她徜徉街巷流连忘返，毫不犹豫地决定留下来。

图宾根是著名的大学城，三分之一的人口是大学生，学术氛围浓厚。在这里她彻底重新出发，改为研究药物学，业余担任学生会副主席，组织各种活动。一年后，2001年在大街上偶遇她生命中的另一半，来自瑞士的地质学家安子，从此掀开人生崭新的一章，充满刺激，充满惊喜。

安子人如其名，非常安静，文质彬彬。他身材颀长，外表看不出多么强壮，但是肤色健康，显然喜爱户外运动。他出身于一个非常传统的瑞士家庭，生于大山，长于大山，自幼喜爱登山、攀岩、滑雪等高山运动。在攀岩运动还不普及的时候，他已经是世界级的攀岩高手，混迹野外，征服攀岩处女地，在澳大利亚开辟数十条攀岩路线，在瑞士开辟的路线甚至高达数百条！

安子酷爱野外运动，认识叶心后，一天把她带到一座山下，抱着察看她体能的心思随便走走。没想到叶心的家乡也有小山，她自幼喜欢在山里乱跑，到了都市后喜欢跳舞健身，一向是运动健将，跟着他健步如飞，谈笑间登上山顶，让安子喜出望外。从此两人结伴穷游闯荡世界，一起攀登高山，一起露宿荒野，一起在冰川泥泞中跋涉，一起在高山岩壁中采挖水晶。

二人穷游的足迹遍及欧亚美澳四大洲。安子是专家，对各地的地理情况了然于胸。他们租下越野车，带上各种装备，带足饮用水和食品，随心所欲地漫游，随时停留，也可能随时改变计划。夜晚他们或者搭建帐篷，或者直接在车里睡。他们酷爱美国荒无人烟的峡谷，目光所及是一望无际的赭黄，莽莽苍苍的峭壁，上下落差几百米上千米，前后左右没有人烟，也看不到人类生存的痕迹，置身其间深刻感受到人类的渺小，自然的奇瑰。

露宿美西大峡谷，半夜醒来头顶满天星光，遥闻狼群嗥叫，是星级饭店绝对无法提供的体验。野外露营不免有意外"惊喜"，一天夜里他们钻入帐篷，早上醒来睁开眼漆黑一片。原来夜里突降大雪，把他们埋到雪底下了。他们钻出帐篷，爬出雪堆，环顾四周茫茫雪野，片刻面面相觑，然后相对大笑。露宿野外当然也有危险，有的地方野生动物出没，为了夜间不被动物打扰，要把放食品的冰箱以及垃圾放到远离车辆的地方。有一次在印第安保护区，安子聚精会神地研究石头，没有注意脚下。叶心猛然看到他脚边有一条毒蛇，一把抓住他，安子提起的脚悬在空中，等毒蛇爬过了，这才放下来，抹了一把冷汗。这些在旷野露宿的经历被她写成一篇篇游记，配上他们精心拍摄的图片，以"叶子欧游"的网名发表在"穷游"网上。

如此这般，两个人度过几年业余浪迹天涯的日子，并步入婚姻殿堂。2004年，安子接受教授优厚的条件来到拜罗伊特，依依不舍地挥别图宾根。叶心已经博士毕业，得到一个很难争取到的无限期科研位置，不舍得离开心爱的科研工作，独自留在图宾根。分居一年后，叶心怀孕了，下决心辞职放弃稳定的工作，来到拜罗伊特，安心等待孩子降生。

拜罗伊特是另外一座历史悠久的小城，每年的瓦格纳音乐节是音乐界的盛会。2006年他们的孩子在这里出世了，带给他们多少喜悦，可是也给她的科研事业画上句号。为了照顾孩子，她决定改为半天工作，可是没有半天工作的科研位置，能够找到半天工作的位置通常不需要一位博士来担任，叶心从此告别心爱的实验室。

行到水穷处，坐看云起时。科研事业在拜城难以为继，或许因为小城早为叶心准备了更好的舞台等她发现。在照顾孩子的间隙，叶心经常到健身房锻炼，健身房老板邀请她正式出任健身教练，她欣然接受挑战，竟然从此突破，开启事业新篇章。改行伊始，她特地投入时间接受培训，学习刚刚开始兴起的尊巴课程。尊巴是一种集舞蹈和运动于一身的健身方式，叶心从小喜欢舞蹈，非常喜欢这种运动方式，不但自己练习，而且开课授徒，在拜罗伊特城掀起一股尊巴热。

一段时间后，她成立自己的舞蹈学校，专门教授尊巴。课程大受欢迎，上午家庭妇女，下午中小学生，晚上上班族，日程排得满满。她还跟爱好者在各种活动上进行演出，叶心在一群年轻姑娘中舞动活力四射，她们飞扬灵动的照片登上了众多报纸杂志。

福兮祸所伏，祸兮福所倚。叶心的舞蹈事业风生水起，天天上课，运动强度过大，造成膝关节受损，一度疼痛到无力爬楼梯，只能躺在床上休息。她痛定思痛，不得不改变生活，开始学习瑜伽，身体才慢慢恢复。舞校的课程只能委托其他人代为授课，两年前她彻底放弃了舞校。

一段旅程的结束意味着另一段旅程的开始。叶心担任拜中友好协会主席十几年，放弃舞校后，她转而从事中德文化交流方面的工作。可是她命中注定要经历磨难，她一再被病魔"青睐"，今年第二次接受大手术。九月中听闻她手术的消息，为她难过。其时感觉不熟，犹豫不决间看到《华商报》的修海涛主编在百忙中挤出时间，连同韦云、穆紫荆和昔月几位文友，一起到拜罗伊特探望住院的叶心，让我非常感动。

这次见到叶心手术后恢复得非常好，心态泰然，眉目开朗，愉快地谈笑，放下心头石块，庆幸她走过劫难，祝愿她早日彻底恢复健康，期待有一天亲眼欣赏她活力激射的舞姿。

说话间已是午后，叶心亲自下厨下面，中午我们几个人吃了一顿简单可口的意大利面。饭后叶心带我在他们的花园走了一遍。花园是欧式庭院，看似随意堆放的石堆，间隙栽种低矮的植物，一角是叶心的菜地，她在那里种植韭菜、辣椒等中国蔬菜。

回到房间喝茶，见我对水晶非常感兴趣，叶心再打开对面比较小的一个柜子，给我看她自己采集的水晶，其中一块长条六角的紫水晶晶莹美丽，是难得的佳品。叶心还从柜子里抽出几本相册，我们并肩坐在沙发上，一边看照片，一边听她讲述他们采集水晶的故事。

安子从小喜欢石头，长大后深入研究各种矿石。他最爱水晶，是世界知名的水晶采集者以及收藏家。跟安子走到一起后，叶心也学会辨别水晶矿石，亲自登山采集。采集水晶要攀登险峻的高山，需要相当体力，更需要一双专业慧眼辨别哪里可能有水晶，在高山之巅撬动石头，凿开岩壁，挖去泥土，用手掏出深埋的水晶。刚挖出来的水晶布满泥土，丝毫不引人注目，不认识的人极可能随手丢弃。挖出来的水晶带到营地，要仔细擦拭清洗，水晶才会绽放光华。

攀登高山采集水晶很容易遇到危险，一次安子撬动一块巨大的石头，本以为没有那么容易撬动，没想到巨石突然松动，向着石头下方的安子滚下来，幸亏安子经验丰富反应敏捷，在间不容发的一瞬跳开，逃过一劫。一次叶心采到一块大水晶，兴高采烈地背着下山，半途一脚踩空，一个趔趄，背包掉落深谷，刚刚挖到的水晶就此失去，可是两人庆幸掉下去的是背包，不是叶心。

他们采集水晶也曾遇到有趣的事情。一天，二人在大清早从帐篷出发，穿过冰川去采集水晶，等到傍晚他们踏上归途时，冰川在太阳的热力下化为一片过不去的泥泞，二人只好在冰川的这一边寻找能够过夜的地方。还好在瑞士高山上经常会发生猎人或者游人遇险的情况，因此在瑞士山上有不少可供遇到意外无法下山的人们暂时栖身的小木屋。这样的屋子里通常还能找到一点吃的，他们那次找到一些面条，甚至意外地发现一袋冰冻的橘子，可以免于饥饿。

令人愉快的时间总是飞快地流逝，不知不觉已是下午，我该告别了，叶心夫妇开车送我到火车站，我们相约下次重聚。

冬日天短，火车开动时已然暮色朦胧。坐在车厢里，我拿出手机上网搜索"水晶"，翻看一阵后抬头思索。

水晶是稀有矿物，宝石的一种，属于石英族，主要化学成分是二氧化硅。当二氧化硅结晶完美时就是水晶，纯净的结晶无色透明，结晶中若含有微量元素，则呈现粉色、紫色、黄色、茶色等缤纷色彩。

水晶的形成条件要比一般石英更加苛刻。首先需要有足够且较稳定的生长空间，其次要有富含硅质矿物的热液，略偏碱性、盐度较低，第三需要合适的温度和压力，第四需要有一定的生长时间，具备这四个条件才可生成水晶。

矿物质，空间，温度，压力，时间，几个条件缺一不可。水晶形成如此不易，采集如此危险，难怪会如此美丽。注目窗外，我在暮色中下意识地搜索那颗高山水晶晶簇发出的熠熠星光。

2019.11.

龙成海：三张高中毕业证书背后的故事

  若要问一个人一生中会有几张高中毕业文凭呢？标准答案一定是：一张。一次考试通过拿到文凭后，谁还会去考第二次呢？可是世上无奇不有，我最近就听一个人讲起他拥有三张高中毕业证书，而且是三个政府颁发的证书。这位有着如此传奇经历的人名字是：龙成海。

  龙成海先生是我家世交，相交已近五十载。他是祖父的学生，我一直称他为"龙伯伯"。早就知道他是越南华裔，可是他一生经历的坎坷，甚至他跟祖父的师生缘分，一向不甚明了。今年七月底，请他们夫妇到我家便饭，一番长谈后才大致了解了他的人生故事。

  龙成海先生，1950年出生于越南堤岸。他祖籍广东花县，祖父在抗日战争时期带领全家老小逃难到了越南，在西贡附近的堤岸落脚。当时那里聚集了大批背井离乡的中国人，很多人在此经商，慢慢安定下来，后来堤岸并入西贡，现在是西贡的一个区域。龙家在堤岸从小本生意做起，慢慢开起一个有相当规模的河粉厂，每天要用1.4吨的白米做河粉，雇佣不少工人。龙先生算盘打得极好，从小帮助自家工厂结算各种账目，特别是工人工资。工厂算账时，三把算盘一起开动，噼里啪啦声同时响起，至少要有两把结果相同才算准确无误，以此数发放工资。

  那时越南华人很多，普遍持"中华民国"护照，孩子都上中文学校，龙先生就读的中文学校是鸣远中学。那是台北的于斌枢机主教创办的侨校，后转交给小耀汉兄弟会管理，更名为"鸣远中学"。这个修会的创始人是抗战时期大名鼎鼎的雷鸣远神父，雷神父原籍比利时，后正式加入中国国籍，他领导民众救护伤员救济难民的事迹感人至深。我的祖父是雷鸣远神父的弟子，小耀汉会的在俗兄弟。雷神父的继承人曹立珊神父是祖父平生至交，老兄弟两个六十余载往还密切，祖父旅居欧洲后仍然关切并参与会务。小耀汉兄弟会秉承雷鸣远神父遗志，在难民流离失所的地方创建学校，为孩子们创造学习机会，鸣远中学至今桃李芬芳。七十年代初，龙先生在德国结识我的祖父，谈话中得知双方跟鸣远中学的渊源，认为师生，龙先生一直以师长之礼对待先祖父。这是后话了。

越南曾经是中国的藩国，中国历朝历代对越南在政治经济文化上影响深远，越南传统上推崇中华文化，历史上允许华人成立自己的学校，华人子女可以上中文学校，直到高中毕业。这在东南亚各国中是比较少见的。可是朝代更替时代变迁，到了 20 世纪 60 年代，排华浪潮涌来，龙先生上中学时，当局限制中文学校教授中文的时间，规定每周不得超过若干小时。为了让子女学好中文牢记祖国，学校不得不筹谋对策，安排学生把中文课本拆开，每次上课只带上需要的一课，上课时拿出来学习。每逢当地政府突然袭击派人来检查，学校工作人员会立刻广播欢迎某某某莅临检查工作。老师和学生们在教室听到马上心领神会，立刻有人来收走中文课本，另外的人发下越南文课本。课堂保持秩序井然，一切有条不紊，来检查的人看不出丝毫蛛丝马迹。如此学习中文的经历，真乃世所罕见。

越南中文学校使用的教材由台湾教育部提供，跟台湾本土使用的教材一模一样。小学的课本中有一篇课文《渔家》：

天這麼黑，風那麼大；爸爸捕魚去，為什麼還不回家？聽海濤狂嘯，真叫人心裏害怕！爸呀！爸呀！我們多牽掛！只要您早早回來，便是空船也罷。

我的好寶寶，爸爸回來了！魚蝦和蚌殼，你看有多少？我的好寶寶，可以吃一飽，爸爸雖辛苦，只要寶寶笑。

这是小学时期的一篇经典课文，不同年代有略微不同的版本。几十年过去了，这篇文章仍然深印龙先生脑海。我从小在大陆成长，对这样的课文感觉耳目一新。妙的是，龙夫人王幼玉女士自幼在台湾长大，读同样的课本。当日在我家，龙氏夫妇一起背诵课文，同样朗朗上口。

龙先生在越南的中文学校读书，以侨校学生身份跟台湾本地学生一样参加高中毕业考试，获得教育部颁发的高中毕业文凭。可是这个考试不被越南政府承认，所以他再接再厉参加越南学校的考试，分为"秀才一级"和"秀才二级"的"国家考试"。通过二级考试，才能拥有越南正式的高中毕业文凭。因此龙先生在越南曾两次参加高中毕业考试，分别获得台湾和越南颁发的高中毕业证书，有资格被称为越南的"秀才"。

六十年代，越南政局不稳，时常发生军事政变，时局对华人很不利。当局为了限制华人的影响力不遗余力，出台各种政策，包括只有拥有越南国籍的人才能得到经商执照。龙家和众多华人一样，为了养家糊口别无选择，只能加入越南国籍。原以为加入越南籍对实际生活不会有负面影响，哪知道祸起萧墙变生不测。

戊申年春节（1968 年）越共成功偷袭，号称固若金汤的西贡陷落，越南当局要求十八岁以上的青年必须服兵役，唯有在校学生可以暂缓。为了逃避这场毫无意义的战争，有条件的华人子女纷纷离开越南出国留学。这时龙先生高中毕业了，成绩达到自费出国留学的水平，可是留学海外的费用高昂，他没敢考虑。某天跟父亲谈话时，他父亲了解到这一点，连连责备他怎不早说！战争年代，朝不保夕，一大家子人全部出走不现实，但是逃出一个是一个呀！父亲嘱咐他赶快申请学校，把筹备学费的事情尽管交给父亲。那段时期当局不允许华人子女前往台湾，可供选择的只有欧美国家。在欧美各国中，英美学费太过高昂，他在越南上中文学校，法语基础薄弱，难以通过留学考试，意大利和德国愿意给来语言班学习的留学生发放签证，他最后选定了德国。

1969 年龙先生初抵德国，第一站是茂瑙的歌德学院。他从头开始学习德语，读了四个月，参加对外国留学生的语言考试，结果如同预料的一样没有通过。歌德学院学费高昂，为了节省学费，他听从别人的建议来到慕尼黑工大读预科。预科是公立学校，不收学费，只需要生活费。他用了一年时间读预科，通过预科毕业考试，正式成为慕尼黑工大的学生。德国的大学预科是针对没有德国承认的对等于德国高中毕业学历的外国学生设立的，在预科学习，通过考试，相当于在德国补考高中毕业考试，所以龙先生在德国预科拿到的毕业证书可以看作德国的高中毕业文凭。至此，龙先生先后拿到三个政府颁发的高中毕业证书。

或许是冥冥之中的缘分，初到德国不久，他跟一个德国家庭结下了不解之缘。他在茂瑙上歌德学院时，偶然陪同友人到乌尔姆一家人家过圣诞节。他第一次到那里，就受到热情招待，在异国他乡第一次感受到了浓浓的节日气氛和深深的家庭温暖。

那家的老祖母跟龙先生一见如故，老人家把他当成亲生孙子一样接纳。老祖母是退休医生，她是一位非常有主见敢于开创风气之先的现代女性。20 世纪初，即使在欧洲上大学的女性也不多见，可她不但上大学读书，而且毕业后坚持工作，结婚成家后依然如此，没有回归家庭退守灶台。在出国旅游尚属罕见的年代，她独自出国到南欧度假，一时为人侧目。

老祖母聪明好学，一生学习并掌握多门语言，甚至曾经用汉英字典自学中文。她学识渊博，喜欢诗歌，热爱唐诗，热衷于跟龙先生谈论唐诗。龙先生在中学时期曾经跟一位前清秀才学习古文，暑期大量补习古诗，因此他的古文功底在侨生中非常罕见。在异国他乡巧遇欣赏祖国文化的知音人，他喜不自胜，乐意花大量时间解释诗歌的意境给老人听，她则用自己的语言翻译改写。如此长谈，祖孙二人其乐融融。老人身后留下大量诗稿，至今仍被龙先生珍藏。

为了帮助龙先生提高德语水平，老祖母要求他每周写一封信，老人用红笔批改，指出错误，而且说明为什么不妥当，他的德语水平因此突飞猛进。

1975 年南越失陷，在海外没有了国际承认的越南政府机构，龙先生持有的越南护照到期无法延长，只能使用德国政府发放的外国人护照。使用这种证件，在德国生活不受限制，可是无法出国旅行，身份尴尬。他本人排斥通过申请难民加入德国国籍，从而取得合法的居留身份。经过几年时间，他跟老祖母一家相处融洽，相互间视为家人。为了帮他摆脱身份困境，老祖母的女儿正式收养了他，老祖母也成为他法律意义上名正言顺的祖母。

七十年代是越南华人颠沛流离的年代。龙先生 1975 年跟家人失去联系，父母兄弟下落不明，直到 1978 年才重新取得联系。中断三年后，第一次接到家书，他不禁潸然泪下，深刻体会到家书抵万金的分量。原来他出国后大姐嫁到了香港，极力申请全家到香港，然而没有得到越南政府批准，只有老母亲跟三个未成年的孩子得以赴港。他另有一位姑姑嫁给了美国军人，申请全家到美国，最终一家人中更多人去了美国。后来他的老父亲在美国去世，老母亲在香港临终都没能再见一面，令人唏嘘。

幸亏龙先生父亲有先见之明，龙先生幸运地逃过劫难，然而在德国生活白居不易，跟家人失去联系，就此失去经济来源，他只能靠自己打工赚取生活费。外国留学生在假期才有工作许可能够打工，可是慕尼黑工大在假期考试，学习和打工两者在时间上冲突。为经济所迫，他只能选择在假期打工，先保证生存，学习次之。

学生时代他做过各种各样的工作，大部分是通过大学生工作介绍中心找到的。那时没有网络，大学生找工作必须跑大学的工作介绍中心拿号排队，等候看今天有什么机会。龙先生至今记得到了假期，一大早就要爬起来，匆忙赶到介绍中心，可是莫道人行早更有早行人，经常前面已经排起长长的队伍，只好排在后面耐心等，随着队伍慢慢蠕动，来到窗口询问。没有资格挑挑拣拣，能找到什么工作就做什么工作。为了生活，他曾经在中国饭店做跑堂，在商场做搬运工，做翻译等等。很多做体力活的经历，现在说起来云淡风轻，当时却是极大的考验。

在一长串临时工作的末尾，他去考了一张出租车司机许可证，开起出租车。七十年代公交网络还不发达，出租车司机生意相对容易做，但是开出租车也有严格的考试。那时没有导航系统，开车只能看地图。出租车司机考试的重点在于如何快速地把客人送到目的地，首要条件是对城市交通干道烂熟于心，能够背诵街道名称，大致了解每条街在哪里，清楚哪里是单行道，哪里有转弯限制等等。考到出租车执照后，他凭着周末开出租车为生，直到大学毕业。

龙先生最初学习机械制造，后来改为电气工程，拿到慕尼黑工大的硕士学位。七十年代末，自工大毕业后他先后在两三家公司工作，在第三家公司安定下来，一直工作到退休。

龙先生掌握中文、越南文、广东话和德语，多年来一直做兼职翻译，为警察和法院做各种翻译工作，有的是审查移民事务，有的涉及犯罪，或者其他考验人的承受能力的翻译事务，各种详情不足与外人道。

龙先生的妻子王幼玉女士，五十年代初在台湾出生。父亲祖籍绍兴，母亲祖籍苏州，父母从小在上海长大，父系是出版世家。到了台湾后，在台北办台北书局，在台南办大东书局，自己承包制作钢板、纸版、印刷等全套流程。他们一家和后来自立门户的学徒们分别开办了好几个书局，书籍发行全台湾，甚至海外。龙先生在越南买下不少他们书局的书籍，部分工具书携来德国，龙太太结婚后见到自家出版的书籍大吃一惊，不能不感叹冥冥中的缘分。

龙太太毕业于辅仁大学，大学毕业后在台湾工作两三年才出国留学，来到慕尼黑，住在约翰内斯学生宿舍。那是一个中国人集中经常举办活动的地方，他们在那里邂逅命中注定的另一半，八十年代初喜结良缘。

龙先生在大学时代结识台港以及东南亚的华人学生，参加了"中国同学会"，大家合力组织举办"中国之夜"，面向德国社会，介绍中华文化。几十年间，一代又一代的留学生浪潮般来来去去，龙先生留在德国成为华人圈子里的活跃人士，长期担任西德华侨协会的秘书长，各种活动都少不了他匆忙的身影，他作为司仪主持活动的风范被人广为称道。1989 年，他被推举为海外优秀青年。

最近我兴起深入了解《西德侨报》历史的念头，遗憾家中保存先祖父遗留下来的侨报已经不全了，因此各处询问，试图找到早期的《西德侨报》，打听之下得知龙先生竟然保存了全套的《侨报》！从 1973 年到 2004 年停刊，共 270 期。《西德侨报》是欧洲华人文化史上的奇迹，发行三十年，一代又一代华侨和留学生为此出钱出力。龙先生在担任华侨协会秘书长期间，曾经多年负责《侨报》的发行工作，具体包括组织编辑人员，联系印刷厂，领回印刷好的《侨报》，一本本打包，用打字机在 A4 纸上打好地址，剪裁妥当后分贴地址，再到邮局投递。这项义务工作，他一做二十多年，直到侨报停刊。在担任此项工作期间，他费心找全之前的各期《侨报》，如今他保存的这套《侨报》已经成为全德国私人收藏中仅有的完整的一套。几年前德国华侨协会把他收藏的全套《侨报》刻成光盘，应我请求他带来一套光盘赠送给我，我双手接过这份珍贵的礼物。

我们边吃边谈，话题转到孩子身上，得知龙氏夫妇的三个孩子都从我的母校圣安娜中学毕业，是我的学弟了。龙家三位学弟秉承父母意愿学习中文，可是没有中文语言环境，海外华人子女学习中文殊为不易，过程漫长而艰辛。周末在德国孩子玩耍的时候，坚持上中文学校，写中文作业，要求相当的自律，是跟龙先生当年学习中文完全不同的故事。

我们畅谈半天，午后送他们离开，回到房间捧起龙伯伯送我的《西德侨报》（两德统一后更名为《德国侨报》）光盘，坐到花园的长椅式秋千上。夏日的午后，阳光在枝叶间跳跃，我的思绪也在龙伯伯的人生故事间跳跃，德国，越南，中国，出租车，战争，离散，还有三张高中毕业证书。

　　秋千摇晃，目光落到花园里盛开的玫瑰上，一朵朵在阳光下轻轻颤动。龙伯伯夫妇也该回到自家花园了吧，我想。

2019.12.

报告文学：《关山万里，赤心同在》
——旅德华人驰援抗"疫"纪实

距离的远和近是相对的，不同时代对远或近的判断是不可能相同的，古人终其一生不可能跨越的距离，今人或许在一天之内即可轻松抵达。那么，在同一时代呢？在同一时代，对同一距离，感受也会不同吗？答案是肯定的。比如德国跟中国的距离，有时候是十小时的飞机，有时候是心率同步的微信，也有时候仍然是难以逾越的关山万里。

在 21 世纪 20 年代的第一个春天，远在德意志的华人们在同一时刻既体会到他乡的遥远，也感受到故乡的切近。故乡切近，因为通过微信，通过网络，通过新闻报道，远在德国的华人也能第一时间了解到疫情突然爆发以及迅速蔓延的情况，和国内同步关注各地病例数字不断攀升的消息，为家乡的父老揪心。然而"德意志"又是那么遥远，远到海外游子的一份份爱心必须跨越万里关山才能送到亲人们的身边。

启　动

2020 年 1 月 23 日武汉"封城"的消息传来，无数华人的心被揪紧。同一天，武汉几家大医院面向社会呼吁捐赠防护物资的帖子流传，吹响了援助行动的号角，无数海外华人，各个行业协会，各个地域协会，各个大学的海外校友会，众多的个人和公司，大家行动起来，扫货的扫货，募捐的募捐，采购的采购，人人争先恐后，要为武汉，为湖北，为家乡的父老乡亲贡献自己的一份力量。在德国华人组织的援助活动中，有两家协会率先行动，动作之快，手笔之大，响应之广，支持之众，格外引人注目，他们是同济德国校友会以及华中科技大学德国校友会。

援助行动包括三个关键环节：募捐，采购，运输。每个环节中都包含着重重困难，在在体现了中德之间距离的遥远。

援助行动首先需要款项，而在德国募捐需要跨越法律障碍。

1月23日当天，华中科技大学德国校友会召开紧急会议，商讨如何以行动支援国内的抗"疫"前线。华中科技大学（简称华科）位于武汉，学生中有相当一部分人是湖北籍人士，母校和家乡直接处于疫情中心，家乡父老告急，母校医院呼救，他们怎能袖手旁观？当天华科校友会会长叶继文先生跟核心成员讨论，具体如何支援前线。募捐，还是采购？在德国正式募捐，需要走募捐的法律程序，只有法律承认的公益组织可以面向社会募捐。华科校友会当年成立时，没有注册为公益组织，组织募捐要面对不可逾越的法律障碍。那么采购呢？叶继文会长留学德国数年后自主创业，成立易优集团，从事物流运输，熟悉这方面的流程。他凭借自己的商业头脑敏锐地意识到防护物资马上会成为紧俏商品，果断决定放弃募捐，直接采购，立刻大量采购医护物资。

与此同时，同济德国校友会也在开会。众所周知，同济大学是全国一流学府，前身是德国医生埃里希·宝隆在上海创办的德文医学堂，跟德国的关系源远流长，所以"同济帮"在德国的留学生群体中实力强大。据不完全统计，旅德同济校友有四五千人，其中一千多人是同济校友会会员，被"留德华"们笑称为"江湖第一大帮"。同济校友会现任会长丁永健教授是德国马格德堡应用科学大学副校长，他曾是1980年第一批公派留学生之一，多年来在德国积累了广泛的人脉，是知名旅德华人。同济本是上海的大学，表面上跟湖北省没什么直接关系，可是了解内情的人都知道，同济医学院在50年代出于战略考虑搬到了武汉，跟武汉医学院合并，并于2000年跟华中理工大学合并，组成华中科技大学，所以同济医学院及附属同济医院与同济大学同根同源，本是一家。同名医院请求支援，"第一大帮"怎能置之不顾呢？

同济德国校友会成立于1996年，是德国法律承认的公益组织，可以合法发起募捐，可以给捐款者开具具有法律效力的捐款证明。当天丁会长首先跟第一副会长德国德华文旅集团总经理沈国强先生交换意见，然后提交理事会讨论并当场决定，即刻发起募捐，同时寻找货源，采购物资。理事会上初步安排分工，会长丁永健教授领导团队并与各个组织沟通，副会长沈国强先生负责采购、运输、报关以及与前线医院的沟通，秘书长管文林负责处各类报关资料和对接物资信息，北威州的理事翟宇彤女士负责与商家询价，确认产品型号、性能。第二天，宣传理事容玮悦起草的同济校友会募捐公告率先发布，面向德国华人募集捐助款项，用来采购防护物资，支援抗"疫"前线的医院。

这次募捐行动得到了旅德华人的广泛响应，不但有个人直接捐款，还有多家协会、组织联系同济校友会，其中包括：逸远基金会、明德中文学校、德国华人教授协会、上海交通大学德国校友会、德国地学研究中心学生学者团体、路德维希堡博文中学、德国高校国际联合会朋友圈、尹记水产公司、Jessen Hannover GmbH，以及德国境外的同济挪威校友会、荷兰马斯特里赫特大学华人校友会等，这些协会或组织有的因为无法发起公开募捐，有的缺乏组织采购以及运输的实力，所以选择把收到的会员捐款交给同济校友会，委托他们代为采购，代为组织运输以及捐赠事宜。捐款期限定为10天，10天内同济校友会共收到捐款57957欧元，约合人民币44万元，司库张洋把一笔笔捐款清清楚楚地入账，并开具捐款证明。

采　购

1月24日，星期五，在同济校友会发起募捐的同时，华科校友会率先开始采购，采购行动一波三折，紧张惊险。

前一天华科校友会决定放弃耗费时间的募捐，第一时间突击采购。当天成立两个行动小组：采购组和翻译组。采购组负责寻找货源，此时叶会长的商业头脑促使他再次做出正确决定，放弃中间商，寻找合适的厂商，直接到生产工厂下单。翻译组负责把德国厂家的产品资料翻译成中文，发给武汉前线的医院，请医院医生们亲自判断何种型号的产品能用，何种产品并不适合医药用途。鉴定哪种产品可用是其中相当关键的一个环节，因为武汉医院呼吁捐赠的物资型号为美国产品，跟德国的产品型号不能一一对应。这一点必须专家亲自判断，否则购买一堆不能用的物资，不但浪费钱财，而且会贻误抗"疫"战机，造成不可挽回的损失。华科德国校友会会员中不乏医科专业人士，他们跟一线医生直接联系，很快敲定适合的医用防护物资。由叶继文会长挂帅的采购组在同一天锁定一家生产商——位于卡尔斯鲁厄附近的小城拉施塔特市一家名为"Dach"的工厂。

星期五那天，叶继文会长放下自己公司的工作，驱车300公里来到拉施塔特市，会合副会长徐涛直奔厂家，同行的还有石诒女士。徐涛先生在博世公司的采购部门任职多年，是采购场上的谈判老手，他连夜准备了厚达几十页的谈判资料，为谈判做好了充分准备。

在采购过程中，叶会长一行作为老"留德华"也不得不又一次清晰地认识到中德之间文化习俗上的距离。德国公司有不成文的习俗，登门拜访必须预约。本公司内尚且如此，外公司客户上门更是如此。没有预约，如何找到对方公司的负责人呢？他们到了工厂大门口，亮出自己的身份，以叶继文会长公司的名义来上门谈判。因为是新客户，不能肯定他们的信用，对方要求他们汇出一定数额的保证金才愿意进行谈判。幸好叶会长早有准备，当天慨然垫付17万欧元的预订款，这才开始实质性谈判。

从下午四点到晚上八点多，谈判进行了几个小时，对方从最初的诧异，到后来的理解，最后指点他们何种产品型号更适用，最终确定了一批物资，包括几十万只N99医用外科级别口罩，二十几万件医用防护服，几千个护目镜，共33个托盘，足够装满一整个集装箱！签订购买意向，初步预定下周一提货，叶会长三人在夜里走出Dach公司，放下一块心头大石。

可是到了第二天，1月25日，星期六，庚子农历春节，采购情况急转直下。叶会长和徐副会长清晨收到厂商邮件，告知公司CEO否决了订货意向，Dach公司不能供货，要退回他们的订金。得知这一突然消息，负责采购谈判而且家离Dach公司最近的徐涛副会长跟叶继文会长简短商量后，即刻开车出发，抱着"万一"的希望来到Dach公司。德国法律重视员工权益，公司周末绝少加班，Dach 公司大门紧锁。徐涛绕着公司开始转，转到停车场，眼前一亮，停车场有一辆车！谁的车？谁在加班？但愿，但愿是销售部门的人……

徐涛开始在这辆车周围蹲点，等了两三个小时后，车主人终于出来了，竟然真的是销售部门的主管！徐涛立刻迎上去，介绍自己，说明来意。对方摊摊手，CEO 拍板，他爱莫能助。看着对方无动于衷的面容，徐涛真想转身一走了之，可是不行呀，武汉前线的医生在等待援助，没有防护物资保护，医生们只能"裸奔"救治病人呀！徐涛咬咬牙，又一次讲起武汉疫情多么紧急，多么需要这批援救物资。听着徐涛转述武汉前线医生的求助信息，对方不耐烦的表情慢慢变了，但是仍表示德国政府机构要求德国厂商保证供应本地市场的需求，公司也不得不遵从。徐涛听出对方口风的转变，拿出手机翻出几个武汉医院医生如何"裸奔"救治病人的视频给对方看，并说："只要武汉在这种情况下能顶住，那德国一定也能顶住！"看到视频，对方目光湿润，毅然拿起手机拨通了 CEO 的电话，两人谈了足足半个小时，挂掉电话他向徐涛伸出手："你赢了！我们老总同意提供这批货物给你们。"听到这句话，徐涛仰头看天，苍天有眼呀！"可是价格要重新谈，卖出这批物资，我们必须加班加点生产，才能保证德国市场，原材料价格上涨，加班要多付工资，我们不能不提价。"对方补充道，徐涛唯有点头答应。唯恐夜长梦多，徐涛马上跟对方确定物资和价格，签订购买合同，敲定星期一上午前来提货的时间。

经过这次反复，大家越发认识到掌握物资的急迫性和重要性。为了确保能够顺利提货，叶继文会长决定不用供应商的车队，自己联系车队去提货。大批物资需要用超长的卡车运输，星期六才确定下来订购的货物以及提货时间，所以到了星期天才能联系运货卡车的事情，而德国公司普遍拒绝周末加班，周末联系人谈工作几乎是不可能的。明知如此，叶会长还是没有放弃努力，他利用自己公司业务积累的人脉，给一家家曾经合作过的运输公司打电话。一家家公司，不是找不到人，就是第二天的工作早已安排好，不可能临时更改。直到夜里十点半，才找到一家匈牙利公司，司机得知是为了武汉捐赠防"疫"物资，慨然应允帮忙。

后来一家友好协会的经历证明了叶会长自己组织物流运输的决定是多么正确。那家友好协会从德国供应商处订购了一批口罩，已经付款，货物也已经发出，在离目的地仅剩半小时车程时却被供应商召回，他们最终没能拿到那批援助物资，真后悔当初没有派出自己的车队前去提货。

1月27日，星期一，上午九点徐涛副会长如约来到Dach仓库验货，提货。同时叶继文会长率领车队赶来，验明货物无误，大家迅速装车，迅速付款离开。

此次行动，华科德国校友会共采购到25000套防护服，240000副口罩（FPP2等级218400副；FPP3+IIR等级21600副）和4000个护目镜，计划分批送到一线医院手中。这批物资价值350000欧元（约合人民币260万元），由叶继文会长从自己的德国易优集团流动资金中垫付。

同济校友会和华科校友会本来分别开始行动，后来通过一位共同的会员罗志悦了解到双方都在行动，决定合作。罗志悦先生毕业于同济大学，毕业后曾到华科担任讲师，因此跟两家大学结下深缘。罗先生向同济校友会沈国强副会长反馈，华科校友会已经找到货源。沈国强把这个消息转到同济校友会的理事会，建议两家联手，通过华科校友会的渠道取得物资，这样不但避免抢购，哄抬物价，而且可以节省宝贵时间，争取尽快尽早把物资运到武汉，交给前线医生。两家校友会同时跟同济医学院及附属同济医院渊源极深，早已决定要援助同济医院。经商讨后，同济校友会认购了华科采购的这批物资中的2000套医用防护服，价值15000欧元，跟华科校友会的物资一起发往武汉同济医院。

在援助行动中，华科德国校友会初次跟远在首都的华科北京校友会取得联系。共同的母校，共同的心愿，让双方迅即密切合作，德国校友会负责寻找货源、采购物资、海外物流以及出关事宜，北京校友会负责面向公众募捐、认购援助物资、国内清关和物流。采购物资除了同济校友会认购的那部分外，其余全部由华科北京校友会筹款认购。

如果说华科校友会的采购行动惊险刺激，精准高效，同济校友会的采购行动则彰显了众志成城、同舟共济的精神。

在第一次采购之后，Dach公司不再接受新客户，德国医疗物资越来越紧缺，价格急剧上涨，同济校友会发动全德校友四处寻找货源。1月31日，北德分会的校友尹述敏先生辗转找到医用口罩的可靠货源。50000只外科口罩，供应商要求先付款才能提货。为了节约时间，家在杜塞尔多夫的校友张君迅速带着现金赶到供应商那里，经过实地考察果断下单付款，成功购买到价值7140欧元的50000个医用外科口罩。此番认购在杜塞尔多夫签单付款，可物资却在柏林，在柏林经商的柏林同济校友会会长谭笑佰先生当仁不让，前往提货、验货，提供自己公司仓库作为中转地，在热心校友黄虹梓、孙蜀君和陈玉升等人的协助下把物资重新打包，为长途运输做好准备。开元周游集团总裁兼巴伐利亚同济校友会会长周鸿图熟悉物流渠道，负责德国境内的物流工作，及时把物资运到法兰克福机场。为了采购这批物资，分布在全德国的同济校友齐心协力，有条不紊，处处体现了"同舟共济"的同济精神。

运　输

　　援助活动的第三个环节运输更是困难重重，需要在两个国家办理手续，需要联系一段段运输渠道，种种烦琐的手续，一个个细节不亚于一道道关卡。如何越过一道道关卡呢？两家协会的做法不尽相同。

　　同济校友会是海外公认的公益组织，决定走海外物资捐赠的绿色通道，为捐赠物资办理需要的"三证"。"三证"中的第一个证件是湖北慈善总会同意接受物资。国内指定物资捐赠必须通过国家认可的慈善机构，但是捐赠人可以指定受赠单位，具体到哪家医院的哪个科室。第二个证件是指定的受赠单位出具证明，同意接受捐赠物资。第三个证件是海外大使馆给两国海关的照会，大使馆书面证明捐赠单位是本地法律认可的公益组织，确认物资是无偿捐赠。

　　有了这三个证件，中国国航和海南航空、南方航空等航空公司愿意免费运送三百公斤以上的捐赠物资。航空公司提供舱位，可是不负责报关，需要聘请报关行在德国办理物资出关手续，物资到了国内同样需要清关，需要报关行办理入关手续。物资入关后，由慈善总会接受，再安排在国内的物流运输。这些琐碎的工作，秘书长管文林在极短的时间内一一处理妥当，拿到"三证"。

　　华科校友会成立时没有注册成为公益组织，叶会长决定采用迂回战术，避免为了捐赠手续耗费时间，大胆决定走商业物流这条路，作为境外电商发货到国内，由中国邮政直接投递。德国华科校友会把采购来的物资一箱箱具体分配到一家家医院的一个个科室，然后制作网站，把一箱箱物资放在网上，共分为979箱，任何人都可以选择某一箱物资认捐，捐赠者付款认购，但是物资的送达地点不变，认购者无权直接提货，更不可变卖，物资只能送到指定的医院指定的科室。

为了确定捐赠医院，华科校友会增加信息组，负责收集16个省市各个重点医院的信息，要把信息确定到哪家医院哪个科室，谁是科室负责人，并请当地校友打电话确认信息。信息组迅速建立了一个数据库，把相关信息储存进去，动态更新。最初定下的目标是64家医院，后来覆盖面达到88家医院！按照各家医院的规模，当地疫情的急迫情况，参照对比，尽可能公平地分配物资。除了大城市的大医院外，对更低一级的县市医院同样支持。"县市医院没有大城市医院的关注度，得到的援助物资少，更加需要援助，可是物资有限，我们只能尽力，能支援一箱就支援一箱吧。"华科校友会秘书长何烁这样说。

星期天一整天华科校友会的物流小组都在忙碌着，要按照分配，把一箱箱物资的接受单位接受科室以及联合捐赠单位的名称打印出来，为第二天的货物分包做好准备。

1月27日，星期一，上午十一点货物提取完毕，满载医护物资的车队出发，奔向法兰克福叶会长的易优集团仓库。出发提货前，叶会长已经安排员工把公司仓库清理出来，辟出专区存放救援物资。集团的日常业务安排也以医疗物资供应链优先，保障物资卸货、装车、运输畅通无阻。

这天是工作日，十八位志愿者特地请假从达姆施达特、法兰克福等地赶来，为了让医护物资尽早送达抗"疫"前线而献出自己的一分力量。他们分别是来自华科的十位校友：叶继文、吴诗瑶、廖田、田艾麟、包翔宇、赵宏伟、何流、姜瀚、赵毓豪、曾诚；来自同济的三位校友：李东兴、罗志悦、李雨航；一位武大校友：陈磊；一位清华校友：沈鸾音；一位东南校友：刘耀坤；一位川大校友：曹任浩；一位在德学生家长代表：纪月霞大姐。

十几位志愿者赶到易优集团，等物资运到即刻卸货，入库，分拆，按照之前的分配，一箱箱重新打包，把受赠医院和科室写得清清楚楚，贴到箱子外面。大家在货架中穿梭往来，有条不紊地工作着。晚上，负责后勤的志愿者及时地送来丰富的晚餐。直到晚上七点，把物资分包送达法兰克福机场，大家这才开心地合影留念。

北京时间1月28日凌晨两点，德国时间1月27日晚上七点，第一批援汉物资到达法兰克福机场，准备发往中国北京！

德国易优集团办理各种出关手续，华科校友会四处联络，取得中国国航、中国南航等各方面的帮助，全力确保这批德国采购的一线急需医护物资于德国时间1月28日登上飞机。

为了确保这次采购以及首批物资能顺利在1月28日登上飞机，华科校友会叶继文会长冒着风险动用自己易优集团的财力、人力，垫付货款，提供仓库，组织运输，忙到48小时没合眼，直到完成采购谈判，顺利提货，货物入库，一一分包，清理出库，报送海关，送上飞机，他才松了一口气，好好睡了一觉。叶会长说，等把所有援助物资送到一线医生手中后，一定要兑现在除夕夜前就答应女儿一起做蛋挞吃的约定，弥补这段没有陪伴孩子的时光。

1月28日，这批贴着"中德同心　同舟共济"标签、凝聚着海外华人爱心的援助物资起飞了，飞向北京，飞向祖国，飞向抗"疫"前线！

同一天，在飞机起飞后，经过华科北京校友会的努力，华科援助的物资也顺利拿到红十字会的红头文件，享受捐赠物资免税待遇。

抵　达

1月29日北京时间上午十点，货物抵达北京首都国际机场，经中国红十字会与北京宏远集团帮助办理清关手续，后直接送EMS绿色通道，顺丰公司无偿为这批物资提供货运专机，直飞武汉。

北京时间1月30日凌晨，援助物资抵达武汉，由湖北邮政各分公司即刻分发，直接送抵一线医院。第一批援助物资率先送到同济医院、协和医院及湖北省中医院，一线医生收到援助物资后，通过校友转达了感谢，并表示送达的物资非常适合一线临床使用。整个过程从27日从供应商仓库启运，到30日到达一线的医院，仅仅过去了70多个小时！

两家校友会携手合作，成功跨越万里的距离，把捐赠物资送到了抗"疫"前线。作为第一批海外捐赠物资，这次物资捐助受到媒体的广泛关注，中央广播电台、《中国日报》、《湖北日报》、武汉电视台、环球资讯等纷纷报道。

第一批物资运达后，同济校友会和华科校友会并没有停下脚步，华科校友会继续安排物流，把其余采购物资分批送往抗

"疫"前线。同济校友会也在另外组织采购、运输，力求把收到的每一分捐款都变成防护物资，送到抗"疫"前线。同济校友会自主采购的第二批物资于2月9日运达北京，旋即由顺丰专机发往武汉，送到同济医院、武汉第四医院以及金银潭医院。

在后续的行动中，德国的医用防护物资紧缺，价格飞涨，给后续采购的华人增加了很多困难。随着疫情的全面暴发，各个国家相继停止跟中国的航空联系。国航、南航和海航也因为境外旅游叫停，客源大量减少，不得不减少航班，运输捐赠物资抵达国内变得更加困难，但是种种困难没能阻止华人继续开展救援工作。同济校友会的副会长沈国强先生介绍，多家协会或个人把他们好不容易采购到但是无法运走的物资转交给同济校友会，委托校友会集中办理托运，其中有两位分住不同城市原籍武汉的大学生，用自己微薄的打工收入，奔走多个地方，终于分别买到一箱口罩和一箱防护服，请他务必帮忙运往武汉略表寸心。截至2月中旬，德国华人又有多批物资陆续发出，跨越关山，运往祖国。

德国距离中国远吗？是的，很远，远在万里之外。然而，德国又跟中国距离很近，近到德国华人能够触摸家乡的脉搏，近到故乡能够听到德国华人的心跳。

2020.03.

（原载作家出版社发行的《战"疫"之歌》）

夏青青——少年来德，能文善赋

作者：高关中

今年以来，在《欧洲新报》上，开始刊登"百名德国华人生活路"系列，这些文章写出了他们千姿百态的人生之路，文笔上乘。我不禁暗问这位署名"夏青青"的作者是谁呢？

可巧在欧华作协华沙年会上（注：2017年），我见到了一位文静秀气的女作家。"敢问芳名？""夏青青"。这个名字太熟了，在《欧华导报》《欧洲新报》等德国华文媒体，经常可以看到署名"夏青青"的文章。想不到，在这里遇见真人啦。在年会和随后的波兰文化旅游中，有一周时间，文友们天天在一起，正如夏青青感言"中华子孙会中欧，叹脚步匆匆时间有限；华夏文友聚华沙，喜友谊深深快乐无涯。"大家渐渐熟悉起来。我才知道，夏青青竟是一位少年来德、事业有成的华文作家，这更是不简单！不要说少年来德，有的人读大学才来，留德几年，中文都退化了。相比起来，夏青青对华文文学的爱好和执着，就更是难能可贵了。

华北农村培养了文学爱好

我喜欢读夏青青的散文，从中读出了她的喜怒哀乐，她的人生脉络，她的文学之路。

夏青青出生在河北平原的农村。她的散文有不少回忆故乡的，如《五月槐花香》中写道：

我的老家是普通的北方农村小院，房前屋后种满树木。在北屋后面临街种着一棵槐树。在我的老家不流行种植果树，也几乎没有人专门种花，所栽种的基本是容易成活而且容易成材的树木。树木长大后，可以盖房子，可以打家具。农村人更注重实用。所以在我的老家能开出美丽花朵，芳香四溢的树木，仅此一棵槐树。每年春天，槐树开花的时节，我都会爬上梯子，来到房顶，深深地呼吸槐花的甜香，摘一两串槐花，把一朵朵槐花慢慢送进嘴里，细细品尝。槐花香味清淡，入口细细甘甜，可以回味良久。

还记得儿时奶奶和父母总对我们诉说，饥荒年代槐花榆叶都可以救人一命。我没有经历过饥荒年代，但是小时候，我们为了尝鲜，每年也总会做一两次"苦累"吃。"苦累"是音译，不知道该用哪两个字写。它是用新鲜的嫩榆叶和槐花拌上家中能够找到的杂面蒸制而成，吃时佐以捣碎的大蒜加上酱油和醋。如果说好吃，那是言过其实。但是每年春天如果不吃一次，就好像春天没有去踏青一样，令人若有所失。

《故乡的冬天》描写北方的寒冷和家庭的温馨：

故乡的冬天是寒冷的，寒冷的冬天在我身上留下终生烙印。

三十年前农村的生活条件艰苦，我小时候身上穿的是母亲一针一线缝制的衣服，冬天穿厚厚的棉裤棉袄，脚上穿棉鞋。棉裤棉袄里面絮的是棉花，棉鞋的鞋底是用一层一层母亲在夏天用碎布头、旧衣服加糨糊打成的"夹纸"缝制而成，鞋帮里面絮的也是棉花。如果天气干燥，那么棉衣棉鞋也足以保暖。

可是下雪后，特别是天气回暖雪化时，不到半天棉鞋就湿透了，冻得双脚冰冷。幼时家贫，没有袜子手套保暖，每年冬天双手双脚都会长冻疮。在寒冷的地方还不觉得什么，可是来到温暖的地方双手双脚便麻痒难耐。每年春天天气转暖，在学校上课时总坐不安稳，课桌下的双脚悄悄互踩，稍解麻痒。

故乡的冬天更是温馨的，温馨的冬夜改变了我的一生，在我的人生之路上刻下难以磨灭的印痕。……

农民一年从春忙到秋，只有在冬天才稍有闲暇，但依然不是无所事事，在冬天也有许多事情要忙，其中之一是织布。三十年前买布需要布票需要钱，布票和钱都是有数的，一大家人要穿衣盖被，就必须主妇自己纺线织布裁剪缝纫。用来纺线的棉花有的是生产队分的，有的是我们从分到各家当柴烧的棉秸上摘下来的。……

织布的工序繁复，最劳累的是一家主妇，但是家里其他人，包括孩子们，也要帮忙参与工作。记得在故乡漫长的冬夜里，一家人聚在北屋，母亲坐在炕上的角落里摇动纺车纺线，父亲坐在八仙桌旁的太师椅上，几个孩子坐在小板凳上。父亲和我们的手里都拿着棉花，父亲一边和我们一样把棉籽从棉花里抠出来，一边给我们讲故事。有时候也有一位本家伯父坐在另外一把太师椅上，加入讲故事的行列。

那时候我们最爱听《西游记》的故事，猴王出生，学艺，大闹龙宫取得金箍棒，大闹天宫，三打白骨精，三过火焰山……，我们百听不厌。至今记得父亲做出猴王从耳朵里掏出金箍棒的样子，把金箍棒放在手里，吹一口气，嘴里说"长长长！"，然后金箍棒就长长了！多么神奇！……

在故乡温馨的冬夜里听到许多名著故事，那便是我接受的启蒙教育，是我最初接触文学，从此爱幻想爱看书，文学从此成为我一生的挚爱。

夏青青的父亲是乡村中学的语文老师，给她教语文，也把文学爱好传给她。在《明月梅花一梦》中她说：

那是初一那年的寒假，当时《红楼梦》刚刚解禁，父亲一位在大学中文系读书的学生拜托帮忙购买。父亲跑了几天四处寻找，好不容易买来两套。人民文学出版社出版，定价三四块钱的样子，当时可算"重金"了。那天黄昏父亲再次从省城回来，带回来厚厚三大本书。站在堂屋，父亲手抚书本，表情复杂。《红楼梦》是我慕名已久的书，跟随进屋，两眼放光直勾勾盯着那暗红的封面，恨不得一把抢过来，全然不曾留意父亲的目光。知女莫若父，恰巧寒假，没什么功课压力，父亲笑笑把刚买来的书交到我手上。拿到书，如获至宝，即刻转身回到和姐姐同住的南屋，迫不及待地翻开第一页。

那个寒假两个多星期，我上午读《红楼梦》，下午读《红楼梦》，晚上还是读《红楼梦》。在南屋的书桌前灯光下读《红楼梦》，在西屋（厨房）风箱边借着灶火读《红楼梦》。有客人来，打过招呼马上逃走去读《红楼梦》。饭后麻利地刷锅洗碗收拾打扫，然后跑走去读《红楼梦》……

读《红楼梦》，第一遍囫囵吞枣，第二遍不求甚解，第三遍……

在北方农村简陋的房屋内，当然不无向往大观园奢华优雅的环境，不无羡慕红楼中人锦衣玉食的生活，但是那些离我太远太远了，真正触动我心的是大观园结社吟诗的风雅。通读《红楼梦》，喜欢上古典诗词，开始有意识地寻找古典名篇，学习背诵。《红楼梦》中诗词曲赋，短到对联、五言诗，长到《葬花吟》《桃花行》《芙蓉诔》，都能背诵如流。一首首诗歌，一场场热闹，恨不能亲身参与。

南德都会成长为白领精英

夏青青虽然喜欢《红楼梦》，但乡村毕竟不是大观园，那时，连进县城都很少，她还记得有一次和同学们一起坐拖拉机，才进城看了一场电影《少林寺》，更不用说走出国门了。出国机缘来自爷爷。夏青青的爷爷早年赴台，后来辗转到了德国。那个时代，因海外关系，她家吃了不少苦头，但一直和爷爷保持着藕断丝连的书信联系。两岸不通邮的时候，都是转寄到第三方，请朋友拆掉信封，另外封好，再次寄出的。直到1980年夏天，老人第一次回国探亲，夏青青等四个孙辈才第一次见到爷爷。之后决定申请全家团聚，那时刚刚改革开放，这种情形非常之少，申请护照就花了三年时间，到1983年夏天才拿到护照。夏青青和弟弟年龄小，不用签证，所以赶在年底之前来德国慕尼黑陪爷爷过圣诞节。而她的父母和姐姐是84年春天才来的。

夏青青还清楚地记得，1983年12月18日这一天：

那是一个寒冷的冬天。那天上午，柏林时间早上九时许，当法兰克福的人们揉着惺忪的睡眼迈着匆忙的步伐赶去上班的时候，一架在云层中盘旋许久的中国民航客机终于徐徐降落。若干时间后，一个十多岁满脸稚气的女孩，一手提着一个黑红方格的小箱子，一手拉着一个更加年幼的男孩的手，走出海关，东张西望，迟疑片刻后眼睛一亮，走向一位头戴礼帽的老派绅士。

那个小女孩，就是我。三十年前，我带着弟弟来到德国投

奔祖父，三年前他回乡探亲才第一次见到的祖父。那是我生平第一次远行，一下子跨出巨大的一步，一步从故乡北方农村来到欧洲的大都市，一步从前世来到今生，开始我的新生活。（《穿越时空，遇见自己》）

夏青青人小志气高，刚学了半年德语。就强烈地要求插班上德国中学。那时慕尼黑还从来没有接待过从中国来的中学生。她的执着感动了市里的学生咨询师，帮助联系，她才得以进了文理中学，这样的决心，结出了丰硕的结果。她以惊人的毅力，与母语为德语的同学同台竞技，苦读五年，拿下了 Abitur（德国文理中学高中毕业文凭）。顺利进入慕尼黑大学深造，取得经济学硕士学位，毕业后在国际四大咨询公司之一的 KPMG 从事咨询工作，积累多年经验后，于 2002 年更上层楼，通过严格的考试取得德国国家认证的税务咨询师资格，这对于德国人都是非常难考的，更不用说母语非德语者。现在她担任《南德日报》专业咨询师。这是受人尊敬的白领精英。

厚积薄发写中文

从刚才引用的几篇散文来看，夏青青的文学功底确实不错，很难想象，这些文章出自一个十多岁就来到德国的华文作家之手。

这一方面得力于夏青青在中国打下的扎实基础，也有赖于她在德国的继续努力。在《青灯黄卷忆故人》中她写道：

三十年前，我少年出国远涉重洋，初履异乡，语言不通，风俗不同，骤然失去从小一起长大的朋友，异常苦闷。在课堂上变得沉默寡言，不再谈笑风生。思念故乡的一草一木，思念故友的一颦一笑，课余不思痛下苦功攻克语言关，反而大量

阅读中文书报。手抚方块字，如见故友；翻阅中文书，如闻乡音。……

那时在欧洲能够看到的中文报纸只有三种，《中央日报》《大公报》和《星岛日报》。《中央日报》的副刊水平很高，不乏名家，可是文章通常较长，字体小，看起来比较累，是需要好好消化的大餐。《大公报》和《星岛日报》有一两版文学杂谈专栏，每个专栏板块不大，长的文章分期连载，是很好的小品。……

当时《中央日报》在台湾印刷，空运到欧洲，看不到当天的报纸。《大公报》和《星岛日报》在欧洲印刷，订阅客户邮递家中，也不准时，但是每天傍晚在火车站专售世界各地报纸的书报亭，可以买到空运过来的当天报纸。为此祖父每天不辞劳苦跑到火车站去零买，而我每天傍晚都期待祖父回家的时刻。

夏青青中学几年，就是如此这般埋头中文书籍报刊，在书籍中寻觅故国，在文字中寻访故人。进入大学痛下决心告别中文，挥别旧梦埋头苦读。毕业后在职场拼刺，她感到"倏忽人到中年，惊觉故土遥遥，故人渺渺，旧梦飘飘，不胜惶恐惶惑，提起笔来试图挽留时间的脚步，伸出手去试图寻摸故人的衣角。"夏青青成家后，有了"阳光王子"和"调皮王子"。看着两个幼小的婴儿一天天长大，看着他们仿佛重回自己的童年。从他们牙牙学语开始，夏青青即努力教他们学习中文，让他们了解父母生长的国家。孩子的琅琅读书声惊醒了她沉睡已久的旧梦，于是人到中年再次提起笔来，周末一边陪孩子学习中文，一边自己构思文章敲打键盘。她说："数十年过去，文字生疏了，可是痴心未改，一篇两千字的散文，可能一改再改，三稿，四稿，五稿，六稿，甚或更多。写文，并没有收入，却乐此不疲，从不深究为什么。"散文《王子学中文》，就是伴随孩子学习创作的，登在《欧洲新报》上，引起了不少华人家庭的共鸣。

从 2011 年起，夏青青开始活跃于德国华语文坛。她的作品以散文为主，主要发表于德国华文报刊《欧洲新报》和《欧华导报》，并有作品在国内文学期刊发表。她的处女作《故乡的冬天》获得 2011 年《欧洲新报》有奖征文三等奖，散文诗《涛声依旧，月落风霜》获得中华散文网主办的 2014 年"中外诗歌散文邀请赛"散文组一等奖。

如今，夏青青是欧华文坛活跃的作家之一。随手拿起《欧华导报》2017 年 2 月刊，就找到了夏青青的三篇文章，《一盏明灯——谈狄更斯的＜大卫·科波菲尔＞》，《史济焱：巴登阿巴赫的女中医》和《寒冬一点海棠红——2017，含苞待放》。

作品结集《天涯芳草青青》

辛勤笔耕多年，夏青青积累了不少作品。她说："笔者近年来业余拾笔写作，题材多是个人生活，今年父亲去世后决意筛选整理所书所写，从二百余篇文字中选出六十八篇，连同文友所写的数篇评论文章，编辑成册，定名为《天涯芳草青青》。"这部文集 2017 年 3 月由中国文联出版社出版，全书 300 页，20 万字。

刚才所引用的几篇散文都收入其中。怀念故乡的文章还有不少，如《故乡的年味儿》《最后一个春节》《黄花正年少》等等。还有一些旅游文学作品，如《大西洋，一天的四季》，描述海滨变幻的景色；《梦回康桥》，令人想起徐志摩。

作品集中还透出她对西方生活文化的体验，如《红与白》是她对东西方文化的比较，很受读者的关注：

结婚是每一个女人一生中最重大的日子，出生在东方成长在西方的我接受中西方文化，婚礼也是中西合璧，东方婚礼的红色和西方婚礼的白色贯穿我的婚礼。

那天我身穿雪白的婚纱，缓缓步入教堂，和心上人携手步上红地毯，走向神圣的祭坛，发下神圣的誓言。

那天我身穿大红的旗袍，快步走进饭店，和心上人一起鞠躬答谢来宾，一起切蛋糕，一起对宾客举杯。

白色的宗教典礼，红色的世俗婚礼，红色和白色交会。庄严神圣的西式典礼，热闹喜庆的中式喜筵，东方和西方交融。

白色是西方，冷如清风，淡若白水。

在西方，亲友到饭店吃西餐，每人各点自己喜好的，每人各守一盘，安安静静吃自己的，决不会推来让去。不想吃什么，不想喝什么，也不会有人硬劝。

请客送礼，别担心，尽可以大大方方地问对方想要什么样的礼物。主人如果想要红包，也会毫不遮掩地告诉你。没准收到喜帖的时候，准新人会附上一个地址，告诉你在哪家商店有一整套新人选好的家居用品，大到客厅橱柜卧室床铺，小到厨房杯盘刀叉，由你自己选择，避免新人收到第五个咖啡机的尴尬。

到友人家做客，主人提前问你喜欢吃什么别欢喜感动，主人要求你自己带吃的喝的来，也别惊讶意外。上门做客，不知道送什么的时候，带去一点自己亲手制作的东西，即使细微到一瓶自己制作的果酱，或者从自己花园剪下的一束花，主人只会更加喜欢热情道谢。

这样的作品，没有在欧洲多年生活的经历和思索，是很难写出来的。喜欢中文的夏青青也深深地浸润过德国文学，《温柔的光》就改写自德国女诗人德罗斯特 - 许尔斯霍夫的诗歌《月出》，这要求对双语都要有深邃的理解和极好的文字功夫。

夏青青的赋

夏青青极好的文字功夫表现在她还能写"赋"。最让我赞赏，惊讶的是收入《天涯芳草青青》的一篇赋《白玉兰诗会序》：

青青出身寒微，素喜诗文。弯月斜挂，朝露打衣，树下吟哦神游天外；四壁萧然，一灯如豆，夜深捧读微笑拈花。父为严师，传道解惑；女待庭前，厚望殷殷。

惜少年赴欧，对高鼻深目，苦习ABCD歌德莎翁。然静夜怀思，终不忘之乎者也李杜苏辛。

及长，斗米难求，辗转兮奔走；白居不易，蹇蹇兮风尘。职场熙熙，终弃旧梦；柴米碌碌，愧对前盟。

倏忽红衰翠减，感流年似水；高堂明镜，羞两鬓星星。长夜漫漫，梦回铁马冰河；芳草萋萋，忍看断壁残垣。回首前尘，悟已往之不谏；重寻旧梦，知来者之可追。遂敲打键盘，灯下码字。流连网络，百度交游。小溪奔大海，堪叹浩淼；蜜蜂醉花间，长嗅芬芳。

偶识蓝晶飞月，齐鲁才女也。善工丹青，巧绘玉兰，形神俱备，淡雅天然。盼余题诗。而余自恨才短，恐污雅绘，心下惴惴。

夫四大名著，唯爱红楼，尝慕大观园海棠雅集，乃传书广邀，行"白玉兰诗会"。幸诸友赴会，冠盖云集。吟诗作词，谈文论道，网络恍似大观；旧雨新知，古典现代，天涯依稀兰亭。

诗会作品，几近百篇。佳作迭现，精彩纷呈。观诸君之作，或清丽典雅，或潇洒疏狂，咏物言志以抒怀，因寄所托而喻义，洋洋洒洒，绝不相类。盖言为心声，文以叙志，故命题相同，立意殊异。

窃思人生亦如是，生老病死，亘古不变。然生时或顶天立地，名留青史；或结党营私，遗臭万年；或营营役役，名随身没。此，皆书写传记也。而余为文不喜华丽奇诡，但求平实明了。处世亦然。不思进取，不冀闻达。朝八晚六，归来且伴娇儿；隔三岔五，举案以奉严亲。闲莳花草，闷读诗书。朝乐日出，暮赏晚霞。园内多草，不嗟篱下少菊；心中有壑，何叹眼前无山。待人以诚，交友以心。庶几，无为亦无憾矣！

呜呼，知音难觅，聆听高山流水，念古人旷世奇缘；幸哉，足不出户，结交五湖四海，借今日科技之便。人云网络虚幻，人心不古，空恨世风日下；余见友谊真实，以文会友，欣喜玉兰飘香。

昔兰亭雅会千古佳话，海棠诗社万世流芳。玉兰诗会，网络美谈，岂成过眼云烟？故而拙笔撰文，后日览之，必将有感于斯文。

时维辛卯，序属兰秋，芳草青青，天涯谨记。

我们知道"赋"是一种很特别的文学体裁，半诗半文。《文心雕龙·诠赋》说："赋者，铺也"。它既像诗又像散文。说它像诗，是因为它要押韵，也就是一定程度上讲究对仗；说它像散文，是因为它在写法上讲究铺陈。这种文体的雏形，是以屈原的《楚辞》为代表的"骚赋"。定型流行于西汉，曰"汉赋"，气象壮阔，文辞华丽，以司马相如和杨雄为名家。到魏晋南北朝发展为"骈赋"，趋向绮丽，辞藻益茂，江淹、庾信成就最高。到了唐代，产生了科举考试专用的试帖赋，叫作"律赋"。与此同时，在唐宋古文运动的影响下，形成散文式的赋，称"文赋"，杜牧的《阿房宫赋》、苏轼的《前赤壁赋》就是脍炙人口的范文。

赋的特点是排比对偶的格式，辞句的雕饰。因而"赋"就成了"遍搜奇字，穷稽典实"的代名词。由于在艺术上注重铺叙和形容，在语言上就要使用华美的辞藻，着上绚丽的色彩。这也就是"铺采摘文"的意思。另外，赋也讲究声韵的美，它把散文的章法、句式与诗歌的韵律、节奏结合在一起，借助于长短错落的句子，灵活多变的韵脚以及排比、对偶的调式，形成一种自由而又谨严，流动而又凝滞的文体，既适合于散文式的铺陈事理，又能保存一定的诗意。这是赋这种文体的重要特征。

明白了赋的源流和特点，就知道"赋"对文字的功夫要求极高，一般作者，轻易不敢尝试。而少年来德的夏青青竟知难而上，写出这样优秀的作品，令人称道。单凭这篇赋，就可以肯定，夏青青的文学底气深厚，笔力可嘉。

以文会友促写作

《白玉兰诗会序》这篇赋写的是夏青青以文会友，"吟诗作词，谈文论道"的雅兴。《天涯芳草青青》的最后一部分，名"高山流水"，就收集了不少知音文友们交往的文章。这里用高山流水比喻知音难遇。古时有位名叫俞伯牙的琴师曾在武汉龟山脚下弹琴抒怀，山上的樵夫钟子期听懂其志在高山流水，俞伯牙便视钟子期为知音，知音为知己的意思便由此"高山流水觅知音"的典故而来。几年以后，伯牙又路过龟山，得知子期已经病故，悲痛不已的他便将琴摔碎，发誓从此不再弹琴。夏青青在《叶子，生命之歌》中感叹："平生唯爱读书，家中藏书若干，不乏中外名著，可是有的百读不厌，有的翻看两页就搁置一旁，因此体会到人和书之间，也和人与人之间一样，能够相遇相知是莫大的缘分。"书中"高山流水",正是讲夏青青与文友们相知唱和,互相点评的内容。

夏青青在《打磨文字,雕刻生命——试评悠扬琴风的"生命的雕刻"》一文中回忆道:

生命中总有一些人一见如故,生命中总有一些文字一见难忘。琴风便是这样的人,《生命的雕刻》便是这样的文字。

记得四年前无意中踏足百度文学类贴吧,茫茫网络不知如何偶遇琴风,应邀来到当时成立未满一周年的庆云文苑吧浏览,第一次看到这篇《生命的雕刻》,大为震撼,想不到在充斥风花雪月的网络也有如此文字,想不到在急功近利的时代也有如此雕刻生命的人。

就此夏青青结识了远在万里之遥的文友悠扬琴风(本名:信书勇)。俗话说:"物以类聚,人以群分"。夏青青又通过庆云文苑及其吧主悠扬琴风,结识了一大批文友,相互唱和,砥砺切磋,其乐融融。

2012年夏青青回老家石家庄,顺便到山东庆云拜访了以悠扬琴风为代表的文友。庆云在冀鲁交界处,是个文风鼎盛的好地方。悠扬琴风写有《庆云赋》为证:"数千年故土,星接两省,挽燕赵而抱齐鲁。几十载新城,地连三都,抵滨沧而归德属。隶制更迭,吸燕赵之悲情如龙似虎。岁月沧桑,纳孔孟之教化浑厚淳朴。一树千古,俯瞰三十万芳草佳木。三江分流,润泽五百里商贸名都。……"。不过两三天时间,夏青青在庆云先后和二十几位文友见面,后来大家写了不少诗文,书画名家也赠送夏青青书画作品。2013年2月,《欧华导报》用整版刊登了和夏青青的庆云之行有关的诗文书画。这也是欧华作家与国内文友民间交往的一件轶事。

悠扬琴风对夏青青有如此评价：

青青是久居欧洲的海外华裔，她家学渊源，见识卓越。我们相识于网络，相见于庆云。虽交流不多，但彼此都留下了深刻的印象，引为文学同道中人。青青的文字冲和悠美，蓄满深情，总在平淡之中展现其内心的丰盈与纯美。文字很多时候往往是人修养的外化，青青是一个值得尊敬的朋友，动静之中既有现代职业女性的干练与理性，又富有东方故国传统女性的淑惠与神韵，所以读她的文字，常不觉能进入一种全新的情感世界中去，以文字神交，共心灵鸣唱。

夏青青出书《天涯芳草青青》，悠扬琴风欣然做《天涯芳草赋》以为代序，赋曰：

茫茫天宇，历亿兆炎凉。恢恢地轮，越亘古沧桑。青草行于四野，芳华遍列八荒。迎风千仞高岗，染碧万顷河床。蓬勃而起，披大地以霓裳。恪守正道，控风沙之难扬。身形虽小，聚众而成大方，葳蕤枯亡，志在岁岁昂扬。人言幽兰十步芬芳，我道青草天涯幽香。

就这一段已令人赞赏不已。人生能有这样的知音文友更复何求？

在《天涯芳草青青》出版后，夏青青进一步扩大了与文友交流的圈子，加入了欧华作协。正是在欧华作协华沙年会上，我得以认识这位新文友。

夏青青在筹备出版文集的同时，决意走向社会扩大视野，开始新的篇章，开拓新的写作领域。她说："笔者在少年时代即来到德国投奔祖父，在这里生活30多年了。祖父在60年代来到德国，生前交游广阔，通过祖父我认识了很多资深旅德华人，每每为他们和她们的生活奋斗史打动、感动，有意为德国华人画像久矣。今年下定决心付诸行动，要采访 100 位德国华人，写一写他们和她们千姿百态的人生之路。"

夏青青的"百位德国华人"系列采访从 2017 年 2 月号开始在《欧洲新报》和《欧华导报》连载，已经发表的几篇有：

1. 史济焱：巴登阿巴赫的女中医

2. 陪读夫人解文：她在丛中笑

3. 蒋申彤：文科女生在职场"过关斩将"

4. 徐治东：激情燃烧话当年

5. 杨维健：文科生在德国华丽转身

6. 张洪滨：地区形象大使

目前，夏青青正处于创作的盛期，欧华文坛的一颗新星正在冉冉上升，相信她必将有更多的好作品问世。

Lightning Source UK Ltd.
Milton Keynes UK
UKHW010623030621
384863UK00001B/288

9 781683 723488